Peter Wensierski

Schläge im Namen des Herrn

Peter Wensierski

Schläge im Namen des Herrn

Die verdrängte Geschichte der Heimkinder in der Bundesrepublik

Deutsche Verlags-Anstalt
München

Alle Fotos ohne Fotonachweis stammen aus Privatbesitz. Es war uns leider nicht möglich, in jedem Fall den Urheber eines Fotos zu ermitteln. Bitte melden Sie sich beim SPIEGEL-Verlag, sofern Ihnen Urheberrechte an einem Bild zustehen.

Bibliografische Information Der Deutschen Bibliothek
Die Deutsche Bibliothek verzeichnet diese Publikation in der Deutschen Nationalbibliografie; detaillierte bibliografische Daten sind im Internet über <http://dnb.ddb.de> abrufbar.

FSC
Mix
Produktgruppe aus vorbildlich bewirtschafteten Wäldern und anderen kontrollierten Herkünften
Zert.-Nr. SGS-COC-1940
www.fsc.org
© 1996 Forest Stewardship Council

Verlagsgruppe Random House FSC-DEU-0100
Das für dieses Buch verwendete FSC-zertifizierte Papier *EOS* liefert Salzer, St. Pölten.

2. Auflage 2006

Typografie und Satz: DVA/Brigitte Müller
Gesetzt aus der Stone
Druck und Bindearbeiten: GGP Media GmbH, Pößneck
Printed in Germany
ISBN-10 3-421-05892-X
ISBN-13 978-3-421-05892-8

www.dva.de

Vor einiger Zeit habe ich einen Film gesehen, der von ehemaligen Heimkindern handelte. Ein Mann sagte zu seiner Schwester, „Weine nicht, es ist ja vorbei…“ Es war ein liebevoller Trost, aber leider wird es nie vorbei sein.

Elke Meister, von 1960 bis 1964 bei den „Barmherzigen Schwestern“ im Vincenzheim, Dortmund

Inhalt

Vorwort

Es ist unverkennbar: Je schlechter die Nachrichten über die Gegenwart und die Prognosen für die Zukunft werden, desto häufiger wird wieder geschwärmt von den „goldenen Zeiten" der Gründerjahre, vom rasanten Wirtschaftswunder, den erfolgreichsten Jahren der jungen Bundesrepublik, in denen es immer nur aufwärts ging. Der Krieg war vorbei, und eine Nation ging an den Wiederaufbau.

Eine Welle der Erinnerung schwappt durch die Medien. In Fernsehserien lassen sich Menschen freiwillig in eine Schule der Adenauer-Ära zurückversetzen, und in „angesagten" Klamotten- und Designerläden zwischen München und Berlin finden die modischen Accessoires jener Zeit reißenden Absatz. Nierentisch-Nostalgie und pastellfarbene Tütenlampen-Romantik machen sich breit.

Dagegen werden die „68er" verdammt. Ihre antiautoritäre Erziehung, so heißt es, sei schuld an der problematischen Jugend von heute. Doch was hat die Protestbewegung anno 1968 ausgelöst? War es allein der Protest gegen den Vietnamkrieg, gegen den unverdauten Faschismus, der die jungen Rebellen politisierte und auf die Straße trieb?

Oder waren es nicht auch die überlebten autoritären Strukturen, die Erziehung zu „Zucht und Ordnung" im eigenen Land, die eine massenhafte Ausgrenzung von Jugendlichen hervorgebracht hatten, von denen dieses Buch erzählt?

Manche Kapitel sind eine Zeitreise zurück in die fünfziger und sechziger Jahre. Eine Innenansicht der öffentlichen Erziehung von Staat und Kirche aus der Sicht der Kinder. Wer in die Heime kam, war selten ein Waisenkind oder Krimineller. Es waren meist nichtige Gründe, die zur Einweisung in die Erziehungsanstalten führten – Gründe, die ein gesellschaftliches Kartell bestimmte, zu dem Jugendbehörden, Gerichte, Lehrer, Nachbarn, Eltern und vor allem die damals noch einflussreichen Kirchen gehörten.

Sie legten fest, was gut und böse, wer brav und wer ungezogen war und ab wann ein Mädchen als „sexuell verwahrlost" zu gelten hatte. Sie verkündeten als eine Art Naturgesetz, dass die uneheliche Geburt eine Schande sei.

„Wenn du nicht brav bist, kommst du ins Heim!" Diese Drohbotschaft bekamen damals Millionen junge Menschen zu hören. Am Ende wurden einige Hunderttausend Kinder und Jugendliche tatsächlich hinter den Mauern der staatlichen und kirchlichen Erziehungsanstalten zu dramatischen Verlierern des deutschen Wirtschaftswunders. Für sie fiel eine schwere Tür ins Schloss, hinter der sie die ganz anderen, die dunklen fünfziger Jahre erlebten.

Mit der medialen Verklärung dieser Zeit droht dem nationalen Gedächtnis eine Art kollektiver Amnesie, eine schiefe Optik in der Wahrnehmung der unmittelbaren Vorgeschichte unserer Gegenwart. Diese Jahre eignen sich einfach nicht für den sentimentalen Feuerzangenbowlen-Blick.

Die Verwirklichung von Kindesrechten, die zu den universellen Menschenrechten zählen, ist ein Maßstab für den Grad der Freiheit in einer Gesellschaft.

Deshalb schlägt sich dieses Buch auf die Seite der Opfer jener Zeit, der Kinder und Jugendlichen in den Heimen. Es berichtet von der dunklen Seite der Gründerjahre und des Wirtschaftswunders, von schwerwiegenden Demokratiedefiziten und von dem gesellschaftlichen Tabu, das verbot, offen über die Folgen eines systematischen Machtmissbrauchs in unserem Land zu reden.

Es ist ein Buch über Menschrechtsverletzungen in Westdeutschland. Wer bisher geglaubt hat, nur im Osten, in der DDR, seien Menschen gequält, misshandelt, gedemütigt, erniedrigt und ihrer Chancen beraubt worden, der kann aus den Opferberichten dieses Buches lernen, dass der Westen so viel besser auch nicht mit jenen umgesprungen ist, die sich der verordneten gesellschaftlichen Norm nicht fügen mochten.

Dieses Buch ist ein Befreiungsschlag von und für die Betroffenen, die sich erstmals öffentlich dazu bekennen, ein Heimkind gewesen zu sein. Sie wollen, dass damit endlich für viele Menschen ein lebenslang andauerndes Tabu fällt. Das Buch richtet sich gegen die Kultur des Verschweigens.

„Warum hat eine Enquête-Kommission unser Leid nicht längst zusammengetragen", fragte mich ein ehemaliges Heimkind. Die Berichte in diesem Buch sind exemplarisch, es ließen sich Tausende zusammentragen. Sie alle würden belegen, wie grundlegende christliche und bürgerliche Werte von den Verantwortlichen der Gesellschaft mit Füßen getreten worden sind.

Wenn man sich bei den Geschichten in diesem Buch fragt, wie dies möglich war, sollte sich die Frage anschließen, wie eine Wiederholung dieser brutalen Vorkommnisse in den Heimen heute auszuschließen ist. Was damals als billige Entsorgung von Störenfrieden funktionierte, kommt die Gesellschaft bis heute teuer zu stehen. Hunderttausende von sozialen Problemfällen wurden nicht gelöst, sondern in den Heimen erst produziert.

Heute werden die Forderungen nach geschlossenen, „harten" Heimen wieder lauter. Polizei und Politiker fordern erneut das „Wegschließen" von Jugendlichen. Der bayerische Ministerpräsident Edmund Stoiber (CSU) erfreut die Stammtische, wenn er stolz darauf hinweist, dass in Bayern die geschlossenen Heime niemals abgeschafft wurden.

Die Anzahl der auffällig gewordenen Kinder und Jugendlichen nimmt zu, nicht ab. Viele glauben immer noch, dass hier die Angst vor Strafe hilft. Besonders die sogenannte „Erlebnispädagogik" ist ein beliebtes Kritikobjekt der Befürworter von Abschreckung und Strafe.

Doch am Kern des Problems, warum Kinder und Jugendliche außerhalb ihrer Familien überhaupt betreut werden müssen, hat sich nichts geändert. Die soziale Situation der Familien und jungen Menschen, die heute Erziehungshilfe in Anspruch nehmen, ist die gleiche wie die vor dreißig Jahren.

In einem Bericht über „Leistungen und Grenzen von Heimerziehung", herausgegeben vom Bundesfamilienministerium, heißt es: „Die Eltern/Elternteile verfügen zu einem großen Anteil über eine niedrige formale Bildung, sind in Berufen mit niedrigem sozialen Status beschäftigt oder verfügen über keine bezahlte Arbeit."

Weiter stellt die Studie den gravierend hohen Anteil an allein erziehenden Müttern, Scheidungsfamilien und kinderreichen Familien fest, „die aus armen, bildungsbenachteiligten und mehrfach belasteten Bevölkerungsteilen stammen".

Mit anderen Worten: Die Klientel der öffentlichen Erziehung ist noch dieselbe wie zur Zeit Ulrike Meinhofs, die Ende der sechziger Jahre mit ihren Reportagen auf die elende Situation in den Heimen aufmerksam machen wollte. Nach wie vor gibt es die Probleme der unteren Schichten, und im Zeitalter der „Globalisierung" werden weder die Probleme kleiner noch die Zahl jener, die mit ihnen zu kämpfen haben.

Es gibt auch eine Gegenwart, in der wieder heimlich geschlagen und misshandelt wird, an Orten, wo Ausgegrenzte aus dem Blickfeld zu verschwinden drohen – in Altersheimen beispielsweise.

Eine Erkenntnis der modernen Trauma-Forschung ist, dass Opfer in der Regel erst drei oder vier Jahrzehnte nach der Traumatisierung in der Lage sind, darüber zu reden. Viele haben diese Zeit tief in ihrem Inneren weggeschlossen, um überhaupt weiterleben zu können.

„Jetzt wird uns erst bewusst, was mit uns geschehen ist. Wir haben ängstlich unsere schrecklichen Erlebnisse in all den Jahren als schwere Last mit uns herumgetragen", sagte eines der ehemaligen Heimkinder, die ich beim ersten Wiedersehen mit einem alten Gemäuer, in das man es vor dreißig Jahren eingesperrt hatte, begleitete. Offensichtlich ist es vielen der Opfer ein großes Bedürfnis, sich endlich freizureden oder -zuschreiben von jenem Gefüge der Unterdrückung aus Staat, Kirche und Familie, das ihr Leben bestimmt hat. Doch viele ehemalige Heimkinder schämen sich noch immer dafür, dass sie so aufgewachsen sind. Die Schande der Heimerziehung aber haben andere zu verantworten – allen voran die Kirchen, „denn sie haben die Anweisungen gegeben und dieses ganze Elend zugelassen", wie es ein Opfer in dem irischen Film „Die unbarmherzigen Schwestern" formuliert, der die Zustände in irischen Mädchenheimen schildert.

Die Schwestern und Brüder haben auch in Deutschland Kinder für sich arbeiten lassen, auf Feldern, in Wäschereien oder im Moor – „wie Zwangsarbeiter" beklagen sich die hiesigen Opfer.

Die Kirchen, insbesondere die Orden, haben ihre Haltung und ihr Verhalten teuer bezahlen müssen. Der Traum, dass unter ihrem strengen Regiment eine neue, saubere, kirchentreue Jugend heranwächst, erfüllte sich nicht – weder in Irland noch in Deutschland. Im Gegenteil: Die Kirchen haben an Einfluss und Bedeutung verloren.

Bücher wie dieses wären eine Möglichkeit für die Kirchen, sich mit Fehlern zu konfrontieren und aus der eigenen Geschichte zu lernen. Doch wir wissen: Institutionen fällt es immer schwer, sich mit den eigenen Verfehlungen zu beschäftigen. Den Verantwortlichen für die damaligen Erziehungsmethoden ist gleichwohl zu wünschen, dass sie nicht in einen Abwehrreflex verfallen, sondern die schwierigen Fragen tatsächlich angehen und einen Prozess der gemeinsamen Verarbeitung beginnen.

Insbesondere gilt das für die beteiligten katholischen Institutionen, vor allem für jene katholischen Ordensgemeinschaften, die die seelischen und körperlichen Schläge im Namen des Herrn austeilten. Über Jahrzehnte haben sie den Widerspruch zwischen ihrem moralischen Anspruch und der brutalen Realität einfach ignoriert.

Die übergangenen Opfer in Deutschland haben ein Anrecht darauf, dass ihre Geschichte des erlittenen Unrechts endlich erzählt wird.

Von der Kirche aber muss verlangt werden, dass sie ihre Opfer um Verzeihung bittet für all das, was sie diesen Menschen angetan hat.

Willkommen bei den unbarmherzigen Schwestern

Gisela Nurthen, Jahrgang 1945, verbrachte die Jahre von 1961 bis 1965 in Heimen der Vincentinerinnen in Dortmund und Hamm – ein Trauma, das sie bis heute nicht loslässt.

Die Umerziehung zu einem wertvollen Mitglied der Gesellschaft begann mit einer Lüge im Namen des Herrn.

Im Fond des Autos, erinnert sich Gisela Nurthen an jenen Februartag im Jahre 1961, habe eine Frau gesessen und ihr gesagt: „So, jetzt machen wir einen kleinen Ausflug nach Dortmund, da triffst du viele Mädchen in deinem Alter, und es wird dir sicher gefallen."

Gisela, damals gerade 15, stieg arglos ein.

Die Fahrt von Lemgo nach Dortmund war kurz, dann hielt der Wagen in der Oesterholzstraße 85 vor einem düsteren Ziegelbau, umgeben von hohen Mauern.

„Vincenzheim" stand über der schweren Eisentür, die sich langsam öffnete. Eine Nonne mit breit ausladender Haube nahm Gisela an der Pforte in Empfang und eskortierte sie durch leere Gänge und hallende Treppenhäuser in ein oberes Stockwerk, zur Aufnahmestation, einem tristen Raum mit dicken Gittern vor den Scheiben, an den Fenstern fehlten die Griffe.

Gisela Nurthens neues Zuhause war ein „Heim für gefallene Mädchen", geführt von den „Barmherzigen Schwestern vom heiligen Vinzenz von Paul". Eine Nonne händigte dem Mädchen die obligate Heimkleidung aus: eine Schürze, unter der die Brust flachgedrückt wurde, ein wadenlanges, graues Kleid, bis oben hin zugeknöpft, mit angesetzten „Puffärmelchen", die jedes Mädchen im Heim artig aussehen lassen sollten.

Beim Umziehen beschimpfte die Nonne Gisela wegen ihrer schamlos kurzen „Beinkleider", dazu noch ohne Unterrock. Was für ein Früchtchen sie sein müsse. Und die Haare! Aus dem Gesicht kämmen, aber schnell! Wir sind hier nicht bei den Hottentotten!

Unwirsch zerrte die Schwester an Giselas dichten, schwarzen Haaren; das Mädchen protestierte, was ihm prompt eine schallende Ohrfeige einbrachte. Zwischen Nase und Mund rann etwas Blut. „Abwischen!“ Die Nonne hielt Gisela ihr schmieriges Taschentuch hin. Aus einer Ecke des Hauses drang leiser Kirchengesang. Er kam aus der Nähstube. Kaum eines der Mädchen blickte zu ihr auf, als Gisela ihnen als Neue vorgestellt wurde. Mit gesenkten Köpfen gingen die Zöglinge ihren Stopf- und Näharbeiten nach.

Sie bekam einen Platz ganz hinten. Das Mädchen neben ihr raunte Gisela zu: „Willkommen bei den unbarmherzigen Schwestern!“

Gisela wohnte mit ihrer Mutter seit 1956 im dreistöckigen Mietshaus einer typischen Vertriebenensiedlung in der Vorstadt. Hier gab es kein Wirtschaftswunder, man war arm. Ihre Mutter musste auch am Wochenende zur Arbeit, Gisela war ein „Schlüsselkind“ und meist allein.

Seitdem ihre fünf Jahre ältere Schwester zur Ausbildung in eine andere Stadt gezogen war, hatte sie immerhin ein eigenes Zimmer. Eine Liege, eine Lampe, ein Nierentisch, ein Sessel. Und zwei Bücher, in denen sie immer wieder las: „Die Welt als Wille und Vorstellung“ von Arthur Schopenhauer, das andere hieß „Die vollkommene Ehe“.

Wenn ihre Mutter zur Arbeit fort war, ging Gisela an ein Kästchen, in dem ihre blonden Kinderlocken aufbewahrt wurden, und steckte sie sich mit Klammern ins mittlerweile dunkler gewordene Haar. Dann setzte sie sich in ihren Sessel, nahm die Bücher zur Hand und las sie abwechselnd.

Den düsteren Text des Philosophen fand sie bedeutsam, verstand aber trotz wiederholter Leseversuche kein Wort. Das andere Buch war dagegen sehr einfach zu verstehen. Zur vollkommenen Ehe gehören vor allem eine Ehefrau, die ihren Mann umsorgt, brave und gesunde Kinder und all die vielen neuen Geräte für den Haushalt, damit die Frau mehr Zeit hat, sich schön zu machen, wenn ihr Mann von der Arbeit müde heimkommt. Liebe oder gar Sex kamen in dem Buch nicht vor.

Die Zeit, die sie nach der Schule alleine zu Hause verbringen musste, war lang. Gisela durfte nie jemanden mit nach Hause bringen. Sie mochte die moderne Musik aus Amerika „unheimlich gerne“. Besonders Elvis Presley sprach ihr aus der Seele. Sie ging in Plattenläden, nicht um zu kaufen. Nur zum Anhören und Träumen. Dort gab es Kabinen, in denen man allein und ungestört den neuesten Platten lauschen konnte.

Sie nahm den Umschlag mit seinem Foto mit hinein in die Kabine, drückte das Plattencover fest an sich und stellte sich vor, „dass er nur für mich singt“. Schwärmerei einer 15-Jährigen. Das junge Mädchen glaubte an eine tiefe Gemeinsamkeit zwischen ihr und dem Sänger. Es war seine Traurigkeit und gleichzeitig seine freche Aufmüpfigkeit, die sie so anzog.

Zu Hause gab es zwar ein Radio, doch ihre „Negermusik“, wie die Mutter sie nannte, war auf UKW selten zu hören, nur auf Mittelwellen konnte sie ihre Musik empfangen, wenn auch sehr verrauscht. Das Radio war der größte Luxus in der ansonsten karg möblierten Wohnung.

Über ihren Vater redete die Mutter nicht, den gab es einfach nicht. Er hatte sie „sitzen lassen“, so nannten es die Nachbarn.

Gisela war die Größte und Älteste in ihrer Schulklasse, wegen Tuberkulose war sie erst mit acht Jahren eingeschult worden. Mit 15 hatte sie noch ein Kindergesicht, war aber körperlich voll entwickelt, ganz im Gegensatz zu den jüngeren Mitschülerinnen ihrer Klasse. Deren Eltern beäugten sie mit Argwohn: sie trug lange, offene Haare und enge Hosen.

Sexualerziehung war damals tabu. In einem gängigen Ratgeber „Zu einem gesunden Geschlechtsleben“ heißt es 1959: „Mütter und Väter! Werdet nicht müde, vor allem eure Töchter vor den Gefahren geschlechtlichen Missbrauchs zu warnen. Prägt ihnen den Wert jungfräulicher Unberührtheit und erfüllten Mutterseins ein. Eure Söhne aber mahnt zur Wertschätzung des Frauentums, das sich für eine Ehe aufspart.“

Voreheliche Sexualität galt gerade für Mädchen als eine Schande, die um alles in der Welt vermieden werden sollte. „Der Geschlechtsverkehr außerhalb der Ehe hinterlässt vor allem bei Mädchen zeitlebens ein Gefühl des Peinlichen und der Schuld", warnt ein anderer Erziehungsratgeber.

Sexuelle Gefahren witterten die Erwachsenen überall. Insbesondere in der Musik aus Amerika.

In ihrem Zimmer malte Gisela eines Tages ein kleines Elvis-Bild an die Wand. Fotos und Filmplakate aufzuhängen, hatte ihr die Mutter generell verboten. Als sie es sah, schimpfte sie: „Ausgerechnet dieser Elvis! Mit diesem ... diesem Hüftschwung!" Es gab einen gewaltigen Streit, und Gisela musste Elvis entfernen.

Wenn ihr Idol Elvis doch mal im Radio zu hören war, drehte Gisela den Apparat laut und stellte sich ans offene Fenster. Das kurze Glück hatte seinen Preis: „Die Nachbarn riefen beim Jugendamt an, weil sie der Meinung waren, dass ich zu laut Musik höre. Und am nächsten Tag kam die Fürsorgerin."

Giselas Mutter hatte Angst vor Ottilie Gröning, der Frau vom Amt, die häufig unangemeldet in die Wohnung kam. Auch Gisela hatte Respekt vor der Dame mit dem Haarknoten im Nacken und der umgehängten schweren Ledertasche. „So etwas gehört sich nicht für ein Mädchen!" lautete die Standardermahnung der Ottilie Gröning.

Als Zwölfjährige hatte Gisela mal einen Liebesbrief an einen Nachbarjungen geschrieben. Den Brief hatte die Mutter des Jungen gefunden und ans Jugendamt gegeben. Als die Fürsorgerin ihn Gisela vorhielt, wollte sie im Boden versinken und sterben.

Genauso bedrohlich wie Frau Gröning waren die Nachbarinnen, denn sie verbrachten anscheinend ihre ganze Freizeit damit, selbst hinter den Gardinen der Fenster die Straße zu beobachten. Das Mädchen verabredete sich deshalb meist außerhalb der Siedlung. Sie mochte die frechen Jungs mit ihren Mopeds, doch wenn sie einmal mitgefahren war, dann stieg sie lieber ein paar Straßen vorher ab und ging den Rest alleine zu Fuß, vorbei an den Spionen hinter den Gardinen.

Gisela ging regelmäßig zur Schule, und im Zeugnis stand neben Betragen „sehr gut". Sie benahm sich Erwachsenen gegenüber

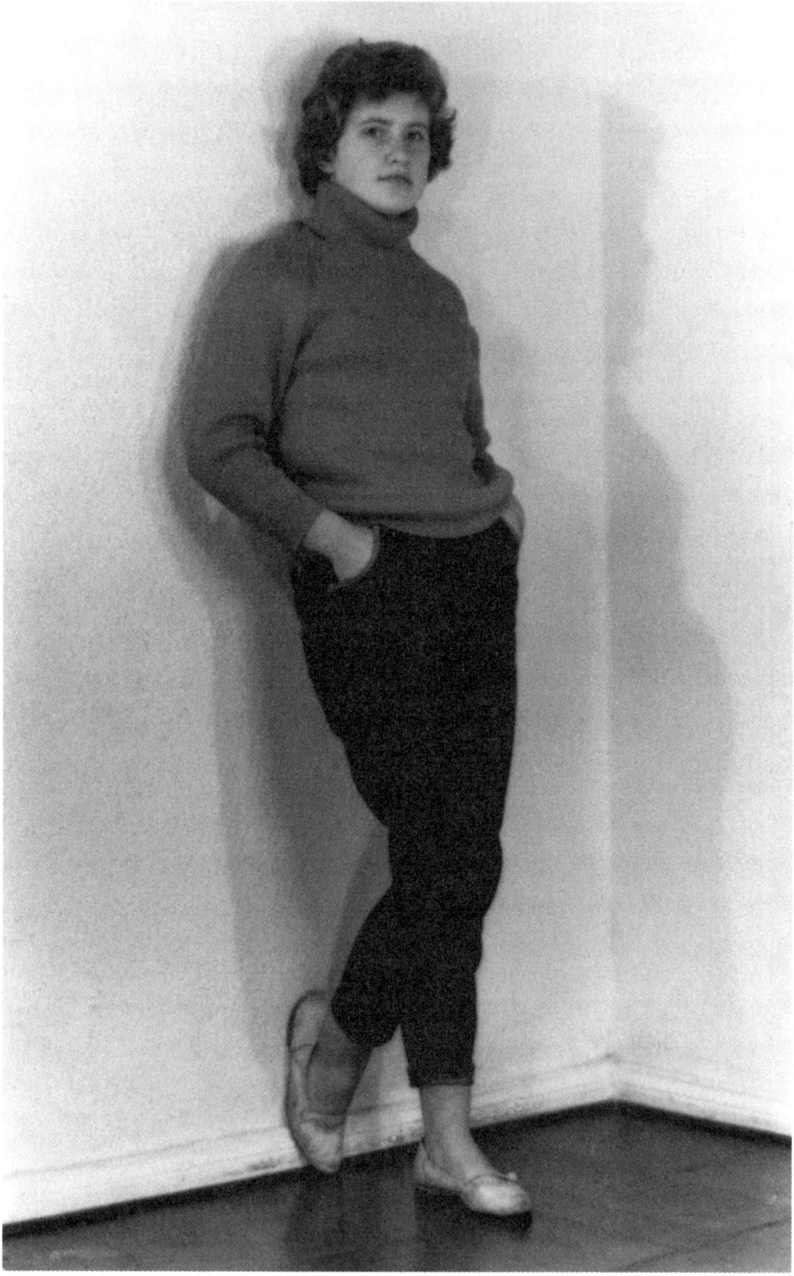

Gisela Nurthen, 1961

zuvorkommend und höflich. „Mir ging es aber nur richtig gut, wenn wir mit den Mopeds durch die Gegend fuhren und mir der Wind durch die Haare fegte. Ich wusste, dass darauf wieder eine Bestrafung folgen würde, und so kam es dann auch immer. Entweder hatten mich die Mütter anderer Mitschüler gesehen oder die Nachbarn. Der Spaß war verboten, obwohl ich nichts gemacht hatte, außer in engen Hosen und weitem Pullover hinten auf dem Moped mitzufahren."

Wenn sie allein war, stieg Gisela mit ihrer „Nietenhose" in die Badewanne. Sie ließ sie am Körper trocknen, damit sie wie angegossen saß. Wenn sie in den Spiegel blickte, fühlte sie sich trotzdem hässlich. Vor allem hätte sie gerne so eine lustige Stupsnase wie Romy Schneider gehabt. Mit Kakao und Wasser rührte sie eine Schminke an und übte vor dem Spiegel den Schmollmund von Brigitte Bardot. Gisela wollte auch so schöne Lippen haben wie die Schauspielerinnen auf den Kinoplakaten.

Für die Mutter, die Nachbarn und das Jugendamt waren solche „Vorkommnisse" ein weiterer Beweis ihrer zunehmenden Verwahrlosung. „Ein Mädchen läuft so nicht rum", zeterte die Fürsorgerin.

Die Akte des Jugendamtes schwoll an. „Ich wollte Opposition, den Kleinstadtmief durchbrechen, ich wollte, wie man heute sagt, cool sein", sagt Gisela. „Ich wollte was anderes, was das genau sein sollte, wusste ich nicht, nur dass es anders sein sollte."

Lemgo war in den Augen der Teenager eine langweilige Beamtenstadt, aus der man eines Tages irgendwie entkommen müsste. Die Streifenwagen der Polizei durchkämmten abends die Straßen. Die Beamten leuchteten mit Taschenlampen in die Gesichter der Pärchen auf den Parkbänken, stets auf der Suche nach Minderjährigen, die sich in Büschen oder Hausecken herumdrückten – Mief der fünfziger und sechziger Jahre, der überall in der Republik waberte.

Erwachsene und Jugendliche, das waren zwei Welten, die nicht miteinander sprachen. „Es gehört sich nicht", sagten die Alten. „Das versteht ihr nicht", erwiderten die Jungen.

Die neue Musik aus Amerika verband die Jugendlichen untereinander, es war ihre Sprache. Rock'n'Roll, Dixieland, Boogie Woogie. „Verstehst du die Texte denn überhaupt?“ wurde Gisela einmal von ihrer Schwester gefragt. „Das ist nicht zum Verstehen, das ist zum Fühlen“, war ihre Antwort.

Zum Verhängnis wurde Gisela ein Tanzabend im Februar 1961, zu dem das Jugendheim eingeladen hatte. Aber die Mutter erlaubte ihr nicht, dort hinzugehen. Irgendwie entwischte sie ihr doch. Stundenlang konnte die 15-Jährige an diesem Abend ihre Musik fühlen und tanzen. Plötzlich war es schon zehn, sehr spät für damalige Verhältnisse. Gisela fürchtete sich, nach Hause zu gehen. Sie und der Junge, mit dem sie zumeist getanzt hatte, beschlossen, lieber nach Hannover zu fahren, in die nächstgelegene Großstadt.

Was sie da wollten, wussten beide nicht so genau. Sie liefen in der Nähe des Hauptbahnhofes durch die Straßen, tranken noch irgendwo etwas, langsam wurde es hell. Als sie zurücktrampen wollten, hielt nach ein paar Minuten ein Streifenwagen der Polizei neben ihnen.

24 Stunden später folgte ein Richter, der sich Gisela nicht einmal ansah, dem Vorschlag ihres Vormunds beim Jugendamt und schickte sie in das geschlossene Vincenzheim in Dortmund – „weil sonst weitere Verwahrlosung droht“.

Vier Jahre dauerte die Haft hinter Klostermauern. Gisela Nurthen war ohnmächtig einem perfiden Repressionssystem frommer Schwestern ausgeliefert, die sie mit Prügel zu Gebet, Arbeit und Schweigen zwangen. Bis heute hat die Frau das Trauma dieser unbarmherzigen Jahre nicht verwunden.

Schon bei geringsten „Verfehlungen“, wie unerlaubtem Sprechen, Weinen oder Erbrechen, erinnert sich Gisela, hagelte es Schläge oder andere Strafen. Geprügelt wurde sie mit allem, was gerade zur Hand war – mit Teppichklopfern oder Besenstielen. Zwischendurch gab es Boxhiebe in Rücken und Rippen.

Telefonieren war streng verboten, jegliche ein- und ausgehende Post wurde von den Nonnen gelesen und zensiert, viele Briefe kamen niemals an. Gisela durfte ohnehin nur alle vier Wochen schreiben. Die Nonnen schrieben sogar Bemerkungen in die Briefe der Mädchen an die Eltern. Besuch war einmal im Monat gestattet, die Gespräche wurden belauscht. „Ich verlor meinen Namen, wurde wie die anderen nummeriert. Wir durften nur schön ordentlich, nach den Nummern sortiert, in Zweierreihen durchs Haus marschieren – zur Arbeit, zur Kirche, zur Toilette, zum Essen." An jeder Tür musste die Mädchenkolonne still warten, bis die Nonnen auf- und zugeschlossen hatten. An die Wand lehnen war verboten. Wenn andere Gruppen in den Gängen getroffen wurden, durfte kein Wort mit ihnen gewechselt werden. Wer beim gemeinsamen Toilettengang zu lange brauchte, bei dem hämmerten die Nonnen lautstark gegen die Türen. „Alles musste im Blitztempo geschehen."

Nur der Gottesdienst in der Hauskapelle nicht. Neulinge wie Gisela nahmen auf der Empore Platz. Direkt unter sich entdeckte sie im Kirchenschiff eine Reihe von Mädchen mit besonders kurzen Haaren, die Köpfe gesenkt – Heiminsassinnen, die versucht hatten auszureißen. Für die Nonnen waren ihre Zöglinge nichts als eine Herde von Sünderinnen. Bei jeder Gelegenheit mussten sich Gisela und die anderen immer wieder die gleiche Litanei anhören: „Ihr seid nichts wert, ihr seid nicht rein, aus euch kann ohne uns nichts werden." Alle unehelichen Kinder hatten für die Nonnen einen besonderen Makel.

Die Sünde bekämpften die unbarmherzigen Schwestern in Dortmund vor allem mit akkordähnlicher Arbeit. Gisela musste mit Dutzenden von anderen schulentlassenen Mädchen ab 14 Jahren unentwegt nähen und stopfen, waschen, mangeln und bügeln. Bei der Arbeit herrschte Sprechverbot, nur Marienlieder waren erlaubt. „Mein Platz war an der großen Heißmangel. Das stundenlange Stehen in großer Hitze – selbst im Sommer ohne zusätzliche Getränke –, das ständige Falten riesiger Bettwäsche ließ sämtliche Glieder schmerzen. Die Kolonne trottete abends schweigend durch die Gänge zurück wie geprügelte Hunde."

Aufstehen mussten die Mädchen morgens um sechs. Strammstehen zum Morgengebet. Dann waschen, ein hastiges Frühstück, Einteilung zur Arbeit. Mittags gab es nach fünf Stunden die erste

Pause. Am Nachmittag noch eine kurze Kaffeepause, mit „Muckefuck". Bis zu zehn Stunden schuftete die 15-Jährige unbezahlt im immer gleichen Takt. Am Samstag mussten sie bis mittags arbeiten. Sonntags wurden Taschentücher zum Verkauf in der Nähstube umhäkelt.

Die hauseigene Großwäscherei war für die Vincentinerinnen ein lukratives Geschäft. Die Arbeit bringe, so schrieb 1962 der Dortmunder „Kirchliche Anzeiger" ganz offen, „um die Steuerzahler etwas zu beruhigen", einen „nicht unerheblichen Teil" der Kosten ein. Hotels, Firmen, Krankenhäuser und viele Privathaushalte zahlten gut – und fragten nicht, wer da fürs Reinwaschen missbraucht wurde.

„Die Kunden bekamen uns nie zu sehen, es gab extra einen Abholraum, zu dem war uns der Zutritt streng verboten." Lohn für Gisela gab es so wenig wie Taschengeld – mithin auch keinen Rentenanspruch für die Heimjahre. „Wir waren jugendliche Zwangsarbeiter", sagt Gisela Nurthen verbittert.

Der „Kirchliche Anzeiger" lieferte Anno 1962 den ideologischen Überbau für die schamlose Ausbeutung der Heiminsassen: Die Mädchen seien „zu schwach für die Freiheit. Für viele sind ja Verantwortung und Pflicht fremde Begriffe. Ordnende Maßstäbe haben sie nicht erlernt. Freiheit heißt für sie, alles – aber auch alles – tun zu dürfen".

Wenn eine der Jugendlichen aus dem Vincenzheim entweiche, warnte der Autor, dürften die Dortmunder ihr auf keinen Fall beistehen. „Bei einem Ausreißversuch fand ein Mädchen Unterstützung bei einigen Passanten. Sie glaubten zu helfen. Sie halfen einem Nichtschwimmer ins Tiefe." Deshalb seien die Heimtüren nach draußen geschlossen. „Die Freiheit, die man in diesem Alter besonders schätzt, sie ist zu gefährlich."

Die jungen „Sünderinnen" hatten auch „Freizeitveranstaltungen", abends im Gemeinschaftsraum. Dabei wurden ihnen von den Nonnen immer wieder heilige Vorbilder vor Augen geführt. Besonders gern erzählten die Schwestern schaurige Geschichten von Märtyrerinnen, die lieber Folter ertrugen, als sich vom Glauben abzuwenden.

Eine andere Lieblingsgeschichte handelte von „Blutmalen" der seligen Therese von Konnersreuth. Die im September 1962 verstorbene bayerische Bauernmagd blutete von 1926 bis zu ihrem Tod an vielen Stellen ihres Körpers, zuerst aus den Augen, dann – bevorzugt an Freitagen – aus den „Wundmalen Christi" an den Händen und Füßen und in der Seite, wo der sterbende Jesus von der Lanze eines römischen Soldaten durchbohrt worden war. 35 Jahre lang soll Therese nichts gegessen haben, außer den Hostien, die sie täglich zu Kommunion empfing. „Dann wurde das Bild von ihr herumgereicht", erinnert sich Gisela Nurthen, „ich konnte kaum hinschauen, wie sie dalag, verschwitzt und käseweiß, mit geschlossenen Augen und verklärtem Gesichtsausdruck. Ich hatte Angst."

Gisela gewöhnte sich nach ein paar Monaten an, wenn sie den Nonnen zuhören musste, den Speichel so heftig zwischen Zähne und Zahnfleisch hindurchzuziehen, dass es blutete. Es wurde eine richtige Leidenschaft. „Ich saugte das Blut wie wild durch die Zähne, irgendwie beruhigte es mich."

Auch für die „heilige Agnes" schwärmten die Nonnen. Die habe ihr Leben geopfert, um ihre „Unversehrtheit" zu bewahren. In der katholischen Kirche gilt die heilige Agnes noch immer als Schutzpatronin der Jungfrauen, Verlobten und der Keuschheit.

Reinheit und Unversehrtheit der Mädchen waren den „Barmherzigen Schwestern" überaus wichtig. Die Unversehrtheit überprüfte ein alter Frauenarzt, dessen Hände zitterten, auf einem noch älteren Untersuchungsstuhl. Während der gynäkologischen Untersuchungen setzten sich die Nonnen vor den Stuhl und schauten ungeniert zu, egal, wie sehr sich die Mädchen auch schämten.

„Jede Minute des Tages wurden wir bewacht, auch während des Entkleidens zur Nacht oder beim Waschen. Sämtliche Schamgrenzen wurden dabei verletzt", sagt Gisela Nurthen. „Die Nonnen standen um uns herum, spielten mit Schlüsseln oder Rosenkränzen, die seitlich an ihren Bäuchen herunterhingen, und fixierten unsere jungen Körper. Was dachten sie bloß dabei?"

Gisela Nurthen weiter: „Im Waschraum wurde jedem von uns ein Eimer gereicht, den wir mit warmem Wasser füllten. Dazu

Handtuch und Schmierseife. Dann musste jeder in eine Toilettenkabine. Nun gingen die Nonnen auf und ab, sie glotzten unter jeden Türspalt, ob die Beine auch weit genug auseinander standen und das Wasser plätscherte, denn das ‚Unaussprechliche' musste gründlichst von allem Schmutz und von aller Unkeuschheit gesäubert werden. Diese Prozedur dauerte ewig und verwirrte mich. Mit meinen 15 Jahren war ich doch noch unberührt, hatte aber, seitdem ich im Heim war, keine monatliche Blutung mehr. Immerhin brauchte ich wenigstens nicht um diese ekelhaften grauen Stoffbinden zu bitten, mit den verblassten Blutspuren der Vorgängerinnen."

Die mussten von den Mädchen einmal im Monat selbst gereinigt werden, mit den Füßen wurde der Stoff in der Badewanne ausgestampft.

Schweigen war bei den Mahlzeiten oberstes Gebot. Deren Qualität ließ einiges zu wünschen übrig. „Für uns wurde minderwertiges Essen zubereitet. Wir wussten, dass sich die Nonnen in der Küche heimlich das magere Fleisch nahmen, wir bekamen die Fettklumpen. Im Eintopf schwammen immer diese widerlichen Speckschwarten, an denen noch die Borsten hafteten. Wir alle ekelten uns schon beim Anblick davor, aber es gab kein Pardon, es musste aufgegessen werden."

Wenn nicht mittags, dann eben abends. „Oft saß ich dann wieder mit Würgen davor, Tränen und Schnodder liefen in den Teller, dann setzte es Ohrfeigen, die Nonnen rissen mir den Löffel aus der Hand und schlugen damit auch zu. Sie schnaubten dabei, ob es uns Pack nicht doch noch zu gut ginge."

Wenn sie dann zur Strafe in den Schlafsaal geschubst und dort ohne Essen eingeschlossen wurde, war Gisela, bis die anderen kamen, ganz allein.

Von hier konnte sie irgendwo da draußen das entfernte Quietschen einer Straßenbahn vernehmen. Und war da nicht auch das Rattern von Zügen? Diese Geräusche waren Musik in ihren Ohren. Sie wusste, da draußen gibt es noch richtiges Leben, nach dem sie große Sehnsucht hatte.

Doch gegenüber war nur eine riesige Ziegelwand, das ganze Gelände war umgeben von einer hohen Backsteinmauer mit Glasscherben auf der Krone, die Eingangstore waren mehrfach vergittert, die meisten Türen, auch im Haus, ließen sich nicht öffnen.

Sie sah durch die Gitterstäbe auf die gegenüberliegende Mauer und fragte sich, ob sie nicht doch ein schlechter Mensch war. Vielleicht hatten die Nonnen Recht? Vielleicht müsste sie nur genügend büßen?

„Manchmal schwor ich mir deshalb, den süßen Pudding zum Nachtisch irgendwie verschwinden zu lassen, anstatt ihn zu essen, obwohl er das Einzige war, worauf ich mich an manchen Tagen freute. Ich wollte ihn aber als Opfer für Jesus nicht essen, ich wollte Buße tun für meine Schlechtigkeit. Ich schämte mich sogar für meinen Ekel gegenüber Therese von Konnersreuth." Das Gefühl, sie sei nichts wert, vermittelten die Nonnen ihr täglich bei jeder Gelegenheit. Es begann sich immer mehr in ihrem Kopf einzunisten.

Im Laufe der Zeit lernte Gisela aber auch die kleinen Tricks der anderen Mädchen. Etwa so zu tun, als ob man huste, um dabei die Speckschwarte vom Mund in die Hand zu bugsieren und anschließend in die Tasche der Schürze. Allerdings liefen manche wochenlang mit der Schwarte in der Tasche herum, weil sie keine Möglichkeit hatten, sie irgendwo verschwinden zu lassen. Die Toiletten spülten schlecht und wurden kontrolliert.

Wenn alle Mädchen nach dem Strammstehen in ihren einheitlichen Anstaltsnachthemden zum Abendgebet in den Betten lagen und das Licht ausging, durfte niemand mehr aufstehen, um auf die Toilette zu gehen. Dafür stand irgendwo ein Eimer im Saal.

Gisela verkroch sich jeden Abend gerne unter ihrem Federbett. Wenn sie zu weinen anfing, schob sie die Ecke der Zudecke wie einen Knebel in ihren Mund. Doch das half nicht immer. Sie gewöhnte sich an, die Arme so unter den Kopf zu legen, dass sie sich nach links und rechts in den Schlaf schaukeln konnte. Die Bewegung machte so viel Geräusche, dass die wachhabenden Nonnen sie öfter an den Haaren packten, zischelnd beschimpften und auf den Flur hinausschleiften. Dort musste Gisela sich für den Rest der Nacht zu den Laken des Wäscheschrankes legen – der übliche Platz zur Absonderung nächtlicher Unruhestifter.

Im Flur bangte sie, dass die Nonne bloß nicht unter ihr Kopfkissen schaute. Darunter hatte sie das einzige Bild ihrer Mutter versteckt.

Einmal war die Stimmung abends im Schlafsaal etwas ausgelassener, weil die wachhabende Nonne nicht an ihrem Platz war. Das Licht war schon aus. In dem dunklen Raum scherzten die Mädchen über ihre Lieblingslieder. Gisela sang in die Dunkelheit hinein hingebungsvoll einen Song von Elvis Presley.

Sie hatte die Nonne nicht hereinkommen hören. Mit einem Ruck wurde sie aus dem Bett gerissen, über den Boden geschleift, heraus aus dem Schlafsaal, den Flur entlang bis zur „Klabause", jenen gefürchteten Zellen mit Glasbausteinen anstelle von Fenstern. Die Ausstattung bestand nur aus einer Holzpritsche, einer groben Decke und einem Blecheimer mit Deckel als Toilette. Die Zellen waren so klein, dass man kaum darin auf- und abgehen konnte. Das Essen während der „Klabause-Tage" bestand aus Wasser und Brot. Für den Elvis-Song gab es einen Tag „Klabause".

Andere Mädchen, die beim Taschentücher-Umhäkeln Witze gemacht und gelacht hatten, bekamen oft drei Tage und mehr – zur „Besinnung". Um nicht durchzudrehen, sagten sie Gedichte auf oder sangen Lieder, wie die 18-jährige Elke Meister, geborene Page. Sie wurde, kurz nachdem Gisela Bekanntschaft mit der „Klabause" gemacht hatte, wegen Sprechens bei der Arbeit für drei Tage in das Nonnengefängnis gesteckt. Sie sagte in der düsteren Zelle einfach stundenlang Zahlen auf und betete das Einmaleins herunter. Dazwischen weinte sie, aber niemand kam. Nach der „Klabause" musste sie anschließend in grauen „Putzkleidern" herumlaufen, oft wochenlang. Jeder sollte sehen, dass man etwas „verbrochen" hatte: „Schlafsaalstörung" etwa, wie im Falle von Gisela.

Elke war mit ihrer 18-jährigen Schwester Regina 1960 ins Vincenzheim eingewiesen worden. Die Schwester musste zusammen mit ihrer knapp einjährigen Tochter Christine kommen. Sie war zwar mit einem 20-Jährigen verheiratet, doch das Jugendamt beanstandete die fehlende gemeinsame Wohnung, und hielt sie für eine ordentliche Ehe noch für zu unreif. Nun sollten die Vincentinerinen für die nötige Reife bei der jungen Frau sorgen.

Den Säugling durfte sie jedoch nur einmal in der Woche, am Sonntag, für ein paar Stunden sehen. Obwohl Regina für die Nonnen täglich in einem Saal der Kinderabteilung des Vincenzhauses andere Säuglinge pflegen musste, hatten die Schwestern es dem Fürsorgezögling untersagt, im direkt angrenzenden Raum sich um ihre eigene Tochter zu sorgen. An den Wochentagen konnte sie den Kontakt zu ihrem Kind nur heimlich bewerkstelligen. Das ging stets dann, wenn ihre Kollegin Lissy an der Eingangstür „Schmiere" stand.

Die jungen Mädchen im Vincenzheim empfanden es schon als Wohltat, zur Arbeit in die Großküche im Keller abkommandiert zu werden, denn dort hielten sich nur wenige Nonnen auf. Man konnte miteinander flüstern, wenigstens bis die rasselnden Schlüsselbunde der verhassten „Spitzhauben" zu hören waren.

Gisela lernte hier Mädchen aus anderen Heimgruppen kennen. Der Kontakt der Gruppen untereinander war streng untersagt. Nur bei der Arbeit traf man sich, aber in der Näh- oder Mangelstube waren die Aufpasserinnen mit ihren Drachenhauben ständig anwesend und eine Unterhaltung unmöglich. Bei den Gesprächen der Mädchen in der Kellerküche ging es um das alltägliche Elend im Vincenzheim, um geplante und verhinderte Ausbrüche, um Selbstmordversuche mit geschmuggelten Scheren aus der Nähstube oder Messern aus der Küche.

Immer wieder versuchten Mädchen, durch Suizid ihren Qualen im Heim ein Ende zu setzen. Recht häufig verletzten sie sich auch absichtlich, in der Hoffnung, dann wenigstens ins Krankenhaus zu kommen. Ein „beliebter" Versuch war es, in der Näherei Stecknadeln zu schlucken. Doch anstelle des erhofften Krankenhausaufenthaltes setzten die Nonnen den Mädchen eine grosse Schüssel Sauerkraut vor, das sollte helfen.

Man flüsterte sich in der Küche zu, ein Mädchen habe sich im nahe gelegenen Hoesch-Park in einem Abfallbehälter versteckt und sich mit Papier zugedeckt, um bloß nicht gefunden zu werden. Eine andere habe sich in das geöffnete Dachgaubenfenster gestellt und sei gesprungen. Mehr wisse man nicht, die „Spitzhauben" seien sehr aufgeregt gewesen. Mädchen, die Selbstmord verübten, habe eine der Nonnen nur kurz geraunt, seien verlorene Seelen, die sofort in die Hölle wanderten.

Über die Gründe für die Einweisung in das Erziehungsheim sprachen die Mädchen untereinander so gut wie nie. Jede hatte eine eigene Geschichte, über die sie schwieg.

Viele waren uneheliche Kinder, einige als Minderjährige schwanger geworden. 1961 lebten 235 „gefallene Mädchen" im Vincenzheim. Die jüngsten waren 14, die ältesten 21 Jahre alt.

Gisela hatte als kleines Kind immer darüber gegrübelt, was es denn heiße, „unehrlich" geboren zu sein. Sie hatte das Wort „unehelich" falsch verstanden und einen Begriff gesucht, den sie kannte: unehrlich. Irgendetwas stimmt mit mir nicht, dachte sie, auf ihrer Geburt müsse wohl eine Lüge lasten, wie ein schwarzer Schatten.

Das Missverständnis bestand lange, denn sie spürte, dass sie besser niemand danach fragte. Wen auch? Ihre Mutter nicht, die Nachbarin nicht, die Mitschüler nicht.

Bis sie eines Tages als junger Teenager begriff, dass sie nicht „unehrlich", sondern „unehelich" geboren war. Was die Sache nicht besser machte. Denn unehelich zu sein, bedeutete in der jungen Bundesrepublik, einen großen gesellschaftlichen Makel zu tragen.

Als sie von einem Tag auf den anderen ins Heim gesteckt wurde, war sie Quartanerin mit guten Noten im Mädchengymnasium. Ihr Abschlusszeugnis („Schulbesuch: regelmäßig, häuslicher Fleiß: gut") trägt den Vermerk: „Gisela verlässt unsere Schule auf Wunsch der Mutter." Im Vincenzheim war es mit dem Gymnasium vorbei. Die Nonnen fanden, Volksschule reiche. Im Heim bot man ihr an, Büglerin oder Näherin zu werden.

Es gab weder Radio noch Zeitungen für die Mädchen, außer einem Kirchenblatt. Von dem, was sich außerhalb der Mauern ihres Heimes zutrug, erfuhren sie so gut wie nichts. Der Fernsehraum stand allein den Nonnen offen. Die Heimkinder wurden nur hineingeführt, wenn es um religiöse Sendungen ging, etwa den Ostersegen des Papstes.

Ab und zu machte sich Giselas Mutter auf den Weg nach Dortmund. Sie hatte inzwischen einen Mann geheiratet, über den Gisela nichts wusste. Die Regeln für Besucher im Heim ähnelten denen eines Zuchthauses: Angehörige mussten in einem kargen Besucherzimmer Platz nehmen und warten, bis die Nonne mit dem „Zögling" kam. Stets blieb die Schwester am gleichen Tisch sitzen und hörte zu. Mutter und Tochter sprachen nur über Belangloses.

1963 wurde Gisela wegen ihres Alters ins „Marienheim" nach Hamm verlegt, in die Brüderstraße 12. Dort ging es nicht mehr ganz so streng zu wie bei den Vincentinerinnen in Dortmund, aber Fenster und Türen blieben auch im Marienheim verschlossen, und ohne besondere Erlaubnis durften die 17-jährigen Mädchen nur zum Putzen einer Kirche in der Nähe aus dem Haus.

Alle Arbeiten im Marienheim wurden von den Mädchen selbst erledigt. Sie kochten, putzten, wuschen Wäsche, schippten Kohlen in den Keller. Obendrein säuberten sie – ohne Bezahlung – die Wohnung der beiden Aufseherinnen.

Als Gisela 18 wurde, rieten ihr die Schwestern zu einer Ausbildung als Kinderkrankenschwester. Sie willigte ein und verließ das Heim, blieb aber unter Nonnen. In der katholischen Kinderklinik St. Elisabeth wusste zunächst immerhin niemand auf ihrer Station, dass sie direkt aus einem kirchlichen Fürsorgeknast kam.

Einer jungen Ordensschwester fiel nur auf, dass sie sich weigerte, mit ihnen zu beten und in die Kirche zu gehen. Gisela sonderte sich ab und sprach kaum mit den Arbeitskolleginnen. Die junge Nonne kümmerte sich um die Neue. „Sie fragte mich schließlich, wieso ich nicht beten will. Ich sagte: Weil ich es nicht will. Sie meinte, ich würde mich absondern, ich antwortete, ich will auch keinen sehen. Als ich ein paar Tage Urlaub hatte, merkte sie, dass ich mich im Zimmer eingeschlossen hatte und nicht einmal zum Essen gekommen war. Ich dachte, es darf keiner wissen, dass ich meinen Urlaub im Zimmer verbringe."

Die Schwester klopfte zaghaft bei ihr an, setzte sich zu ihr und fragte, warum sie denn trotz Urlaub im Krankenhaus geblieben sei. Da brach es aus Gisela heraus, dass sie ja überhaupt nicht wisse, wohin denn. Ihre Mutter und der Stiefvater wollten sie nicht sehen.

Gisela durfte für ein paar Tage auf den Bauernhof der Familie dieser Ordensschwester fahren. „Dort waren die Menschen sehr lieb zu mir, obwohl sie katholisch waren – das war etwas ganz Neues für mich."

Im dritten Ausbildungsjahr musste die 20-Jährige eines Tages ein totes Kind waschen. Sie konnte nicht und heulte. Die Leiterin der Kinderklinik riet ihr, die Ausbildung abzubrechen. Gisela packte ohne Abschied am nächsten Tag ihren kleinen Koffer und fuhr mit dem Zug zu einem aus dem Vincenzheim entlassenen Mädchen in die Pfalz. Sie beschloss auszuwandern. „Nur weg von Deutschland."

Der Zufall half nach, in Kaiserslautern waren viele amerikanische Soldaten stationiert. Bei einem Captain bekam sie einen Job als Kindermädchen. Sie hütete die beiden kleinen „boys" und machte Bekanntschaft mit einem gänzlich anderen Lebensstil. „Diese amerikanische Familie war für mich ein ganz neues Leben. Die Eltern mochten mich, die beiden Kinder liebten mich. Das war für mich der Himmel auf Erden."

Gisela wusste nicht, dass sie deutschlandweit zur Fahndung ausgeschrieben war. Sie war ja nach damaligem Recht noch immer nicht volljährig und aus dem Schwesternwohnheim des katholischen Krankenhauses einfach abgehauen. Die Polizei fand heraus, wo sie sich aufhielt. Doch der Captain, ein Pilot der amerikanischen Luftwaffe, konnte die deutschen Behörden davon überzeugen, dass er und seine Frau in den letzten Monaten vor ihrem 21. Lebensjahr für Gisela schon sorgen würden.

Ein junger amerikanischer Soldat, der ab und zu Gast in der Familie war, verliebte sich in sie. Die beiden hatten gerade angefangen, Händchen zu halten, als ihm die Rückkehr nach Amerika befohlen wurde. Er schlug ihr vor mitzukommen. Sie musste noch ein paar Monate warten, bis sie 21 war und alle Papiere zusammen hatte, dann flog sie ihm hinterher. „Endlich frei!“, dachte sie.

Gisela hatte sich immer vorgestellt, Amerika sei hochmodern, sei Chrom, Glas, Fortschritt, Raketen, die ins Weltall fliegen. Aber ihr Soldat war ein Farmerjunge aus Oklahoma, im tiefen Mittelwesten. Schon auf dem Flughafen sah sie überwiegend Farmer und Landarbeiter mit Cowboyhüten, die überall eine braune Soße auf den Boden spuckten, Kautabak. „Ich dachte doch, das ist Elvis-Land, da sind endlich die ganz Coolen.“

Aber nicht in Oklahoma. Die Leute um sie herum sprachen einen schwer verständlichen Dialekt. Für Gisela, die immer eine Zwei in Englisch auf der Schule hatte, klang es wie bayerisches Englisch.

Die 21-Jährige heiratete eine Woche nach ihrer Ankunft, doch sie brauchte lange, um bei den neuen Verwandten überhaupt etwas zu verstehen. Dennoch war sie froh, zum ersten Mal seit sechs Jahren nicht mehr unter Nonnen zu sein. Vom Tag der Hochzeit an hatte sie mit einem anderen Namen auch eine andere Identität angenommen. Aus dem deutschen Heimkind Gisela wurde die Amerikanerin Gina. „Damit sollte alles weg sein, was vorher in Deutschland geschehen war.“ In all den Jahren in Amerika redete sie mit niemandem über ihre Vergangenheit.

Das junge Ehepaar lebte nur in möblierten Wohnungen. Gisela verspürte eine innere Unruhe, sie hielt es an einem Ort nie lange aus. Kaum ein Jahr hielt die Ehe. Irgendwann wollte sie von ihm nichts mehr, und er nichts von ihr. Das junge Pärchen ließ sich in aller Freundschaft scheiden.

Jeder nahm sich ein Auto und fuhr in eine andere Richtung. Gisela machte sich nach Los Angeles auf, weil sie endlich dahin wollte, wo das Leben pulsierte. Sie hatte eine Greencard, eine Arbeitserlaubnis, und jobbte in Büros, dann zog sie weiter nach San Francisco. In der Metropole an der Westküste hatte mitten im Vietnamkrieg die Flower-Power-Zeit begonnen. Beinahe täglich gab es Demonstrationen. Gisela lernte schnell viele Leute kennen und war immer mittendrin.

„Ich protestierte gegen Amerika, schwang in Wahrheit meine

Fäuste aber gegen Deutschland", sagt sie heute. Aus der Ferne sympathisierte sie sogar mit der RAF, als sie davon hörte. Deutschland war ihr verhasst.

Sie hatte keine abgeschlossene Berufsausbildung und mogelte sich in einen Job als Sekretärin bei einer Baufirma. Dabei konnte sie noch nicht einmal tippen. „Das habe ich in der Mittagspause mit zwei Fingern gemacht, wenn alle raus waren. Bis mich mal eine erwischte. Ich war in Schweiß gebadet, sie fragte mich, was denn mit mir sei. Ich gestand, nicht tippen zu können, weswegen ich immer alles heimlich in der Mittagspause machen müsse. Sie hat nur gelacht und es den anderen erzählt, auch dem Chef, und der hat mitgelacht, denn er war ja immer zufrieden gewesen, weil ich meine Arbeit erledigt hatte. Ich bekam dann einfach immer nur noch Arbeiten, bei denen ich nichts tippen musste, so einfach war das in Amerika. Am Ende konnte ich sogar über mich selbst lachen."

In San Francisco gab es vieles für Gisela Nurthen nachzuholen. Eines Tages etwa fragte eine jüdische Freundin sie: „Do you know Albert Speer?" Hitlers Baumeister hatte nach seiner Freilassung aus dem Spandauer Gefängnis in Amerika Schlagzeilen gemacht.

„Ich habe den gar nicht gekannt, und sie wunderte sich. Ich gestand ihr dann nach und nach, dass ich gar nichts wusste über Speer, Hitler und den Faschismus. Sie schleppte mich in Bibliotheken und brachte mir Bücher nahe. Da merkte ich, wie viel Wissen ich in meiner Jugend verpasst hatte, und wollte es aufholen. Ich konnte endlich unbefangen alle Fragen stellen und bekam von niemandem mehr wie im Vincenzheim zu hören: ‚Das geht dich nichts an!' Ich interessierte mich plötzlich für alles um mich herum, von Angela Davis und den Black Panthers bis hin zu den Problemen der Schwulen. Ich dachte damals, Gisela, jetzt fängst du wirklich erst an zu leben."

Doch ganz heimisch wurde sie nie. Sie wohnte stets allein und immer möbliert. Sie besaß keine Waschmaschine oder Möbel, denn sie wollte nur so viel haben, wie gerade in ein Auto passt, um jederzeit weiterziehen zu können. Sie wechselte ihre Wohnungen und Arbeitsstellen: Mal leitete sie als Fremdenführerin Deutsche durch San Francisco, mal jobbte sie in Hotels, mal bei Autovermietungen an Flughäfen.

Gisela Nurthen blieb zwölf Jahre in Amerika. Dann machte sie einen Besuch in Deutschland und nahm einen Job bei einer alliierten Militäreinrichtung an. Dort lernte sie ihren zweiten Ehemann, einen Engländer, kennen. Als sie schwanger wurde, verließ sie Deutschland und ging nach England. Rund ein Jahrzehnt blieb sie dort, wurde geschieden und kehrte 1995 zurück nach Deutschland.

In Paderborn bezog sie als allein erziehende Mutter eine kleine Wohnung. Doch Gisela fühlte sich unwohl. War es die Erinnerung an die Kindheit mit ihrer Mutter? Sie wollte bald niemanden mehr sehen.

Die Depressionen wurden immer stärker. „Ich habe mich immer gefragt, warum ich mich nicht freuen kann, wenn schönes Wetter ist, die anderen können das doch auch. Ich dachte, dass ich mich freuen müsste, weil ich nicht in einem Krisengebiet wohne, in der westlichen zivilisierten Welt lebe und ein gesundes Kind habe. Aber ich konnte mich an gar nichts erfreuen."

Sie ging zu einer Therapeutin. Die verschrieb ihr Medikamente. In der Zeitung las sie eines Tages von den Erziehungsheimen der Magdalenenschwestern in Irland, in denen es offenbar ähnlich schlimm zugegangen war wie bei den deutschen Vincentinerinnen. Nach drei Jahrzehnten kam die Erinnerung an die eigene Heimzeit erstmals hoch. Sie hatte davon weder ihrem ersten Ehemann erzählt noch ihrem zweiten. Nicht einmal mit ihrer Therapeutin hatte sie über jene Jahre gesprochen. Sie schämte sich, verraten zu müssen, ein Heimkind gewesen zu sein.

Gisela las mehr über die irischen Heime. Sie begriff plötzlich, dass sie nicht allein mit ihrem Schicksal war. Aber selbst in den Therapie- und Selbsthilfegruppen, denen sie sich anschloss, traute sie sich noch lange nicht, von ihrer Heimzeit zu erzählen, geschweige denn, die anderen nach ihrer Jugend zu fragen. Wenn es in Irland 30000 Heimkinder gab, dann muss es in Deutschland doch viel mehr geben, dachte sie. Sie versuchte, ehemalige Heimkinder ausfindig zu machen.

Beim gemeinsamen Einkauf mit einer Bekannten brach Gisela Nurthen erstmals ihr Schweigen. Vor einem Regal mit Lebensmitten rutschte ihr plötzlich die Frage heraus: „Sag mal, warst du auch in einem Heim?“ Die Bekannte zögerte einen Moment, dann stieß sie ein Ja hervor – und begann zu weinen. Nach und nach erzählten sich die beiden Frauen ihre Geschichte. Der Bann war gebrochen.

Doch die Konfrontation mit der Vergangenheit ist schwieriger als erwartet. Gisela Nurthen bemüht sich zunächst, irgendeine Spur ihrer Leidenszeit in Dortmund zu finden. Akten des Jugendamtes und des Vormundschaftsgerichts waren unauffindbar.

Schließlich macht sie eine Frau ausfindig, die mit ihr im Vincenzheim war. Sie tauschen Erinnerungen aus, doch die ehemalige Heiminsassin bittet sie, niemandem ihre Identität preiszugeben. Weder ihre Familie noch ihr Arbeitgeber dürften erfahren, dass sie ein Heimkind war.

In Dortmund in der Oesterholzstraße, findet Gisela heraus, gibt es noch immer ein katholisches Kinderheim, allerdings nicht mehr unter der Regie der Vincentinerinnen. 40 Jahre, nachdem die Jugendfürsorgerin sie mit einer Lüge dort hineingelockt hat, steht sie erstmals wieder vor dem braunroten Ziegelsteinbau. Zögerlich passiert Gisela die äußere Pforte, deren schweres Metallgittertor offen steht. Im Hof geht ihr Blick zuerst nach oben, zu den Fenstern, aus denen verzweifelte Mädchen hinuntersprangen.

Im Eingang des Haupthauses empfangen sie zwei Mitarbeiter, die heute die Kinder betreuen. Mit dem Orden hat keiner mehr etwas zu schaffen. Dennoch sind die Verantwortlichen dem ehemaligen Heimkind gegenüber unsicher. Das 100. Jubiläum steht bevor. Eine Broschüre darüber wird gerade vorbereitet. Nein, aus der Zeit der fünfziger und sechziger Jahre gibt es kaum Fotos und Informationen. Die Schwestern, heißt es, hätten bei ihrem Auszug vor ein paar Jahren alles mitgenommen.

Vieles wurde umgebaut, Flure und Zimmer sind hell und freundlich gestrichen, die Fenster haben Griffe. Alle Türen sind offen. Gisela kann es nicht fassen.

In der hauseigenen Kapelle geht sie durch die hinteren Bänke, wo die kurz geschorenen Ausreißerinnen stehen mussten. Gisela sagt nicht viel. Am Ende eines Ganges liegt ein Zimmer, in dem die Heiminsassen früher Besuch empfangen konnten und Gemeinschaftsveranstaltungen stattfanden. Es ist nicht wieder zu erkennen. Bunt und hübsch möbliert. Der Heimleiter erklärt, dass hier seine Jugendlichen eine Art Freizeitraum haben: „Hier können sie sich aufhalten und miteinander spielen, Kaffee trinken, klönen."

Da bricht es aus Gisela heraus: „Warum hat man das damals nicht bei uns gemacht? Hell war hier gar nichts gestrichen. Hier gab es nur dunkle Farbe, nur Härte und Strenge und drakonische Strafen, wenn wir unerlaubt miteinander sprachen. Uns wurde in diesem Raum einmal der Film ‚1984' nach George Orwells Roman gezeigt. Wir sollten wissen, erklärten uns die Nonnen dazu, wie es im Kommunismus sei, die totale Kontrolle und Beobachtung. Das kam mir so skurril vor, denn es deckte sich ja mit unserem Tagesablauf."

Am nächsten Tag, zurück in Paderborn, traut sich Gisela in das Mutterhaus der „Barmherzigen Schwestern", die sich 1995 aus Dortmund zurückgezogen haben. Auf dem Weg dorthin gehen ihr viele Fragen durch den Kopf: Ob die Nonnen in ihrem Archiv noch ihre Briefe an die Mutter haben, die diese nie bekommen hat? Sie will vor allem aber wissen, ob ihnen die Selbstmorde und Selbstmordversuche der Mädchen nahe gegangen sind. Ob sie nicht spätestens dann Zweifel bekommen hätten?

Als ihr zwei Schwestern auf dem Bürgersteig vor dem Haus begegnen, wird ihr ganz mulmig: „Soll ich da wirklich rein?" Hinter der schweren Eingangspforte fällt nur fahles Licht durch trübe Bleiglasfenster auf ein riesiges Kruzifix mit dem leidenden Herrn. Ein paar Türen weiter, im Besucherzimmer, muss Gisela Platz nehmen und eine Weile warten.

Endlich kommt die Sprecherin des Ordens, Schwester Gabriele. Doch sie kann keine der Fragen von Gisela beantworten. „Wir haben keine Akten", wiederholt die Vincentinerin nur monoton. „Unsere alten Schwestern, die in den Heimen waren, wollen heute in Ruhe gelassen werden, die möchten wir nicht mehr in solche Gespräche einbeziehen." Sie drückt Gisela eine Broschüre über das Vincenzheim in die Hand. „Da steht alles drin."

Schwester Gabriele war in den achtziger Jahren selbst leitende Nonne im Dortmunder Vincenzheim und will angeblich über die Jahre davor nichts wissen. Nichts über die Isolationshaft in der „Klabause", nichts über die Demütigungen und Erniedrigungen, nichts über die ständigen Schläge im Namen des Herrn. Eine Auseinandersetzung über die Zustände in den Heimen der Vincentinerinnen habe es unter den Ordensschwestern nicht gegeben. „Darüber haben wir nie gesprochen. Es hat uns ja auch bis heute keiner gefragt."

Damit ist das Gespräch beendet. Die Nonne geht einfach weg, verschwindet über den dunklen Flur.

Das Vincenzheim, liest Gisela Nurthen in der Broschüre aus dem Jahr 1978, die ihr Schwester Gabriele in die Hand gedrückt hat, sei immer „in der Spitzengruppe" der Heime in Deutschland gewesen, denn es habe sich immer „den neuesten wissenschaftlichen Erkenntnissen und den damit verbundenen Methoden angepasst". Das pädagogische Konzept habe „auf den Grundsätzen christlicher Weltanschauung" basiert.

Die Lüge hält sich bis Anno 2005, zum 100-jährigen Bestehen des Dortmunder Heims. Das „Regiment der Schwestern", steht da in der Jubiläumspostille, „war Fürsorgeerziehung aus dem ‚Geist der Nächstenliebe'".

Knute und Halleluja

Das verdrängte Schicksal der Heimkinder

Er ist der Pater der Herzen. Das haben die Zeitungen über ihn geschrieben. Er hat ein Bundesverdienstkreuz bekommen, den Verdienstorden von Berlin, gibt gerne Interviews und stellt sich vor die Fernsehkameras. Ein regionaler Medienstar, der am liebsten in Talkshows sitzt. 30 Jahre hat der Salvatorianerpater Vincens im Berliner Knast Tegel „schwere Jungs" betreut, da kann er viel erzählen. Was davor war, hat ihn keiner gefragt.

Gerald Hartford lebt 300 Kilometer entfernt bei Hildesheim und ist ein schweigsamer Mensch. Er verlässt selten seine Wohnung, er hat im Leben wenig Aufmerksamkeit bekommen. Der Fernseher ist sein Tor zur Außenwelt. Auf dem Bildschirm hat er zufällig seinen früheren Heimerzieher wieder erkannt. Pater Vincens gilt ihm als „Peiniger seiner Jugendjahre".

Hartford hat lange mit sich gerungen, ob er es durchhalten würde, die ungewohnt lange Fahrt, die bösen Erinnerungen, die Konfrontation mit dem cholerischen katholischen Priester. Würde diesmal nicht ihm die Hand ausrutschen?

Nun stehen sich die beiden gegenüber. Der rundliche Geistliche und sein ehemaliges Heimkind. Auf der gepflasterten Terrasse seines schmucken Alterssitzes, des Salvatorianerklosters Berlin-Lankwitz, gibt der Gottesmann nur zögerlich zu, vor seiner Berliner Zeit in einem Erziehungsheim gearbeitet zu haben.

Gerald Hartford hält in der einen Hand ein Foto, das ihn mit 18 Jahren zeigt, in der anderen eine Zeichnung des berüchtigten „Bunkers", einer dunklen Zelle im Keller des „Salvator-Kollegs Klausheide" im westfälischen Örtchen Hövelhof. Hier wurden die Kinder eingesperrt, wenn ihre Erzieher sie abstrafen wollten. Pater Vincens, sonst immer eine Spur zu laut, hat es die Sprache verschlagen. Der Mann ist offenbar erschrocken über die unverhoffte Begegnung mit der verdrängten Vergangenheit.

Ob er noch wisse, fragt ihn Hartford, was er mit ihm damals gemacht habe? Der Pater schaut auf das Bild seines früheren Zöglings, nimmt es in die Hand, führt es näher vor seine Augen. Plötzlich scheint er sich an etwas zu erinnern, will das Foto in seiner Hand loswerden. Er hält es angewidert von sich, als sei es verseucht von den Erinnerungen, die er nicht hochkommen lassen will. „Nehmen Sie mal? Bitte hier! Nehmen Sie's mal ab!"

Nein, über die Zeit, bevor er nach Berlin kam, mag er jetzt nicht sprechen. Hartford zittert am ganzen Körper, sagt aber ruhig, dass ihn der Pater damals immer wieder eingesperrt habe. Ja, räumt der Mönch schließlich ein, man habe schon mal Störenfriede in einen „Besinnungsraum" gesteckt. „Aber nur kurz."

Besinnungsraum? Oder Bunker? Gerald Hartford erinnerte sein Gegenüber daran, dass er wochenlang in dieser Zelle, auf einer Holzpritsche ohne Matratze, in der Ecke ein Eimer für die Notdurft, zubringen musste. Der Jugendliche hatte vergeblich versucht, dem Arbeitszwang, den ständigen Schlägen und Demütigungen der Salvatorianerbrüder durch Flucht zu entkommen. Er will endlich über diese Zeit mit den Verantwortlichen sprechen. Er hofft auf eine kleine Geste der Entschuldigung.

„Das hatte ich nicht zu verantworten", verteidigt sich Pater Vincens, der Geralds Gruppe unter sich hatte. Er geht einen Schritt zurück, sieht sich nach den Nonnen am Eingang um, die interessiert herüberschauen, dann wirft er energisch seinen Kopf in den Nacken und sagt: „Deswegen muss ich jetzt wohl das Gespräch beenden." Pater Vincens lässt Hartford, der noch so viele Fragen an ihn hat, einfach stehen. An der Klosterpforte dreht er sich noch einmal um und ruft: „Und bitte, verlassen Sie das Grundstück." Ende einer schmerzhaften Begegnung.

Bevor Gerald Hartford nach Berlin kam, hatte er sich zum ersten Mal seit 33 Jahren wieder in sein ehemaliges Kinderheim hineingewagt. Die Baracken, in denen er einst schuftete, sind penibel renoviert. Der Heimleiter erlaubte ihm den Zutritt im Haupthaus nur bis zur Pförtnerloge. Der Strafbunker und seine früheren Schlafräume blieben tabu, weil das ehemalige Heimkind die heutigen

Heimkinder hätte stören können, hieß es. Der Heimleiter ließ sich immerhin dazu überreden, im Archiv zu wühlen, mit Erfolg. Er förderte einen angegilbten Ordner zu Tage.

Hartford, der kurz darin blättern durfte, war fassungslos. Die Akte enthält sein einziges Jugendfoto. Es prangt auf einem Formular, auf dem fett gedruckt „Beobachtungsbogen" steht. Rund hundert Dokumente belegen, wie nichtig damals die Gründe für seine Heimeinweisung waren. „Arbeitsbummelei" steht da.

Beim Umblättern erkennt er auf einer Seite die Handschrift seiner Mutter. Es sind Briefe von ihr an das Heim, von denen er bis zu diesem Tag nichts wusste. Auch eine Art Gutachten seines letzten Lehrers findet sich. Der schrieb: „Wenn Gerald nun in ein gutes Milieuumfeld hineinkommt, hat er alle Chancen, ein gutes und erfolgreiches Leben zu führen."

Hartford kamen Tränen, der Heimleiter guckte betreten und nahm ihm die Akte wieder ab. Er verlangte einen „ordentlichen" Antrag auf Akteneinsicht. Hartford stellte ihn an Ort und Stelle schriftlich.

Am nächsten Tag wurde der Heimchef vom Hausjuristen der Caritas in Paderborn gerüffelt. Die Einsicht in die Akte „hätte nicht geschehen dürfen", sagte der Kirchenadvokat, „es könnte ja Negatives für die Erzieher drinstehen". Ein paar Tage später verweigerte das Heim die Herausgabe der Papiere. Für Hartford begann ein langer Kampf um seine Akte.

So weit wie er sind viele andere ehemalige Heimkinder noch längst nicht gekommen. Dabei teilten sein Schicksal in den Gründerjahren der Bundesrepublik Tausende von Gleichaltrigen. In den sechziger Jahren trimmten staatliche, katholische und evangelische Erzieher Kinder und Jugendliche in rund 3000 Heimen mit mehr als 200000 Plätzen.

Gut die Hälfte der Kinder war zwei bis vier Jahre lang in solchen Heimen. Andere verbrachten ihre ganze Kindheit und Jugend in den oft hermetisch abgeschlossenen Häusern. Erst wenn sie das 21. Lebensjahr vollendet hatten, als Volljährige, wurden sie in die Gesellschaft entlassen.

Rund 80 Prozent der Heime waren in konfessioneller Hand. Insbesondere die katholischen Frauen- und Männerorden führten jahrzehntelang zahlreiche Erziehungsanstalten. Sie hießen „Zum Guten Hirten" oder waren nach Heiligen und Ordensgründern benannt: „Don-Bosco-Heim", „St. Vincenzheim", „St. Hedwig" oder „Marienheim".

Wie viele Heimkinder es von 1945 bis 1975, als die Heime grundlegend reformiert wurden, insgesamt im Westen Deutschland gegeben hat, darüber liegen nur Schätzungen vor. Heute leben vermutlich noch mindestens eine halbe, wahrscheinlich aber mehr als eine Million ehemaliger Heimkinder aus dieser Zeit unter uns. Sie sind zwischen 40 und 65 Jahre alt.

Doch seltsam: in einer aufgeklärten Gesellschaft, die scheinbar keine Tabus mehr kennt, ist es für viele von ihnen bis heute nicht möglich, darüber zu sprechen. Selbst nahen Angehörigen offenbaren sie sich nicht – aus Scham. Sie fürchten sich vor dem diskriminierenden Etikett „Heimkind", als hätten sie im Zuchthaus gesessen.

Genau dieser Ruf haftete damals den meisten Kinder- und Jugendheimen an. Sobald sich die Tore der „Besserungsanstalten" hinter ihnen schlossen, bekamen die Insassen zu spüren, was Zucht und Ordnung bedeuteten: Misshandlungen, soziale Ausbeutung. Menschenrechte wurden im Namen Gottes und der Kirche mit Füßen getreten. Bis heute ist das Unrecht, das diese Kinder erlebt haben, nicht aufgearbeitet. Mehr noch: Die Gesellschaft hat es noch nicht einmal als Unrecht anerkannt. Das bestraft die Betroffenen ein zweites Mal. Auch die Täter bleiben stumm, aus schlechtem Gewissen.

Erst ein Kinofilm beendete für manche die Zeit der Sprachlosigkeit: „The Magdalene Sisters" des britischen Regisseurs Peter Mullan über die Qualen „gefallener Mädchen" in katholischen Heimen Irlands. Der Film, 2002 gedreht, ermutigte Gerald Hartford und einige andere einst Weggesperrte, die für dieses Buch ihre Lebensgeschichten erzählt haben, ihr jahrzehntelanges Schweigen über die eigenen Erlebnisse zu brechen. Sie sagen: Was in Irland geschah, gab es genau so brutal und menschenverachtend in der Bundesrepublik. Die Betreiber der Heime, die Frauen- und Männerorden, die Verantwortlichen in Jugendämtern und Kirchen seien ihnen noch etwas schuldig.

Viele ehemalige Heimkinder begreifen erst jetzt, dass die Traumata ihrer Kindheit auch deshalb noch fortbestehen, weil es hier zu Lande keine Aufarbeitung ihres Schicksals gibt. Jetzt wollen sie reden über jene, die sie heute noch in ihren Träumen verfolgen – über die unbarmherzigen Brüder und Schwestern von einst.

Etwas mehr als die Hälfte aller Heime in der Bundesrepublik war in der Nachkriegszeit in katholischer Hand. Die katholische Kirche, insbesondere die daran beteiligten Orden und Gemeinschaften, trifft die größte Verantwortung für diese unselige Ära öffentlicher Erziehung in der westdeutschen Geschichte.

Auf einer Tagung zum Thema „Katholische Heimerziehung in unserer Zeit", 1959 in Stuttgart, begrüßte Monsignore Alois Hennerfeind, ein Münchner Heimdirektor, die Teilnehmer mit dem Hinweis, dass nach einer Statistik des Deutschen Caritasverbandes 11 261 katholische Ordensfrauen und 11 127 katholische Laien in den Heimen „aus innerer Berufung und mit der ganzen seelischen Hingabe der erziehungsbedürftigen Jugend dienen wollen". Der Prälat stolz: „Welch unendlicher Wert an Liebe ist in den 22 400 Personen dargestellt, die in unseren 1500 Heimen Tag für Tag erzieherisch wirken!"

In den USA, Kanada und Irland haben ehemalige Opfer dieser Liebe inzwischen das Recht auf Entschuldigung und Wiedergutmachung. Sollten auch die deutschen Heimkinder solche Ansprüche anmelden, müssen sie sich wohl auf einen schweren Kampf gegen die Institution Kirche einrichten. Bei der Deutschen Bischofskonferenz, den Ordensgemeinschaften, bei Caritas und Diakonie weiß man fast nichts darüber, was jahrzehntelang in den konfessionellen Heimen geschehen ist.

Man wollte es wohl nicht wissen. Beschwerden wurden meist abgeblockt. Kein Orden, der Kinderheime unterhielt, hat je eine kritische öffentliche Untersuchung durchgeführt. Die Jubiläumsbroschüren der konfessionellen Heime zum 75- oder 100-jährigen Bestehen überspringen in der Regel diese Zeit.

Dabei exekutierten viele Heimleiter und Erzieher nach 1945 zunächst wenig verändert und unreflektiert eine um die Jahrhundertwende ausgeklügelte und vom NS-Regime menschenverachtend fortentwickelte Straf- und Besserungspädagogik. Mehr als zwei Jahrzehnte interessierte kaum jemanden, was hinter den dicken Mauern geschah. „Es stellt sich die Frage“, sagt die Siegener Professorin für Erziehungswissenschaften, Sabine Hering, „in wessen Namen die Fürsorgeämter eigentlich gehandelt haben und woher sie die Kriterien für die Erziehung der Jugend nahmen. Möglicherweise war das nicht das Produkt der Wirklichkeit, sondern das Resultat einer gewissen Hysterie dieser Zeit.“ Erst die „Heimkampagne“ der Apo leitete zu Beginn der siebziger Jahre einen Bewusstseinswandel ein. Erst da kamen Reformen in Gang.

Doch die Menschen, die in jener Zeit in den Heimen gedemütigt und misshandelt worden waren, hatten die Reformer vergessen. Die neuen Erzieher und Heimleiter interessierten sich im anstrengenden Alltag ihrer eigenen Arbeit in den achtziger und neunziger Jahren nicht für die Menschen, die vor ihrer Zeit in denselben Räumen geschlagen, in denselben Fluren an ihren Haaren gepackt und in die Isolationszellen geschleift worden waren.

Viele der ehemaligen Heimkinder kehrten Deutschland den Rücken. Und wer hierblieb, wollte mit der eigenen Vergangenheit nicht mehr konfrontiert werden. Der Preis des Schweigens waren oftmals psychosomatische Beschwerden: Angst, Panikattacken, chronische Schmerzen in Kopf, Rücken und Nerven, Tabletten- oder Alkoholabhängigkeit, Essstörungen, Aggressionen gegen andere und sich selbst bis hin zu Suizidversuchen.

„Da muss was passieren!“

Heimkinder haben bis heute keine Lobby. Sie hatten noch nie eine. Als die Neun-, Zwölf- oder 15-Jährigen in den fünfziger und sechziger Jahren in die Heime gesteckt wurden, hat kaum einer genauer hingeschaut. Die Vormundschaftsrichter nicht, die Fürsorger und Jugendämter nicht, die Schulen, Eltern und Nachbarn nicht, die mit ihren Denunziationen über einen angeblich unsittlichen Lebenswandel insbesondere bei jungen Mädchen oft entscheidend zur Einweisung ins Heim beitrugen.

Dabei waren die Heranwachsenden in den fünfziger Jahren besonders belastet: Mehr als 1,5 Millionen Kinder hatten ihren Vater im Krieg verloren, rund 14 Millionen waren aus dem Osten geflohen und hatten Schwierigkeiten bei der Integration in ihre neue Heimat. In den Jahren nach 1945 zogen mehr als 100000 Kinder und Jugendliche bindungs-, heimat-, berufs- und arbeitslos durch Deutschland. Viele Familien waren zerrissen, weil die Väter erst nach Jahren aus der Kriegsgefangenschaft heimkehrten. Die Scheidungszahlen schnellten in die Höhe. Soziologische Studien kommen zu dem Urteil, dass nur zehn Prozent der Familien Ende der vierziger Jahre „heil" waren. Die Wohnungen waren häufig eng, eigene Zimmer hatten die wenigsten Kinder. Das Durchschnittseinkommen einer Familie betrug 1955 nur 280 DM im Monat. Ein Kind ins Heim zu geben, war eine vergleichsweise bequeme und billige Lösung, besonders wenn man viel Nachwuchs hatte.

Der ehemalige Jugendamtmitarbeiter aus Paderborn, Rudolf Mette, erinnert sich noch gut an die jahrelang vorherrschende Praxis: „Die Vormundschaftsrichter, die sie für Jahre in die Heime schickten, haben sich die Kinder praktisch nie angesehen. Sie haben nach Aktenlage sehr schnell entschieden, ohne Auseinandersetzungen, ohne großes Hin und Her. Oft habe ich den Antrag auf Fürsorgeerziehung morgens zum Gericht gebracht und konnte gleich warten, bis ich den Beschluss in der Tasche hatte. Der war zwar vorläufig und musste nach Ablauf von sechs Wochen noch einmal bestätigt werden, aber das war Routine. Eine kritische Betrachtung der Einweisungen fand überhaupt nicht statt. Um 14 Uhr, am frühen Nachmittag, wurden die Kinder schon abgeholt. Die Richter haben immer für die Heimeinweisung des Kindes entschieden. Immer. So habe ich das erlebt, und so war es überall im Lande."

Die Gesellschaft wollte mit Wegsperren die drohende weitere

„Verwahrlosung“ der Jugendlichen bekämpfen. Doch was war das eigentlich? Mette: „Beim Jugendamt haben Lehrer angerufen und auf Schulversäumnisse oder häufiges Zuspätkommen hingewiesen. Nachbarn berichteten, dass ein Kind einer allein erziehenden Mutter unpassend gekleidet sei oder mit 15 schon einen Freund oder Freundin hatte, auf Tanzveranstaltungen ging und die Schule schwänzte. Unpassend gekleidet konnte heißen: mit knisterndem Petticoat oder mit engen Hosen, weitem Pullover, offenen langen Haaren oder Pferdeschwanz. Wenn sie von einem Jungen abgeholt wurde, der verkehrswidrig durch die Einbahnstraße fuhr, oder mit einer Gruppe ‚Halbstarker‘ zur Kirmes ging, wo es vielleicht eine Prügelei gab, dann kam das verschärfend hinzu. Darüber wurde das Jugendamt informiert. Es hieß dann: ‚Da muss was passieren!‘“

In der Begründung für die Heimeinweisung stand in den meisten Fällen: „Umhertreiben“, „Verlogenheit“, „aggressive Auffälligkeit“, „Leistungsschwäche“, „Arbeitsbummelei“ oder „Kinderfehler“. Unter letzteren verstand man Bettnässen, Stottern, Naschsucht oder Nägelkauen. Als „sexuell auffällig“ wurden vor allem Mädchen stigmatisiert, die sich nicht an den bigotten Moralkodex der fünfziger Jahre hielten.

Wer in die noch vorhandenen Fürsorgeakten dieser Zeit schaut, kann es nachlesen: Angeblich drohende “sittliche Verwahrlosung“ war immer häufiger ein Grund, junge Menschen in geschlossene Erziehungsanstalten einzuweisen. Nicht selten werfen die Akten den Delinquenten „ein ungezügeltes Freiheitsbedürfnis“ vor. Im Arbeitsbericht 1955 des Düsseldorfer Dorotheenheimes der Diakonissen heißt es: „Der Kontrast zwischen dem Leben, der Welt ohne Bindung an Gesetz und Sitte und dem unter Gottes Ordnung und Gebot stehenden Leben wird immer krasser und unüberbrückbarer.“

In manchen Fällen genügte es für eine Zwangseinweisung schon, wenn ein Jugendlicher den verpönten Rock'n'Roll laut hörte, wenn Mädchen enge Nietenhosen trugen, sich schminkten, mit 14 oder 15 Jahren die Jungs zu oft anlächelten oder sich gar mit „Halbstarken“ herumtrieben. Es reichte, mit 19 ein Kind zu haben, ohne verheiratet zu sein. Es reichte schon, wenn ein Freund über

Nacht mit einem Mädchen in der Wohnung blieb. Der sogenannte Kuppeleiparagraf machte es leicht, unliebsame Mitbürger zu denunzieren. Nach diesem Paragrafen, der erst 1969 abgeschafft wurde, konnten Eltern, Vermieter und Verwandte bestraft werden, die unverheirateten Paaren Räumlichkeiten zur Verfügung stellten. Oft genug waren die Denunzianten die eigenen Eltern.

Als der 16-jährige Ralf K. aus Dortmund einmal bis zum Morgen ausblieb, „war der Teufel los". Seine katholischen Eltern schrien herum, wer „die Hure" sei, mit der er die Nacht zugebracht habe. Als sie ihren Sohn das nächste Mal erwischten, packten sie ihn ins Auto und fuhren ihn in eine jugendpsychiatrische Klinik. Da aber war nichts frei, so kam er gleich für mehrere Monate auf Wunsch seiner Eltern in ein geschlossenes Erziehungsheim. Anschließend folgten drei Monate Psychiatrie. „Eiszeit für die Liebe" nennt der Jugendforscher Heinz-Hermann Krüger die fünfziger Jahre.

Besonders betroffen vom allgemeinen Verdacht der Verwahrlosung waren die Kinder allein erziehender Mütter und generell alle unehelichen Kinder. Deren Mütter standen den Vormündern und Jugendämtern meist hilflos gegenüber. In anderen Fällen waren die Kinder einfach nur noch lästig, selbst bei geringfügigen Erziehungsproblemen. Amtsrichter spielten dabei mit.

In Bad Schwalbach schickte 1964 das Amtsgericht den siebenjährigen Thomas sowie seinen neunjährigen Bruder in die geschlossene Fürsorgeerziehung und setzte als „Gründe" unter sein Urteil: „Die Anhörung der Mutter hat ergeben, dass sie mit den beiden Kindern nicht fertig wird. Tatsache ist jedenfalls, das hat die gehörte Mutter selbst zugegeben, dass die Kinder keinen Respekt vor ihrer Mutter haben. Bei Belehrungen lachen sie sie an oder speien aus. Es ist auch schon vorgekommen, daß sie sie u.a. ‚blöde Kuh' nennen." Das reichte.

Die Kinder und Jugendlichen konnten sich die Trennung von zu Hause oftmals nicht erklären und wussten nicht, warum ihre Mütter die Heimeinweisung mitunter selbst beim Jugendamt einleiteten oder ohne besondere Gegenwehr hinnahmen. Lange begleitete sie das Gefühl, einfach nur abgeschoben worden zu sein.

Auch die Fürsorger trugen zur lebenslangen Verunsicherung der Betroffenen bei. Sie holten die Kinder ohne Vorwarnung oft mitten aus dem Alltag ab, manchmal sogar direkt vom Spielplatz. Zeit für einen Abschied von Mutter oder Vater gab es in der Regel nicht; um Ärger zu vermeiden, wurden die Kinder und Jugendlichen systematisch belogen. „Du kriegst auf der Fahrt ein Eis" oder „Es wird dir im Heim gut gefallen" – in solchen Floskeln erschöpften sich die Tricks der Fürsorger, es war für sie am bequemsten.

„Verlorene Seelen mit dem Fluch der Erbsünde"

Wer dann im Heim ankam, dem wehte in den langen Fluren mit dem blank gescheuerten Linoleum ein Mief entgegen, der sich seit Jahrzehnten kaum verändert hatte. In Ecken oder auf Treppenansätzen Marienaltäre, an den Wänden Heiligenbildchen, ein strenges Reglement bestimmte praktisch jedes Detail des fortan total kontrollierten Lebens.

Die Erziehung in den Heimen wurde von seinem Beginn im 19. Jahrhundert bis in die achtziger Jahre dominiert von konfessionellen Trägern. Viele Waisenhäuser hatten evangelische Pietisten gegründet. Katholische Klöster kümmerten sich seit eh und je um arme und verlassene Kinder. Nach 1830 führte die soziale Lage in der Gesellschaft als Folge der Fabrikarbeit zu einem wahren Gründungsboom von „Rettungsanstalten" und „Erziehungsvereinen" für „verwahrloste Jugendliche". 1848 gab es in Deutschland bereits 400 evangelische Erziehungsheime, die Katholiken zogen etwas später nach und gründeten klosterähnliche Großanstalten. In Italien gründete der Priester Johannes Bosco Anno 1859 einen eigenen Orden für die Betreuung gefährdeter Kinder, die Kongregation der Salesianer, die sich auch rasch in Deutschland ausbreitete. Erst sehr viel später engagierte sich der Staat. Oberstes Ziel der christlich orientierten Heimerziehung war die moralische und religiöse Charakterbildung durch das Erlernen von Disziplin, Zucht, Ordnung, Arbeit und Sauberkeit.

Eine geregelte erzieherische Ausbildung, geschweige denn Fortbildung der Ordensleute und Diakonissen in Sachen Pädagogik und Psychologie gab es kaum. In ihren Erziehungszielen und -methoden unterschieden sich evangelische und katholische Heime wenig voneinander. Beide legten größten Wert auf Arbeit und fromme Unterweisung. Die war fest in den Tagesablauf integriert: Andachten morgens und abends, Tischgebete vor und nach jeder Mahlzeit, Bibelstunden und Gottesdienste, Nachtgebete vor dem Schlafengehen. In katholischen Einrichtungen dazu noch regelmäßige Beichte.

Wer in einem evangelischen Heim von Diakonissen oder in einem katholischen von Mönchen und Nonnen erzogen wurde, erlebte, dass Reden und Handeln weit auseinanderklaffen können: da die frommen Sprüche der Schwestern und Brüder, hier die unbarmherzige Behandlung, die das Kind am eigenen Leib zu spüren bekam. Ihre Zöglinge galten den Ordensbrüdern und -schwestern als verlorene Seelen, als wertlose Geschöpfe unter der Sonne Gottes. Sie pflanzten allen Heimkindern ein tiefes Schuldgefühl ein. Zugleich sollten sie ihren Peinigern ständig dankbar sein für das, was ihnen im Heim widerfuhr.

Dahinter steckte ein fatales, religiös begründetes Menschenbild. Der Frankfurter Jesuitenpater Karl Erlinghagen hat dieses Bild 1959 auf einer Konferenz über katholische Heimerziehung beschrieben: „Wir müssen uns im Klaren darüber sein, dass die Menschheit als Ganze irgendwie an den Gebrechen krankt, die sie, die Erzieher, in den konkreten Situationen in ihren Heimen vor sich finden. Die Menschen, die sie vor sich haben, seien sie nun Psychopathen, seien sie kriminell, seien sie irgendwie sinnesgeschädigt (oder) auch ganz normal, diese Menschen leiden unter dem gleichen Fluch der Erbsünde, unter dem die ganze Menschheit leidet."

Die Erbsünde spukte immer wieder durch die Gedankenwelt der katholischen Heimerzieher. Schon in der Festschrift „Hundert Jahre Fürsorge an der katholischen weiblichen Jugend – 1829–1929" heißt es über die Mädchen: „Gleich wilden Tieren, die bis jetzt noch zurückgehalten wurden und im Stillen groß geworden, suchen sich die sich entwickelnden Leidenschaften, Folgen der Erbsünde, Bahn zu brechen…"

Zum permanenten Kampf gegen die Folgen der Erbsünde gehörte die lückenlose Kontrolle der Heimkinder. Und die war bis ins Detail pingelig geregelt. „Nirgends ist die genaue Überwachung notwendiger als im Schlafsaal, und nirgends ist sie schwieriger", heißt es in einer Dienstanweisung für die Schwestern des Heimes „Zum Guten Hirten" in Münster aus den dreißiger Jahren, die auch den Stil in der Nachkriegszeit prägte. „Dort mehr als anderswo verlangt der Herr von uns einen wahren Opfergeist. Um gut zu überwachen, bleibt man am besten an einer Stelle stehen, von wo aus man alles übersehen kann. Die Zelle, in welcher die überwachende Schwester schläft, soll an geeigneter Stelle eine oder mehrere Öffnungen haben, damit man über alles, was im Schlafsaal vorgeht, sich Rechenschaft ablegen könne… Die Betten sollen in gehöriger Entfernung voneinander stehen. Man lege niemals zwei Kinder nebeneinander, die eine besondere Neigung zueinander haben. Wir müssen im Schlafsaal strenger auf die Ordnung halten als sonst irgendwo und niemals glauben, zu weit darin zu gehen. Seien wir deshalb sehr strenge in der Bestrafung der dort vorkommenden Fehler."

In ihrer Freizeit erging es den Zöglingen nicht anders. „Die Stunden der Erholung sind es", heißt es in den Anweisungen für die Schwestern, „während welcher die Aufmerksamkeit der Meisterinnen am größten sein muss. In ihnen teilt man sich gewöhnlich seine bösen Absichten und Pläne mit, schließt gefährliche Bekanntschaften und sinnliche Freundschaften, reizt sich gegenseitig zum Bösen." Mehrere Nonnen sollten „sich während der Erholung die Überwachung teilen" und „sich so unter die Kinder mischen, dass alle überwacht sind und sich überwacht fühlen… In der Schwester vom Guten Hirten sollen die Zöglinge die Stellvertreterin Gottes kennenlernen und so sich in der Anstalt beständig unter der Aufsicht des Guten Hirten fühlen."

In vielen Heimen raunzten die Schwestern die Kinder ständig an: „Der liebe Gott sieht alles. Der verfolgt euch auf Schritt und Tritt."

Beginnende Freundschaften lieferten sofort Anlass zu Argwohn. Die Erzieherinnen sollten verhindern, dass Kinder sich absonderten, deshalb sei es „auch sehr wünschenswert, dass sich auf den Höfen keine Ecken finden, wo man nicht sehen kann, was vorgeht, denn da erwartet der Teufel die Kinder".

Brach die Sünde trotz aller Anstrengung der Nonnen sich doch irgendwie Bahn, galt die Strafe als bestes Mittel, „dem Bösen" gegenzusteuern. Dabei sollten die Erzieherinnen möglichst demütigende Strafen erfinden. Notfalls müsse man bei „schlechten Naturen, welche für keine gute Empfindung zugänglich sind und die um sich her Verderbnis und Auflehnung verbreiten ... sich ihrer sobald als möglich entledigen. – Sie stiften in der Welt viel weniger Schlechtes als bei uns." Gemeint war der Rausschmiss aus dem Heim und oft die ungerechtfertigte Überweisung in die Psychiatrie.

„Ab ins Moor – für Zucht und Ordnung"

In den fünfziger und sechziger Jahren sahen sich die katholischen Erzieher allerdings nicht allein mit der Erbsünde konfrontiert. Es war eine Zeit, da sich die starren Ordnungen einer bigotten Gesellschaft aufzulösen begannen. „Schamlosigkeit und Gemütsrohheit" der Jugend seien eine furchtbare Folge solcher Tendenzen „für unser deutsches Volksleben", heißt es im Protokoll des Verwaltungsrats der Diakonie der Evangelischen Kirche im Rheinland. „Wir Erzieher spüren täglich mehr unser Unvermögen, diesen entfesselten satanischen Kräften zu begegnen."

Und der katholische Pater Carl Güldenberg klagte 1960: „Wir leben in einer krisenhaften Zeit. Sie ist gekennzeichnet durch die Tendenz der Auflösung, der Entwertung. Die gesellschaftliche Ordnung ist ins Wanken geraten." Die Jugend „ohne Leitbilder und Familienbindung" begehre offen gegen Ordnung und Autorität auf: „Dann kommt es zu den Symptomen der Zusammenrottung, der sogenannten Halbstarkenkrawalle, vor denen wir uns entsetzen." Habe die Jugend keine Richtung, „dann bricht sie aus der

Ordnung aus und rebelliert, wird ein anarchischer Haufen, der sinnlos tobt und zerstört, nur um etwas zu tun, und vielleicht noch, um mehr unterbewusst die Ordnung und Bequemlichkeit der Alten zu zerstören, die man verlacht."

Güldenberg gehörte zu den „Herz-Jesu-Missionaren", die in Börgermoor bei Papenburg im Emsland das abgelegene katholische Erziehungsheim „Johannesburg" betrieben. Nahe der niederländischen Grenze mussten Jugendliche im Moor Torf stechen. Ehemalige Zöglinge berichten, es habe Ohrfeigen gegeben, wenn sie es wagten, aus Protest „Wir sind die Moorsoldaten ..." zu summen. Das Lied war 1933 in den Baracken des KZ Börgermoor entstanden und nach dem Krieg um die Welt gegangen.

Angst machte der westdeutschen Gesellschaft Ende der fünfziger Jahre vor allem das Herüberschwappen des amerikanischen Lifestyle in die eigene Jugendszene. Kinofilme wie „Die Wilden" (1954) mit Marlon Brando oder die James-Dean-Filme „Jenseits von Eden" und „Denn sie wissen nicht, was sie tun" (beide 1955) brachten das diffuse Gefühl einer Generation zum Ausdruck, die sich gegen die Anstands- und Ordnungsvorschriften der Eltern aufzulehnen begann. Selbst ein deutscher Film auf dieser Welle, „Die Halbstarken" (1956) mit Karin Baal und Horst Buchholz, gehörte zu den Lieblingsfilmen von Jugendlichen, die sich auf offener Straße um die ersten Transistorradios scharten oder in Milchbars und „Starclubs" trafen.

Zu den Höhepunkten gehörten die „Rock 'n' Roll-Krawalle", die 1956 in insgesamt 25 Städten, vor allem im Ruhrgebiet, für Furore sorgten. Allein in Gelsenkirchen und Dortmund waren an der Straßenrandale 1000 bis 3000 junge Leute beteiligt. Nach der Aufführung des Bill-Haley-Films „Rock around the Clock" im Dortmunder „Capitol"-Kino in der Hansastraße machten sie „Bambule", wie sie es damals nannten. Sie schmissen Autos um, schlugen Schaufenster ein, zündeten die Weihnachtsdekoration der Geschäfte an und lieferten der Polizei eine Schlacht. Die Ordnungshüter setzten Wasserwerfer und Gummiknüppel ein. Es war ein Aufbegehren gegen den Muff. Das schockierte die brave Gesellschaft, die Heimatfilme („Schön ist die Heide!") sah und „Capri-Fischer" hörte – die dominante Kultur der Adenauer- und Erhard-Ära.

Ein damals angesehener Jugendexperte, Hans Heinrich Muchow, Oberstudienrat an einem Hamburger Gymnasium, schlug ernsthaft vor: „Volkserzieherisch kommen wir nicht um die Notwendigkeit herum, einen halb- oder ganzjährigen Volksdienst verpflichtend zu machen." Ein Autor der Wochenzeitung „Die Zeit" diagnostizierte am 31. Oktober 1958 anlässlich eines Rock'n'Roll-Konzertes eine „Epidemie" an Tanzwut. Dagegen empfahl er – frei nach Paracelsus – die „Isolierung der Tanzwütigen" nebst „Anwendung von Prügel und Güsse mit kaltem Wasser".

„Klabause statt Negermusik"

Die Stigmatisierung Jugendlicher, die von der gesellschaftlichen Norm abweichen, hat Tradition in Deutschland bis heute. Die Nazis überwiesen solche Heranwachsenden, etwa aus der „bündischen Jugend" oder aus der Gruppe der „Edelweißpiraten" massenhaft in Fürsorgeheime, so zum Beispiel ins „Jugendhaus Freimersdorf" in Brauweiler bei Köln. Hier waren über 1500 „schwer erziehbare" Jugendliche und angebliche „weibliche Geschlechtskranke", die von den Fürsorgebehörden denunziert worden waren, untergebracht. Die stereotype Begründung der Einweisung kann man noch heute in den Akten nachlesen: „Arbeitsbummelei", „sexuelle Verwahrlosung" oder „asoziale Familienverhältnisse". Die Jugendlichen von Freimersdorf sind nicht als Nazi-Opfer anerkannt und haben bis heute keine Wiedergutmachung erhalten, Behörden lehnten in den fünfziger Jahren Entschädigungen ab – unter Hinweis auf die Akten, die keine politische Verfolgung erkennen ließen.

Zur nonkonformen Jugendszene im Nazideutschland gehörten ebenso die anglophilen „Swing Kids", die sich in ihrem Outfit und mit ihrem Musikgeschmack von der Masse der Gleichaltrigen abgrenzten und von der Gestapo gnadenlos verfolgt wurden. Eine beträchtliche Zahl wurde in Konzentrationslager abtransportiert. Die Duke-Ellington-Fans der vierziger Jahre mit ihrer englischen

Kleidung, ihrem Tanzstil und Individualismus waren gewissermaßen Vorläufer der Halbstarkengeneration der fünfziger Jahre, die Bill Haley und Elvis Presley verehrten.

Wenn der Heimzögling Gisela Nurthen 1964 im Dortmunder Vincenzheim wegen des Pfeifens eines Elvis-Songs von den „Barmherzigen Schwestern“ in die Klabause eingesperrt wurde, lag das auf der gleichen Linie. Amerikanische „Negermusik“ war in Deutschland jahrzehntelang verpönt, im Osten wie im Westen, im Nazireich wie in den Gründerjahren der Bundesrepublik. Ihr gaben die Schwestern und Brüder in den katholischen Heimen eine wesentliche Mitschuld an der Verwahrlosung der Jugend. 1965 war der „Beat-Club“ erstmals auf Sendung, der Minirock erregte die Gemüter. In vielen Familien drehten sich die Konflikte zunehmend um Musik, Mode und Frisuren. Soziologen beschreiben die fünfziger und frühen sechziger Jahre als „umfassende Restauration“ traditioneller Werte.

Es waren die Jahre des fleißigen Wiederaufbaus. Die aufmüpfigen Jugendlichen waren die Vorboten massiver Veränderungen der Gesellschaft. Umso verbissener hielt diese Gesellschaft an den überkommenen Idealen und Strukturen fest. Wer wagte, aus der elterlichen Wohnung auszubrechen, und sich neue Freiräume in der Freizeit suchte, riskierte rasch, ins Blickfeld der Jugendfürsorge zu geraten.

Kinder waren in den Wirtschaftswunderjahren häufig Störenfriede. Es gab eine zunehmende Zahl von Doppelverdienern, die oft nur noch materielle Ziele hatten: neue Möbel, endlich eine Musiktruhe, Telefon, den ersten Fernseher. Für die Kinder war kaum Zeit. Die Erziehung wurde an Großeltern abgegeben, immer mehr Kinder lebten als „Schlüsselkinder“.

„Es war so, als hätte sich ganz Deutschland abgesprochen. Die einen feierten ihr Wirtschaftswunder, die anderen verdrängten die Nazizeit. Wir störten da nur, denn in diese Gesellschaft passten wir nicht“, sagt Gisela Nurthen rückblickend. Sie verschwand als 15-Jährige in einer Besserungsanstalt der Vincentinerinnen in Dortmund.

„Gegen Schmutz und Schund" – Rohrstock-Republik Deutschland

Fast zwei Jahrzehnte, von 1949 bis 1967, war das geistig-politische Klima im Westen Deutschlands vor allem von den Konservativen bestimmt. Familienminister Franz-Josef Wuermeling (CDU) organisierte „Kampagnen gegen Schmutz und Schund". Seine Familienpolitik zielte auf neuen Kinderreichtum, was er bisweilen militant formulierte: „Millionen innerlich gesunder Familien mit rechtschaffen erzogenen Kindern sind als Sicherung gegen die drohende Gefahr der kinderreichen Völker des Ostens mindestens so wichtig wie alle militärischen Sicherungen."

Wuermeling attackierte kinderlose Frauen, „die das Leben nur genießen und deswegen kinderlos bleiben", und wetterte gegen Sexualität und deren Thematisierung in Kunst und Literatur, die „für jeden Leser Hoffnungslosigkeit, Verzweiflung und letztlich Verkommenheit" bringe. Er appellierte an die Jugend, die Triebe zu unterdrücken: „Es geht um Selbstzucht und Verzicht", wobei „solcher Verzicht nicht Kapitulation, sondern Kampf an der entscheidenden Stelle – gegen sich selbst" bedeute. Bücher wie der 1956 erschienene Titel „Wie schützen wir unsere Jugend vor Schmutz und Schund" begleiteten Wuermelings Feldzug.

Maßgeblichen politischen Einfluss hatten in den fünfziger Jahren auch Staatsdiener wie der Leiter der nordrhein-westfälischen „Landesarbeitsgemeinschaft zur Bekämpfung der Geschlechtskrankheiten und für Geschlechtserziehung", der Sexualpädagoge Heinrich Oestereich. Er gab in mehr als 82 Schriften, Hörspielen und Diareihen die Linie vor, die in den Köpfen Zehntausender Heimerzieher, Fürsorger, Lehrer, Eltern und neugieriger Nachbarn spukte: „Durch strenge sittliche Führung und Beeinflussung sollen die Jugendlichen geschlechtlichen Aktivitäten entsagen, um so ihre spätere Ehefähigkeit nicht zu gefährden."

Der Bundestag verabschiedete Gesetze wie das „Gesetz zum Schutze der Jugend in der Öffentlichkeit", das den Bewegungsraum junger Leute einschränkte, oder das „Gesetz über die Verbreitung jugendgefährdender Schriften". In der Folge konnten Kinder und Jugendliche, die sich an Orten aufhielten, an denen ihnen „eine sittliche Gefahr oder Verwahrlosung" drohte, entweder dem Jugendamt gemeldet oder des Ortes verwiesen werden.

Welche Orte genau die „gefährlichen" waren, konnten die Bundesländer festlegen, ob Rummelplätze oder Straßenecken, die als Jugendtreffpunkt dienten. Die „Sittenpolizei" und Vertreter der Jugendämter liefen Sonderstreifen durch die deutschen Städte. Im Dezember 1962 übernahm der CDU-Mann Bruno Heck das Familienministerium, er setzte im Wesentlichen die Politik seines Vorgängers fort. Die Gesetze aus den fünfziger Jahren wurden erst in den Siebzigern gründlich revidiert.

Kennzeichnend für die damalige Zeit war auch die Neuauflage des Bestsellers einer gewissen Johanna Haarer: „Die Mutter und ihr erstes Kind". Es war erstmals nach der Machtergreifung Adolf Hitlers unter dem Titel „Die deutsche Mutter und ihr erstes Kind" erschienen und avancierte im „Dritten Reich", hunderttausendfach verkauft, zum Standardwerk. Nach 1945 verschwand es nicht in der Versenkung, sondern diente, in überarbeiteter Fassung, weiterhin als Familienfibel. Vor allem Erziehungstipps wie diese blieben erhalten: „Auch das schreiende und widerstrebende Kind muss tun, was die Mutter für nötig hält, und wird, falls es sich weiterhin ungezogen aufführt, gewissermaßen ‚kaltgestellt', in einen Raum verbracht, wo es allein sein kann, und so lange nicht beachtet, bis es sein Verhalten ändert." Das Einsperren in Dachkammern oder Kellerräumen gehörte zum Standardrepertoire der Heimerzieher. Das Buch erschien zum letzten Mal 1987.

Vor diesem Hintergrund erstaunt es nicht, dass in der Heimerziehung konservative Pädagogen von den Gründerjahren bis weit in die sechziger Jahre hinein den Ton vorgaben. Der gleiche Geist beherrschte auch die Institutionen, die an der Einweisung der Kinder in die Heime beteiligt waren: die Jugendämter, die Vormundschaftsgerichte, die Trägerverbände. Die meisten Erzieher und Fürsorgebeamten der fünfziger Jahre hatten ihr Handwerk in der NS-Zeit „erlernt".

Durch die immense Ausweitung der Heimkapazitäten in den fünfziger Jahren herrschte bald ein Mangel an Fachpersonal. In manchen Heimen waren mehr als die Hälfte der Erzieher überhaupt nicht pädagogisch qualifiziert. Aufseher in den Heimen wurden oft Männer, die nach dem Krieg keine berufliche Perspektive hatten. Im Kalmenhof in Idstein beaufsichtigten – so berichten es ehemalige Heimkinder – ehemalige Nazis mit SS-Tätowierungen die Feldarbeit der Jungen, kein Einzelfall.

Wer Heimerzieher werden wollte, musste lediglich eine abgeschlossene Berufsausbildung vorweisen, egal ob als Schlosser oder Soldat. Auch die Nonnen und Diakonissen waren schlecht ausgebildet: Im praktischen Teil der Erzieherinnen-Prüfung im Rheinland galt es lediglich, acht Mädchen in Waschen, Bügeln, Mangeln, Gesundheitslehre, Kranken- und Säuglingspflege, Flicken, Stricken, Kochen, Backen, Einmachen oder Hausreinigungsarbeit anzuleiten. Der Erzieherberuf war nicht sehr angesehen, schlecht bezahlt und anstrengend. Auf den Tagungen des „Allgemeinen Fürsorgeerziehungstages" wurde ständig über Nachwuchsmangel und überalterte Erzieher geklagt.

Die Kirchen schleppten noch eine besondere Altlast mit sich herum: das Tabu der Zwangssterilisation weiblicher Zöglinge und ihr Verhalten zur Euthanasie im Nationalsozialismus. Der Behindertenexperte Volker van der Locht untersuchte vor einigen Jahren die Geschichte einer katholischen Erziehungsanstalt für geistig und seelisch behinderte Kinder in Essen vom 19. Jahrhundert bis 1945 und wies dabei „eine Verschiebung vom karitativ-pädagogischen hin zur medizinischen Selektion innerhalb der Fürsorge" exemplarisch nach. Van der Locht belegte, dass entgegen bisherigen Auffassungen der kirchliche Widerstand gegen die Selektionspolitik der Nazis weitaus geringer ausfiel und oftmals erst die Stigmatisierungen durch katholische oder evangelische Erzieherinnen die Grundlage für die spätere Vernichtung von Heiminsassen lieferten.

Die öffentliche Erziehung in der NS-Zeit war durch das Prinzip „Auslese und Ausmerzen" gekennzeichnet gewesen. In der Uckermark und in Moringen richteten die Nazis sogar Konzentrationslager für „unerziehbare“ und „erblich belastete“ Kinder und Jugendliche ein. Anderswo – wie in Guxhagen bei Kassel oder in Köln – existierten Lager für „Arbeitsbummelanten“. Die Erziehungswissenschaftlerin Sabine Hering schreibt, dass sich in den kirchlichen Erziehungsheimen während der Nazizeit „ein deutlicher Wechsel von der vordem christlichen zu einer ‚modernen‘ rassistischen Auffassung von Verwahrlosung und damit auch zu einer ausleseorientierten Funktion als ‚erbbiologisches Sieb‘ vollzog.“ Mädchen mit wechselnden Sexualpartnern kamen in die Heime mit der Diagnose „moralischer Schwachsinn“. Niemand protestierte dagegen.

Trotz Überprüfungen der katholischen und evangelischen Mädchenerziehungsheime durch die britische Militärregierung im Rheinland änderte sich am Personal nach 1945 praktisch nichts. Ehemalige Heimkinder berichten von zahlreichen Nonnen, Diakonissen und Mönchen, die noch zwei Jahrzehnte später mehr oder weniger offen ihre Sympathien für die NS-Ideologie äußerten. So nannte die Direktorin des Mädchenheims Hamburg-Fuhlsbüttel, Margaretha Cornils, die ihr anvertrauten weiblichen Fürsorgezöglinge unumwunden „Schwachsinnige“, „Substanzarme“, „Psychopatinnen“, „echte Dirnen“ und „echte Diebinnen“.

Erst 1965 mussten auf Anweisung der Behörden in vielen Heimen die pädagogischen Qualifikationen der Schwestern der Jahrgänge 1905 bis 1918 überprüft werden, da sie über keinerlei staatliche Anerkennung als Erzieher verfügten. Aber fast überall wurden die Schwestern und Nonnen „auf Grund ihrer langjährigen Erfahrung“ anstandslos weiterbeschäftigt.

Die Fürsorgebeschlüsse der unter Hitler eingewiesenen Kinder wurden nach 1945 nicht überprüft, die Jugendlichen blieben noch jahrelang auch im neuen Deutschland eingesperrt, in einigen Fällen bis weit in die fünfziger Jahre in psychiatrischen Anstalten.

So erging es etwa dem aus Westfalen stammenden Paul Brune, Jahrgang 1935, der auf Grund eines „Fehltritts“ seiner verheirateten Mutter als „Kuckucksei“ zur Welt kam. Nach einem Selbstmordversuch der Mutter steckt man ihn in ein katholisches Fürsorgeheim, wo die Kinder fast den ganzen Tag „still und brav auf ihren Stühlchen sitzen" müssen. Brune wurde 1942 von einem Lehrer vollkommen willkürlich als „erblich minderwertig" abgestempelt und nach Dortmund-Applerbeck in ein Heim eingewiesen, wo er nur knapp dem Euthanasietod entging. 1943 kommt er in das St.-Johannes-Stift im sauerländischen Niedermarsberg zu den „Barmherzigen Schwestern", den Vincentinerinnen aus Paderborn. Dort muss er lange über das Kriegsende hinaus, bis 1950, bleiben. Brune: „Hier wurde ich geschlagen, gedemütigt und gefoltert, ohne dass jemand meinen Fall überprüft hätte."

Selbst die räumliche Unterbringung der Heimkinder hatte vielerorts noch lange den Standard der dreißiger Jahre. Ein Mitarbeiter des Landesjugendamtes berichtete 1959 über seinen Besuch im Heim „Zum Guten Hirten" in Aachen „streng intern", die Räume der Mädchen erweckten „zum großen Teil noch einen ziemlich trostlosen Eindruck". Das gelte insbesondere für die „großen Gruppen- und Riesenschlafräume". Doch nur selten drang solche Kritik nach außen. Nicht nur Heime und Behörden, auch die Trägerverbände ließen keinerlei Transparenz zu, um in der Öffentlichkeit nicht schlecht dazustehen.

Die Bundesländer erließen zwar nach und nach Richtlinien für die Erziehung, doch die Umsetzung überließen sie den einzelnen Heimen. Die wurden nur unzureichend kontrolliert. Vielfach blieben die Hausordnungen aus den späten vierziger und frühen fünfziger Jahren gültig. Sie regelten streng den Tagesablauf, der überall ähnlich aussah: früh um sechs Wecken, kurzes Frühstück, Morgenandacht, Schule oder Arbeit im Heim, Mittagstisch, nachmittags Arbeit, Abendandacht, frühzeitige Bettruhe zwischen 19 und 21 Uhr je nach Alter.

Grundsätzlich durften die Zöglinge nicht alleine ohne besondere Erlaubnis das Heim verlassen. Postzensur war üblich. „Briefe der Angehörigen mit beunruhigendem oder unpädagogischen Inhalt" wurden laut Hausordnung eines evangelischen Heimes im rheinischen Boppard nicht den Kindern ausgehändigt, sondern „denselben mit freundlichen Erläuterungen zurückgesandt". Es müsse eben „wahr sein", was die Kinder schreiben, heißt es in der Ordnung eines anderen kirchlichen Heimes, das von der Diakonie Bethel betrieben wurde, „darum muss der Hausvater das Recht haben, das zu lesen, was der Junge schreibt und was ihm geschrieben wird".

Besuch von Angehörigen war vielerorts nur einmal im Monat erlaubt, nach vorheriger schriftlicher Anmeldung und nur mit Zustimmung des Heimleiters. Neu eingewiesene Kinder mussten sogar Monate lang auf den ersten Besuch ihrer Mutter oder ihres Vaters warten. Es durften nur engste Familienangehörige in die Heime kommen. Man saß in speziellen Besucherzimmern, ein freies Gespräch war kaum möglich, denn die Nonnen oder Patres saßen immer dabei.

„Der Wille muss gebrochen werden"

Zöglinge wurden in den Erziehungsheimen im großen Stil als billige Arbeitskräfte ausgenutzt. Auch dieses System hatte eine lange Tradition. In einer Caritas-Festschrift über die katholische Kinder- und Jugendfürsorge heißt es in den dreißiger Jahren: Dem Fürsorgezögling „darf es schon in Fleisch und Blut übergehen, dass die Arbeit in Gottes Auftrag geschieht und nicht bloß klingende irdische Münzen einbringt, sondern auch den ewigen Lohn bedingt. Das Wort ‚Im Schweiße deines Angesichtes sollst du dein Brot essen' darf den Eingang jeder Werkstätte zieren."

Schon in den sechziger Jahren des 19. Jahrhunderts, als katholische Heime wie Pilze aus dem Boden schossen, plädierte der Freiburger Domdekan Johann Baptist von Hirscher für den Arbeitszwang. Hirschers Thesen hatten mehr als hundert Jahre lang entscheidenden Einfluss auf Organisation und praktische Arbeit in katholischen Fürsorgeheimen. Sein Büchlein „Die Sorge für sittlich verwahrloste Kinder" war die Leib- und Magenlektüre ganzer Generationen konfessioneller Erzieher. Hirscher plädiert darin für besondere Heime für die „bösartigen, widerspenstigen, feindseligen, rohen und verlogenen Kinder", denn nur solche spezielle Anstalten gewährleisteten seiner Meinung nach die notwendige „ernste, zwingende, Tag und Nacht gehandhabte und unerbittliche Zucht und Ordnung".

Der Geistliche gründete katholische Heime als „Zuchthäuser" für Kinder, nicht im Sinne von Straf-, wohl aber von „Correctionshäusern". Als Besserungsmittel sollte „eine feste Haus- und Tagesordnung" dienen, „welche Tag und Nacht überwacht und deren Verletzung, auch die kleinste, unnachsichtlich und ausnahmslos bestraft wird". Das wichtigste Erziehungsprinzip sei eine über das ganze Jahr andauernde, anstrengende körperliche Arbeit, etwa in der Landwirtschaft. Nur so könne den Kindern „Trägheit, Weichlichkeit und Sinnlichkeit" ausgetrieben werden. Außerdem könne man ihnen damit die Gelegenheit nehmen, „bösen und unnützen Gedanken nachzuhängen oder sich in verführerische Gelüste zu verlieren".

Wenn man harte Arbeit und einfache Kost mit religiöser Unterweisung kombiniere, glaubte Hirscher, würden die Zöglinge am Ende jene „Demutshaltung" bekommen, die sie befähige, „harte Arbeit, kärgliche Verpflegung, grobe Behandlung, geringschätzige Reden etc." in ihrem künftigen Leben „um Gottes willen zu ertragen". Die Erzieher sollten den Kindern sagen, dass es anderen noch schlechter gehe als ihnen, dass Gottes Sohn mehr erlitten habe und viele Heilige dies alles freiwillig auf sich genommen hätten.

Die alte Mönchsregel „Bete und arbeite" erlebte eine perverse Renaissance in den konfessionellen Heimen. In der Diakonie Freistatt bei Diepholz, einer Zweigstelle der von Bodelschwinghschen Anstalten in Bethel, wurde sie brutal umgesetzt. Freistatt mit seiner Presstorfproduktion, mit seinen Schlossereien und Schmieden war als reiner Wirtschaftsbetrieb konzipiert, der mit billigen Arbeitskräften Profit machen sollte. Wenn nicht gerade Choräle gesungen wurden, mussten die 14- bis 21-Jährigen im Sommer wie im Winter im Moor Torf stechen und pressen.

In der abgelegenen Anstalt schufteten Jugendliche, bei denen „Verwahrlosung drohte", bis 1970 getreu dem Motto des Pastors Gustav von Bodelschwingh: „Ein Junge, der am Tage stramm gearbeitet hat, der hat nach dem Feierabend keine Neigung für dumme

Streiche mehr." Dennoch versuchten viele Zöglinge zu fliehen. Diese mussten nach ihrer Ergreifung den Torf in schweren „Kettenhosen" stechen, die nur Trippelschritte erlaubten. Selbst zum Kirchgang mussten die Jugendlichen die Beinschellen tragen.

Nach dem Zweiten Weltkrieg war die inzwischen auf sechs Häuser angewachsene Diakonie Freistatt ständig überfüllt. In den fünfziger Jahren waren in Freistatt etwa 500 junge Männer eingesperrt. Damals war es noch üblich, dass Neuankömmlinge, die etwa aus anderen Heimen entwichen waren, auf dem Boden schlafen mussten.

Trotz des Verbots staatlicher Stellen, zu züchtigen oder als Strafmaßnahme die Haare abzuschneiden, prügelten die Erzieher in Freistatt, meist evangelische Diakone, munter weiter. 1960 beanstandete das Landesjugendamt Hannover „die Verwendung von Forkenstielen, Torflatten, Pantoffeln und Besenstielen als Züchtigungsmittel".

Schon 1928 war die SPD Hannover bei Pastor von Bodelschwingh abgeblitzt, als die Genossen nach der Entlohnung für die harte Arbeit fragten: Die jungen Männer könnten ja frei wohnen, antwortete der Gottesmann, ein Lohn sei nicht drin, sie würden hier als Pfleglinge vor einer Notlage in Freiheit geschützt. Das Torfstechen wird bei einer Tagung der „Betheler Inneren Missions Anstalt Freistatt" auch 1950 noch als „eine wertvolle Beschäftigungsmöglichkeit" bezeichnet. „Wer nicht spurte, wurde verprügelt", berichtet Dieter Grünenbaum, ein ehemaliger Erzieher und Diakon. Ihm wurde zum Dienstantritt von einem älteren Aufseher gesagt, er solle doch einfach nur den Stärksten in seiner Gruppe herausfinden: „Dem müssen Sie rechts und links hinter die Ohren hauen, dann haben Sie hier die nötige Autorität." Grünenbaum begriff rasch: „Der Wille musste erst gebrochen werden. Das Prinzip war, der Jugendliche muss erst ganz unten sein."

Diese Vergangenheit holt Norbert Mehler manchmal ein. Mehler lebt heute in Spanien, in sicherer Entfernung zum norddeutschen Moor. Die Diakonie Freistatt ruft nur Erinnerungen an Gewalt und hilflose Wut in ihm wach. Freistatt war für ihn, das berichtete er dem Weser-Kurier, „der Moorhof zur Hölle". Verzweifelt versuchte er 1959 zu entkommen. „Ich schluckte Glassplitter, um meinen Blinddarm kaputt zu kriegen und so über das Krankenhaus Diepholz eine bessere Fluchtchance zu bekommen als inmitten des Sumpfes."

Mehlers Vergehen, das ihn nach Freistatt brachte: Im Alter von 19 Jahren war er mit der 16-jährigen Elke durchgebrannt, seiner späteren Ehefrau.

1964 kam Michael Hoffmann als 17-Jähriger ins Moor, er war seinen Pflegeeltern weggelaufen. „Bevor wir zur Arbeit ins Moor rausmarschiert sind, haben wir uns in drei Zehnerreihen aufgestellt und abgezählt. Alles geschah auf Kommando." Kaum mehr als vier Mark erhielt Hoffmann als Lohn im Monat, er tauschte sie gegen Karamellbonbons, der größte Luxus.

1970 schufteten noch immer 300 Menschen im Moor. Die „Hausväter" sind weiterhin ohne pädagogische Ausbildung. Hinter den vergitterten Fenstern werden die Jugendlichen in zellenartigen Schlafräumen nachts eingeschlossen. Drei Jahre später geht die Moorkirche in Flammen auf – zwei Zöglinge haben sie als Fanal des Protestes angezündet. Kurz darauf feiert man in Freistatt den 75. Geburtstag und errechnet, dass genau 92716 „Betreute" die Moorburg durchlaufen haben, allesamt „abgeschobene Unbequeme". Wie viel Geld sie den Protestanten in Bethel insgesamt erwirtschaftet haben, kann man in der Jubiläumsbroschüre nicht lesen.

Viele Heime finanzierten sich wie Freistatt weitgehend selbst. Es gab Wäschereien, Landwirtschaft und Gärtnereien, die vornehmlich der Eigenversorgung dienten. Es gab aber auch gewerbliche Schlossereien, Tischlereien und andere Werkstätten, die Bargeld in die Heimkasse brachten. Mancherorts mussten die Jugendlichen in den Schreinereien Kirchenbänke herstellen. Im schwäbischen St. Konradihaus gab es eine mechanische Werkstatt, die hochwertige Maschinenteile für die Industrie lieferte. Im „Haus Sonnenwinkel" in Tecklenburg mussten die älteren Mädchen im Haushalt einer der zahlreichen Tecklenburger Ärzte-, Rechtsanwälte- oder Beamtenfamilien arbeiten. Gerald Hartford erinnert sich daran, im

Salvator-Kolleg Klausheide Scheinwerfer für die Firma H. und Matratzen für eine Firma aus Delbrück gefertigt zu haben. Im Dortmunder Vincenzheim wurde unter Absingen von Marienliedern Wäsche im großen Stil für Hotels, Fabriken, Brauereien und Privathaushalte gewaschen, gebügelt und gemangelt. Außerdem gab es eine Näherei mit reichlich Auftragsarbeit.

„Wir waren jugendliche Zwangsarbeiter", sagt das ehemalige Heimkind Gisela Nurthen aus dem Dortmunder Vincenzheim. Schweigend mussten sie und die anderen Mädchen stundenlang mit den schweren Laken und Tüchern an der großen Heißmangel stehen. Wer unerlaubt sprach, riskierte Schläge. Gesungen werden durfte – aber nur Marienlieder.

In der Hausordnung des Heims „Zum Guten Hirten" in Münster war das Schweigegebot bei der Arbeit jahrzehntelang festgeschrieben: „Während den der Arbeit gewidmeten Stunden wird so viel wie möglich Stillschweigen beobachtet, welches durch Gebet und Gesang unterbrochen wird. Auch im Speisesaal und in den Schlafsälen ist für gewöhnlich das Sprechen untersagt." Schweigsam, effektiv und einträglich – so sollten die Zöglinge sein.

Unterlagen aus dem „Guten Hirten" in Münster belegen die erbärmliche Bezahlung der Zöglinge selbst noch zu Beginn der siebziger Jahre: „Das Entgelt für eine 40-stündige Arbeit in der Woche schwankt zwischen 2 und 4 DM." In der Regel erhielten die Kinder und Jugendlichen – trotz harter Arbeit mit bis zu 48 Stunden die Woche – keinen entsprechenden Lohn. Sie waren auch nicht sozialversichert.

Die „verlorenen Jahre" sind für die Betroffenen finanziell ein Debakel. Sie fehlen bei der Rente, die für die meisten ohnehin recht schmal ist. Bei der AOK Dortmund etwa recherchierten ehemalige Heimkinder vergeblich nach Beiträgen, die für sie aus dem Vincenzheim ihrer Ansicht nach hätten eingehen müssen.

Auch mit der Schulbildung war es nicht weit her. Wer vor der Einweisung ins Heim eine höhere oder Mittelschule besucht hatte, konnte in den meisten Fällen im Heim seine schulische Ausbildung nicht fortsetzen. Die manchmal auf dem Heimgelände gelegenen Schulen waren in der Regel sehr schlichte Sonder-, Volks- oder Berufsschulen.

Nicht besser waren die beruflichen Perspektiven. Die Mädchen konnten, wenn überhaupt, allenfalls Berufe mit wenig Zukunft wie Stickerin, Wäsche- und Weißnäherin oder Hausgehilfin erlernen. Erst im Laufe der sechziger Jahre kamen weitere Ausbildungsmöglichkeiten hinzu.

In den meisten Heimen gab es Produktionswerkstätten für Billigartikel, die eher an die Arbeit hinter Gefängnismauern erinnerten: Es wurden Kugelschreiber, Lackstifte, Verpackungen und Ähnliches produziert. In Don-Bosco-Heimen stellten Minderjährige in zehnstündigen Schichten 4000 Kugelschreiber pro Tag her. Die Entlohnung: „Anerkennungsgutscheine" für fünf Zigaretten oder zwei Flaschen Cola. „Ohne Fleiß keinen Preis" sagten ihnen die frommen Brüder.

„Beruflich bieten sie uns hier keine Chance" gaben Zöglinge des Kölner Don-Bosco-Heims 1973 in einem Film-Interview zu Protokoll. In einer Untersuchung von 1975 heißt es generell über die Situation in den deutschen Heimen: „Nur sechs Prozent der Jugendlichen stehen überhaupt in einem Lehr- oder Anlernverhältnis, weitere neun Prozent stehen in einem ‚sonstigen' Arbeitsverhältnis. Fortbildende Schulen fehlen in den Heimen völlig."

Das Finanzgebaren der Heime war oft undurchschaubar. 35 bis 50 DM pro Tag und Heimkind zahlte der Staat in den sechziger Jahren. Der Diplompädagoge Rainer Kippe fragte sich 1975: „Wenn man die schlechte Kleidung, das mäßige und oft minderwertige Essen und die dürftige Einrichtung der meisten Heime betrachtet, bleibt es unerklärlich, wohin dieses Geld verschwindet ... Es gibt kirchliche Einrichtungen, die Millionenbeträge aus den Landwirtschafts- und Fabrikationsbetrieben der Heime herauswirtschaften."

Noch schlechter als die Bildung und Ausbildung war in den Heimen die medizinische Versorgung. Meist erschöpfte sie sich in Impfterminen und bei älteren Mädchen in entwürdigenden Untersuchungen auf Geschlechtskrankheiten. Manche Mädchen trauten sich später jahrzehntelang nicht, zum Frauenarzt zu gehen. Kinder, die erkrankten, wurden nicht immer so versorgt, wie es auch damals medizinisch möglich war.

Marion Zagermann, ehedem Insassin des evangelischen Kinderheims im westfälischen Scherfelde, fand in ihren Akten erst kürzlich den Beweis, dass ihr die Diakonissen als 13-Jährige Valium, ein Medikament mit starker Suchtwirkung, über einen längeren Zeitraum verabreicht hatten. Sie war noch Jahre später tablettensüchtig. Im Mädchenheim Fuldatal in Guxhagen bei Kassel notierte die Erzieherin der minderjährigen Helga Weber in einem Beobachtungsheft: „Beruhigungstabletten angeordnet". Angeordnet steht da, nicht verordnet. Ehemalige Heimkinder hegen den Verdacht, dass man sie vielerorts systematisch mit Medikamenten ruhiggestellt hat.

„Aufrechterhaltung von Zucht und Ordnung"

Jahrzehntelang konnten die Heimleitungen weitgehend schalten und walten, wie sie wollten. Die Gesellschaft schloss ihre Außenseiter weg – und vergaß sie einfach. Wenn sich die staatliche Aufsicht doch für das interessierte, was hinter den verschlossenen Heimtüren vorging, wehrten sich die Betroffenen vehement.

„Ohne Strafe geht es nicht in der Erziehungsarbeit, und wir wollen nicht dem Fehler verfallen, dass wir einer weichen, gefühlsseligen Pädagogik huldigen", ließen die Diakonissen des Dorotheenheimes in Düsseldorf am 30. Januar 1950 den nordrhein-westfälischen Sozialminister Rudolf Amelunxen schriftlich wissen. Eine Woche später rechtfertigte ihre Zentrale, das Bergische Diakonissenmutterhaus, diese Praxis unter Hinweis auf „ein mehr oder minder lottriges Leben vor der Einweisung" und schrieb an Amelunxen: Bei „solchen Elementen (wir müssen uns schon mal so ausdrücken) bleibt nichts anderes übrig, als der Autorität unter Umständen durch die Maßnahmen der Isolierung Nachdruck zu verleihen. Wir sind es der Hausgemeinschaft geradezu schuldig, unsaubere und triebhafte Mädchen zeitweilig aus der Gruppe auszuscheiden."

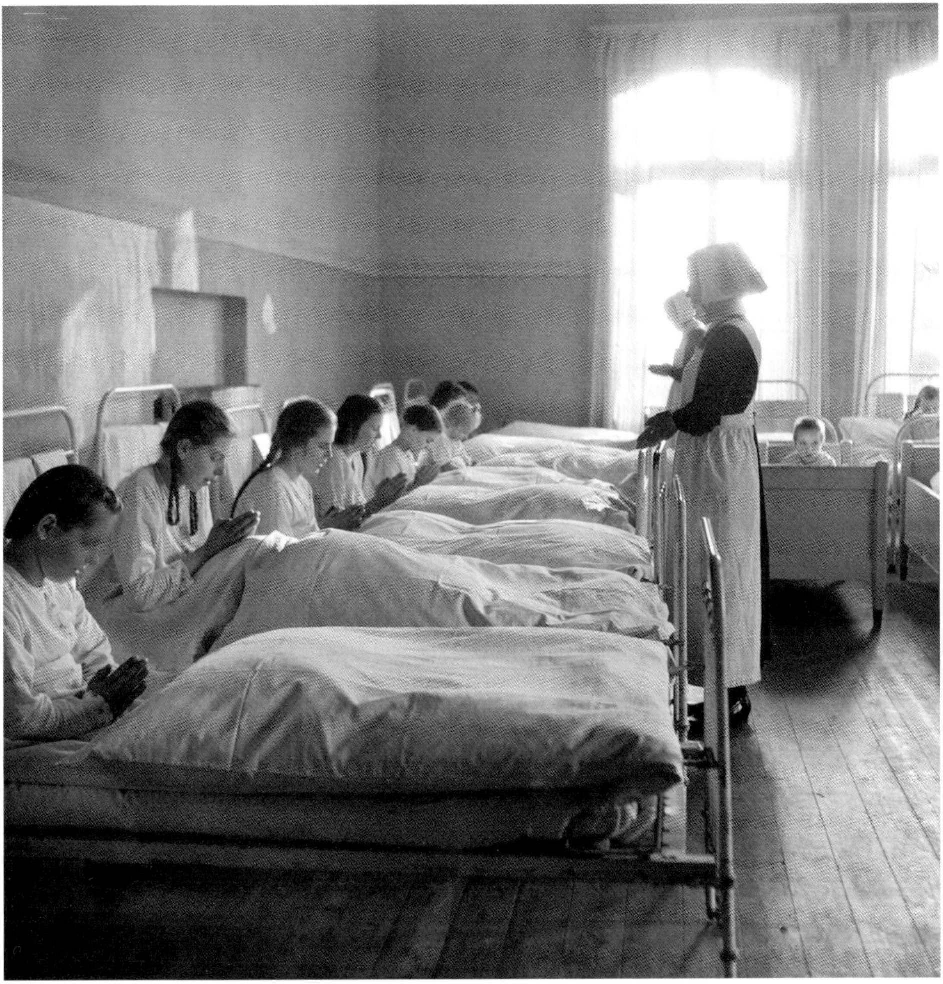
HULTON-DEUTSCH COLLECTION/CORBIS

Abendgebet im Schlafsaal des Kinderheims Lippe

DIAKONISCHES WERK DER EKD, BERLIN

Essensausgabe im Kinderheim Haßloch/Pfalz

DIAKONISCHES WERK DER EKD, BERLIN

Gebet vor der Mahlzeit im Kinderheim Bad Dürkheim

DIAKONISCHES WERK DER EKD, BERLIN

Waschen im Kinderheim Haßloch/Pfalz

DIAKONISCHES WERK DER EKD, BERLIN

Bettenmachen im Kinderheim Fürth

„Ave Maria zart, du edler Rosengart'" – Schulunterricht der „Barmherzigen Schwestern", Marsberg

Nonnen im Vincenzheim, Fürsorgezögling Horst Kallinowski (3. v. l.), Dortmund, Mitte der fünfziger Jahre
Oben: Ausflug des katholischen Kinderheims Kallmünz, Anfang der sechziger Jahre

„Barmherzige Schwestern" mit Kindern aus ihrem Heim in Marsberg, 1955

DIAKONISCHES WERK DER EKD, BERLIN

Evangelisches Kleinkinderheim in Heidelberg, sechziger Jahre

„Häkeln und Stricken": Freizeit unter Anleitung einer „Barmherzigen Schwester" im Vincenzheim, Dortmund, sechziger Jahre

DIAKONISCHES WERK DER EKD, BERLIN

„Wir lernen wischen" im evangelischen Dorotheenheim, Düsseldorf, fünfziger Jahre

Nächste Seite:
„Bügeln und Beten": Marienaltar auf dem Wäscheregal, Vincenzheim, Dortmund

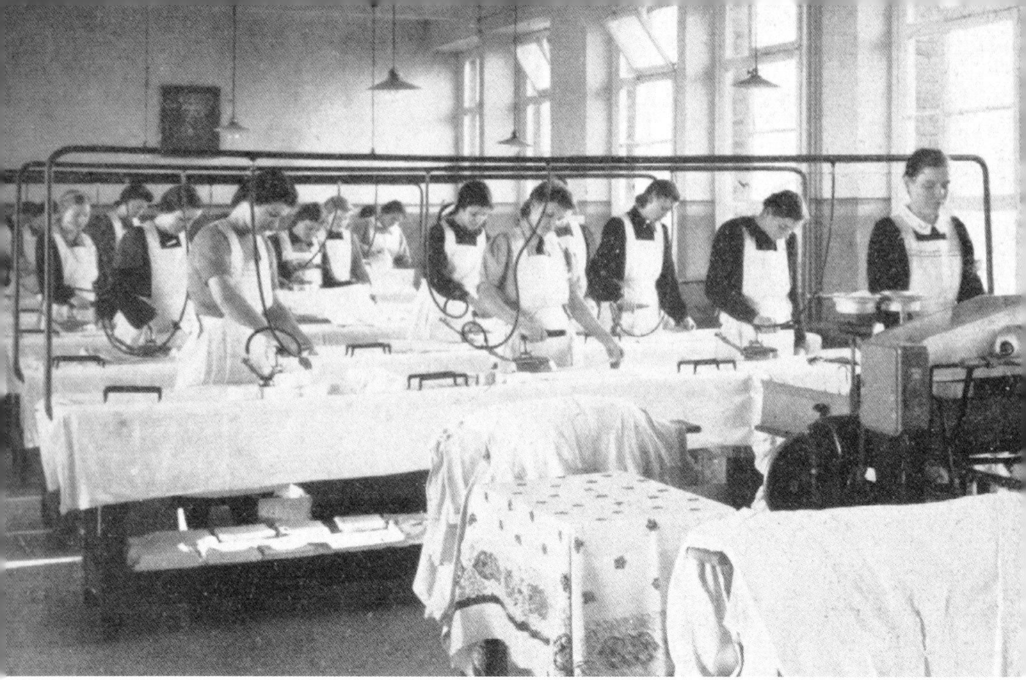

„Wir bügeln" im Erziehungsheim „Haus zum Guten Hirten", Münster

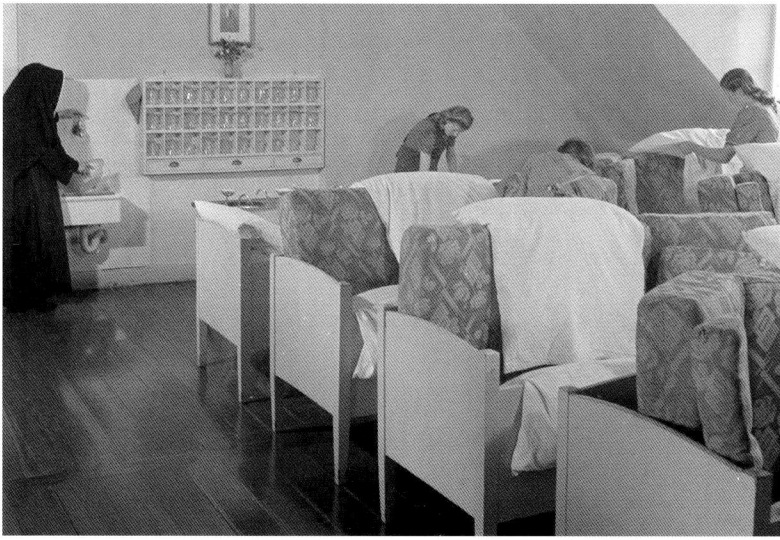

KARL FRANZ KLOSE © WESTF. LANDESMEDIENZENTRUM/LWL

Bettenmachen im Schlafsaal der Erziehungsanstalt Marienburg in Coesfeld, fünfziger Jahre

„Barmherzige Schwester" in der Plätterei St-Johannes-Stift, Marsberg, 1955

„An der großen Mangel", bei den „Barmherzigen Schwestern" im St.-Johannes-Stift in Marsberg, 1955

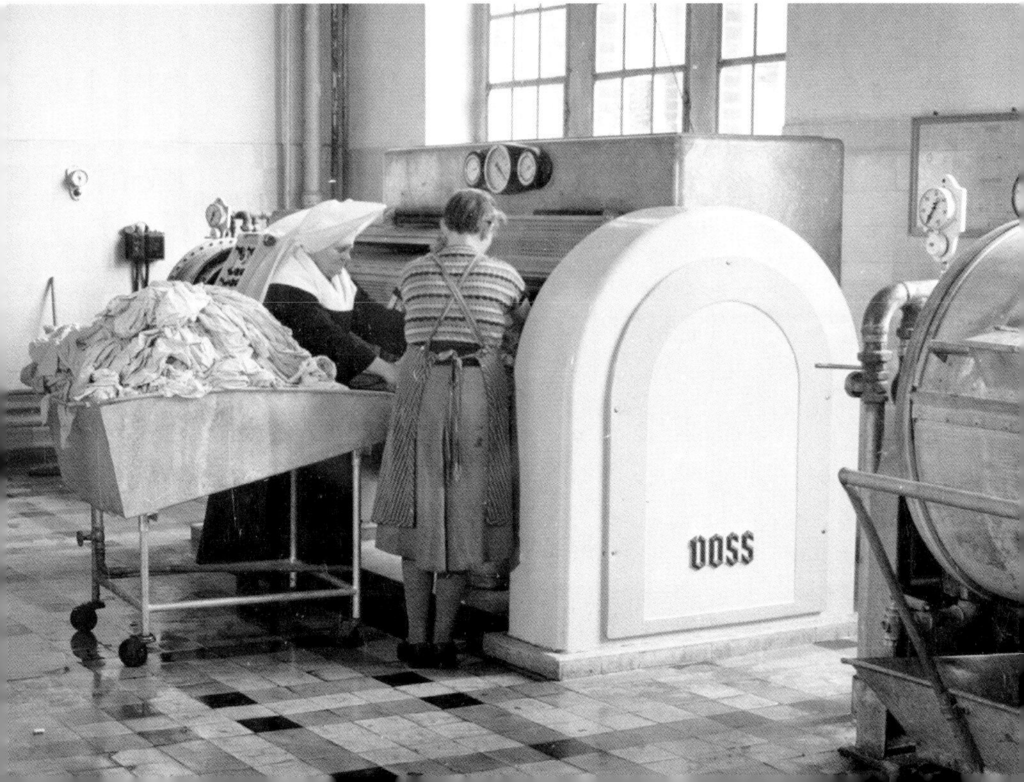

Feld- und Gartenarbeit der Fürsorgezöglinge im westfälischen Erziehungsheim Hövelhof-Klausheide unter Aufsicht der Salvatorianerbrüder

SALVATOR KOLLEG

KARL FRANZ KLOSE © WESTFÄLISCHES LANDESMEDIENZENTRUM/LWL

KAI GREISER

Heimkinder sammeln Feldsteine auf, Erziehungsheim Wulfsdorf

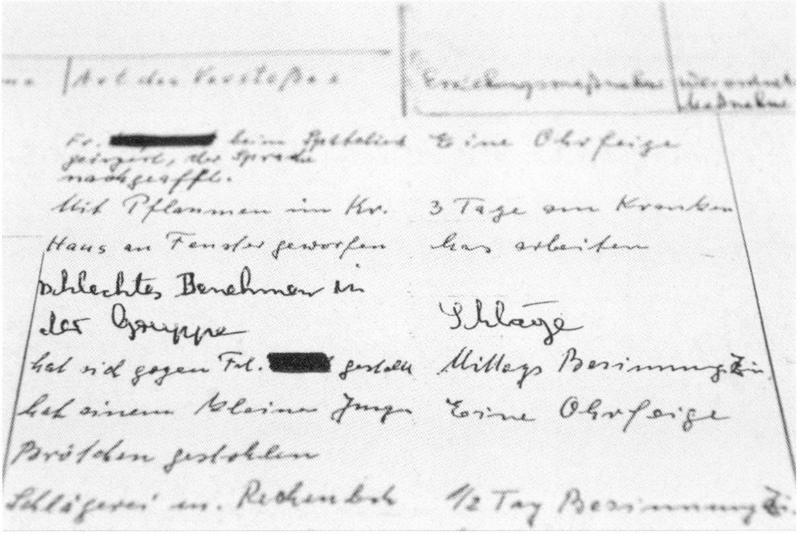

Art des Verstoßes	Erziehungsmaßnahme	[illegible]
Fr. [redacted] beim [illegible] gezeigt, die Sprache nachgeäfft.	Eine Ohrfeige	
Mit Pflaumen im Kr. Haus an Fenster geworfen	3 Tage im Krankenhaus arbeiten	
schlechtes Benehmen in der Gruppe	Schläge	
hat sich gegen Frl. [redacted] gestellt	Mittags Besinnungszi.	
hat einem kleinen Jungen Brötchen gestohlen	Eine Ohrfeige	
Schlägerei im [illegible]	1/2 Tag Besinnungszi.	

Kalmenhof, Idstein: Einträge im „Strafbuch“ des „Bubenhauses“, 1964

Die Diakonissen traten so laustark für Isolation und Bestrafung ein, weil das Ministerium eine unter den Nazis eingeführte, noch lange nach dem Krieg gültige Strafordnung in Fürsorgeheimen abschaffen wollte. Vor 1933 galt: Körperliche Züchtigungen sind erlaubt, aber in Grenzen. Die Heime, verlangte nun das Ministerium, sollten sich an die alte Regel halten, ihre harte Gangart mäßigen und beispielsweise schulentlassene Mädchen nicht mehr schlagen. Zudem sollten alle Züchtigungen in sogenannten Strafbüchern vermerkt und dem Sozialministerium einmal im Jahr vorgelegt werden.

Das evangelische Kinderheim in Wuppertal-Aprath lief dagegen Sturm: „Bei verbockten, vor allem psychopathischen Kindern wird es unseres Erachtens manchmal gar kein anderes ‚Verständigungsmittel' geben als einen körperlichen Schlag ... Wir kennen Situationen, besonders bei den Jüngeren, wo die Ohrfeige Wunder wirkt. Auch hier handelt es sich dann meist um die vertrotzte Jugend, die sich festgefahren hat und sich in Frechheit Luft macht. Auch bei frechen Lügen pflegen wir die Ohrfeige anzuwenden."

Auch bei den Tagungen des „Allgemeinen Fürsorgeerziehungstages", einer Art Verbandstreffen der deutschen Erzieher, wehrten sich die Befürworter der Züchtigung noch bis weit in die fünfziger Jahre gegen deren Abschaffung. Die Jugendlichen wurden entgegen allen offiziellen Verboten verprügelt, verspottet und gedemütigt.

Im Idsteiner Kalmenhof hatten die Kinder nicht einmal dann eine Chance, wenn sich ihre Eltern über die rohen Erziehungsmethoden beklagten: Im September 1963 beschwerte sich die Mutter des achtjährigen Günther Klefenz beim Jugendamt in Mainz, nachdem sie am Vortag ihren Sohn besucht hatte, über dessen geschundenes Aussehen. Das Jugendamt protokollierte ihre Aussage: „Er habe eine dick geschwollene Backe gehabt, sei zerkratzt gewesen und hatte am Kopf eine dicke Beule." Die Erzieherin habe ihr erklärt: „Günther hätte gerauft und sie habe ihn auf die Backe gehauen und in die Ecke gestellt." Das Jugendamt machte daraufhin in einem Schreiben an das Heim abfällige Bemerkungen über die Mutter und bat den Heimdirektor lediglich: „Wir müssen ihren

Ausbreitungen in der Öffentlichkeit entgegentreten ..." Ihre Beschwerde verlief im Sande.

Die Gewalt an Kindern in den Heimen basierte auf einem seit langem etablierten System. Schon Johann Hinrich Wichern, der Begründer evangelischer „Rettungshäuser", hatte gut hundert Jahre zuvor seinen Erziehern an Herz gelegt, dass die Strafe „so wesentlich in die christliche Erziehung hinein" gehöre, „als der Unterschied von gut und böse vorhanden ist und Strafe und Lohn wesentliche Handlungen und Offenbarungen der göttlichen Gerechtigkeit sind." Er kujonierte selbst Acht- und Neunjährige wegen ihrer „Unreinlichkeit" mit „härtesten körperlichen Strafen". Wichern empfahl „Freiheitsentzug, körperliche Züchtigung, Essensentzug, das Verbot zu spielen, Zurechtweisung, An-der-Türstehen-müssen" und andere „Beschämungen". „Der Strafe Zweck muss sein, dass der Gestrafte selbst die Strafe in sich fortsetzt, nicht in der Form, sondern dem Wesen nach, dass er die äußeren körperlichen Strafen innerlich bei sich weiterwirken lässt. Das ist die Buße, ein sich selbst Bestrafen."

Auch die Kleidung gehörte zur Buße. Die „vertrotzte Jugend" musste in den meisten Häusern schmucklose Heimkleider tragen. Bis in die siebziger Jahre hinein waren für Mädchen meist graue Kittel Vorschrift. In einigen Heimen mussten bei der Einweisung die eigenen Schuhe abgegeben werden. Stattdessen gab es klobige Holzpantinen, um „Entweichungen" vorzubeugen. Wie Sträflinge sollten die Heimkinder ausserhalb des Heimes von der Bevölkerung sofort erkannt werden. So gekleidet war allerdings schon der Weg zu den Arbeitseinsätzen in vielen Orten ein demütigendes Spießrutenlaufen.

Ständig beschäftigte viele der Zöglinge der Gedanke an Flucht. Obwohl jeder wusste, dass sie hart bestraft würden, wenn man sie erwischte. Und nur selten kam einer durch. Mitunter gingen verzweifelte Fluchtversuche tödlich aus, wie 1957 im Aachener Heim „Zum Guten Hirten". Die Mädchen hatten versucht, sich mit aneinander geknoteten Bettlaken aus einem höher gelegenen Stockwerk abzuseilen. Eine Minderjährige stürzte dabei ab und starb.

Bis in die siebziger Jahre, schreibt der Autor eines Buches über Heimerziehung, Friedrich Franz Röper, „kann nahezu unbedenklich die Kritik aus den zwanziger und dreißiger Jahren wiederholt werden". Damals schon hatte der Erziehungskritiker Otto Rühle die Fürsorgeerziehung angeklagt: „Mit Flüchen und Worten treibt sie auf den Feldern und in düsteren Werkstätten zur Arbeit an; auf kahlen Höfen mit Glasscherben auf den Mauern oder in öden Gelassen mit Gitterfenstern bis zum vierten Stock waltet sie hart und lieblos ihres Amtes. Dunkle Karzer, Gummischläuche, die neunschwänzige Katze und der Prügelstock, Wasser und Brot und dazu das Bibelbuch. Dieses ekle Gemisch von plärrender Gottseligkeit und kieselharter Herzensrohheit, selbstgerechter Frömmigkeit und perverser Brutalität. Knute und Halleluja – diese widerliche Frucht eines Systems, das eine einzige große Versündigung am Recht des Kindes verkörpert, ist es, was sich – von wenigen rühmlichen Ausnahmen abgesehen – heute bei uns Fürsorgeerziehung nennt."

Für Ausreißer, Arbeitsverweigerer und „Versager" galten besondere Strafen. Diese reichten von spezieller Kleidung über kahl geschorene Köpfe bis hin zum längeren Einsperren.

Bis weit in die siebziger Jahre hielten viele Heime an der Praxis fest, Kinder zu isolieren, teils in eigens hergerichteten, oft fensterlosen, gefängnisähnlichen Zellen, genannt „Karzer" oder „Klabause". „Herausnahme aus der Gemeinschaft durch Isolierung in Einzelzimmer" hieß das schwarz auf weiß in den Hausordnungen. Oder wie erinnert sich der Berliner Pater Vincens? „Es gab keine Strafzellen, Besinnungsräume nannten wir das!"

Bei einer Untersuchung in drei württembergischen Heimen im Jahre 1967 inspizierte der Erziehungswissenschaftler Hermann Wenzel derartige „Besinnungszellen": „Hinter einem schmalen Gang, der durch Betonwabenfenster nur spärlich Licht erhält, liegen drei Einzelzellen, die ca. 3 Meter lang, 1,50 breit und 2,50 hoch sind. Eine Belüftungsanlage gibt es nicht. In diesen Zellen befinden sich ein an die Wand geschlossenes Klappbett, ein Wandtisch und ein Wandsitz. Die Wände sind dunkel mit Ölfarbe gestrichen, die Türen mit Zinkblech beschlagen und durch Spezialschlösser gesichert. Spärliche Beleuchtung erhalten die Zellen vom Gang her durch ein mit dichtem Maschendraht verkleidetes Stahlgitter, das sich über der Tür befindet."

Arrest bekam ein Delinquent oft schon aus nichtigem Grund, etwa wenn er versucht hatte, heimlich Briefe an der Zensur vorbeizuschmuggeln – an die Mutter, den Freund oder eine Freundin. Wenzel konstatierte 1967, das in den ersten drei Tagen der Arreststrafe lediglich „karge Kost" gereicht wurde, anderswo gab es Wasser und Brot, „wegen oftmals nur geringfügiger Anlässe", wie „freches Benehmen" oder „Onanieren".

Drei angehende Lehrer der Pädagogischen Hochschule Weingarten erlebten 1971 als Praktikanten aus nächster Nähe die Praxis der Heimerziehung im schwäbischen St. Konradihaus. Die Augenzeugen gaben anschließend ihre Erfahrungen in einer Examensarbeit zu Protokoll. „Ein besonderes Maß von Rohheit", heißt es darin, zeige sich „in der wohl schärfsten Strafpraktik" des katholischen Jungen- und Mädchenheimes, „der Benutzung des Karzers".

„Größe, Ausstattung und Zustand des Karzers sind menschenunwürdig: Die drei bis auf ein Sitzbrett und den notwendigen Plastikkübel leeren Zellen sind von dem Gang durch je eine massive, mit mehreren Riegeln versehene Tür und das über dieser liegende sehr engmaschige Gitter getrennt. Da die Zellen nur durch dieses Gitter hindurch vom Raumlicht des Ganges erhellt werden, herrscht in ihnen auch tagsüber Dämmerung. Im gesamten Trakt herrscht ein Ekel erregender Gestank, der von der Unsauberkeit der Zellen herrührt ... Die Rohheit wird noch verstärkt durch die Behandlung der Eingesperrten. Die Erzieher legen ein besonders nervöses und schroffes Verhalten an den Tag. Die Versorgung mit Essen wird eingeschränkt. Die Matratze, auf der die Jungen schlafen, ist schmutzig und stinkend. Wir haben erlebt, dass eines Abends die Matratze nicht auffindbar war. Es ist nun bezeichnend, dass in diesem Fall nicht eine andere besorgt wurde, sondern dass der Junge in dieser Nacht auf dem blanken Boden schlafen musste."

Aber auch der alltägliche Horror war schlimm genug. Manche Strafen grenzten an Folter. Wie diese:

- zur Strafe mit nackten Beinen auf scharfkantigen Holzscheiten knien und beten;
- in einen Kartoffelsack stecken, zubinden und in den dunklen Keller stellen;
- in einer Reihe anstellen, um über eine hoch gehaltene Rute mit eingeflochtenen Dornen zu springen;
- in eine Badewanne mit kaltem Wasser setzen und gewaltsam untertauchen;
- eiskalt duschen und nass, frierend und nackt still stehen müssen – bisweilen über eine Stunde lang;
- Kniebeugen mit ausgestreckten Händen, auf denen Bibeln liegen. Schläge mit dem Riemen auf die Hände, sobald eine Heilige Schrift dabei herunterfällt;
- vor dem Teller mit erbrochenem Essen sitzen bleiben müssen und durch wiederholten Schläge auf den Kopf gezwungen werden, das Erbrochene vollständig aufzuessen;
- beim Erbrechen in die Kloschüssel den Kopf des Jugendlichen herunterdrücken und abziehen;
- die Hände auf dem Rücken fesseln und die Jugendlichen im Keller mit einer Halsschlaufe an einen Wandhaken hängen, so dass die Schlaufe beim Zusammensacken nach stundenlangem Stehen würgt;
- Mädchen mit Kindern das Stillen verbieten.

Doch so schrecklich die phantasiereichen Strafmaßnahmen auch erscheinen mögen – die zahlreichen verbalen Herabwürdigungen von morgens bis abends wirkten weitaus subtiler und nachhaltiger als die körperlichen Züchtigungen: die Wutausbrüche der Erzieher, ihre anhaltenden Schimpfkanonaden, das ständige Schreien und Brüllen und all die kleinen, gemeinen Bemerkungen, die sich tagein, tagaus wiederholten.

Seitenlang protokollierten die angehenden Pädagogen im St. Konradihaus 1971 die Sprüche der Erzieher:

„Dir ist sowieso nicht zu helfen, du landest doch eh im Knast!"

„Du hast uns alle so enttäuscht, da sieht ein jeder nur noch rot, wenn er deinen Namen bloß hört."

„Was will man mit einem Kerl wie dir denn schon machen?"

„Wenn du so weiter machst, dann landest du halt in der Klapsmühle."

„Du Krüppel, du Vorgartenzwerg, du Dackel ... was willst du denn? Du bist ja zu doof und zu faul!"

Wie demütigend das alltägliche Klima in den Heimen war, erlebten die Lehramtsanwärter selbst bei den „kleineren" Begebenheiten. Sie notierten Szenen wie diese:

- Ein Junge schlenderte zwei Minuten vor Arbeitsbeginn über den Heimhof zu seiner Werkstatt; als er beim Direktor, der auf dem Hof stand, vorbeikam und auf dessen Aufforderung, schneller zu gehen, antwortete, er habe noch einige Minuten Zeit, schrie dieser: „Mach bloß, dass du weiter kommst, sonst schlage ich dir eine in die Fresse rein!"
- Am ersten Tag wurde einer der Praktikanten von der amtierenden Nonne mit einem ähnlich aussehenden Heimkind verwechselt, als er in der Küche sich einen Nachschlag abholen wollte. Er bekam eine Ohrfeige. Andere fauchte die Nonne von den „Barmherzigen Schwestern" an: „Was wollt ihr schon wieder, es gibt nichts!"
- Ein Gruppenerzieher kommentierte den Selbstmordversuch zweier Jungen seiner Gruppe: „Haben Sie schon gehört, die zwei Dackel wollten Selbstmord machen?" Auf die Bemerkung eines anderen Heimkindes, der Meister werde ganz schön ärgerlich sein, wenn diese Jungen, die jetzt im Krankenhaus lägen, nicht zur Arbeit kämen, antwortete er: „Ach, was redest du auch daher, um die zwei wär's eh nicht schade gewesen."

Für viele Erzieher waren ihre Schutzbefohlenen eben nur Abschaum. Norbert Mehler, der als 19-Jähriger in der Diakonie Freistatt war, erinnert sich an viele Begebenheiten wie die folgende:

„Wir waren gerade zu zweit beim ‚Torfschlüren', so hieß das Schleppen des nassen Torfes in schweren Eisenkörben. Im Laufschritt marsch! Da brüllt ein ‚Hausvater' meinen Namen. Mein Mitsklave und ich halten an. Ich nehme die Hände von den Tragestangen, um mich aufzurichten, und schon schlägt der ‚Hausvater' zu, denn wir dürfen die Tragestangen ohne ausdrücklichen Befehl nicht loslassen! Sein Schlag fegt mir die Mütze vom Kopf. Und schon knallt es wieder, denn wir dürfen nicht ohne Mütze angetroffen werden! Ich beeile mich also, meine Mütze aus dem Moordreck zu puhlen, in den sie der ‚Hausvater' mittlerweile mit dem Stiefelabsatz genüsslich hineingetreten hat. Ich klatsche mir eilends das schmierige Etwas auf den Kopf, um nicht nochmals geschlagen zu werden."

Was sollte die Lehre aus dieser „Lektion" sein? Mehler: „Nicht der Dreck ist dreckig, sondern wir. Wir sind der ‚Abschaum' der menschlichen Gesellschaft."

Die damals gemachten Erfahrungen bestimmten nachhaltig Selbstbild und Lebenseinstellung Tausender. Sie blieben für immer seelisch verletzt. Viele verloren später den Halt und rutschten an den Rand der Gesellschaft ab.

Norbert Mehler sagt verbittert: „Wann immer wir einem Menschen begegnen, der in den fünfziger und sechziger Jahren Zögling in Freistatt war: Beglückwünschen wir ihn aufrichtig, falls es ihm gelungen ist, nicht kriminell zu werden!"

Dem heute in Kassel lebenden 60-jährigen Heinz Peter Junge ist das nicht gelungen. Er war in seiner Jugend im hessischen Erziehungsheim Kalmenhof in Idstein im Taunus. „Was habe ich damals alles durchmachen müssen, als ich dort eingesperrt war und misshandelt wurde. Ich bin darüber noch immer erschüttert und verzweifelt. Nach meiner Entlassung wurde ich schnell straffällig, war ein stadtbekannter Schläger, habe unter Drogen- und Alkoholsucht gelitten und drei gescheiterte Ehen hinter mich bringen müssen."

Lebensschicksale wie das von Junge gibt es viele. Er kam 1959 mit 14 Jahren ins „Lehrlingsheim" der staatlichen Anstalt, weil sie zu Hause fünf Kinder waren, der Vater hatte begonnen zu trinken. „Wir wurden zu Bestien erzogen. Das hörte doch nach der Entlassung nicht auf. Ich war aggressiv, wurde auffällig und bekam rasch Ärger mit der Polizei. Wie vielen Menschen habe ich wehgetan, aus nichtigen Gründen, einfach weil mir eine Nase nicht gefiel. Ich war in der Kneipe, es stand jemand neben mir, der brauchte mich nur anzustoßen, schon bin ich auf den losgegangen. Ich schlug mich mit zehn Polizisten und musste wegen Körperverletzung einen Haufen Geld bezahlen. Ich habe das nicht in den Griff gekriegt. Man war so programmiert. So wie man eine Festplatte programmiert, so war das bei uns, und es ist heute noch so. Meine Frau kennt das bei mir – es gibt Momente, in denen ich plötzlich aggressiv werde. Es sitzt so tief und geht einfach nicht mehr weg."

Nicht mehr weg gingen die Aggressionen auch bei Jürgen Bartsch, der in den sechziger Jahren vier Kinder umbrachte. Auch Bartsch war ein Heimkind.

Für den Schriftsteller Bodo Kirchhoff ist Bartsch mehr als ein tragischer Einzelfall: „In seiner Lebensgeschichte verdichtete sich auf eine für seine Opfer und ihn tragische Weise die sozialpsychologische Realität der Nachkriegszeit und des atemlosen Wiederaufschwungs."

Die Journalistin Ulrike Marie Meinhof schrieb, dass sich „im Elend dieser Person das Elend der Gesellschaft, in der er gelebt und gemordet hat", offenbart habe. Man habe „das Kind ins Heim gegeben, weil die Mutter im Geschäft mitarbeiten mußte". Seine Familie habe nur „den Heimausweg" gewußt, „weil diese Gesellschaft sich immer noch nicht darauf eingerichtet hat, dass sie zehn Millionen berufstätige Frauen hat und weit über eine Million berufstätige Mütter mit Kindern unter 14. Und weil wir eine Familienpolitik haben, die nichts tut, um die Eltern über Erziehungsfragen aufzuklären, nichts.

Dann kommt er in eine katholisch-preußische Anstalt mit 50 Kindern pro Schlafsaal, mit Prügelpädagogik, mit Spaziergängen in Marschkolonnen ... Dann will er reden, sich aussprechen, aber in der katholischen Prügelanstalt war Silentium die Hauptsache".

Bartsch war nach Ansicht aller, die sich mit dem Fall auseinandergesetzt haben, kein Triebtäter. Seine Verbrechen waren vielmehr, so sieht es die Pädagogin Alice Miller, die Folge einer „Situation von tiefer Demütigung, Bedrohung, Vernichtung der Würde, Entmachtung und Ängstigung eines kleinen Jungen in Lederhosen, der er einst gewesen war."

In einem Brief an seine Adoptiveltern, die den unehelich Geborenen wegen Erziehungsschwierigkeiten als Zehnjährigen 1956 nach Rüdesheim-Aulhausen im Rheingau ins Heim gaben, schrieb Bartsch, der 1976 mit 29 Jahren an den Folgen eines Narkosefehlers starb: „Ihr hättet mich nie zu diesen Sadisten im Schwarzrock schicken dürfen und nachdem ich ausgerissen war, weil der Pater mich missbraucht hatte, hättet ihr mich nie wieder ins Heim zurückbringen dürfen."

Über das von katholischen Salesianern betriebene Haus berichtete Bartsch: „Marienhausen war die Hölle, wenn auch eine katholische, das macht sie nicht besser. Ich denke da nur an die Schläger im Priesterrock, ob nun in der Schule, beim Chor oder – auch da machte man sich nichts draus – in der Kirche. An die sadistischen Strafen (stundenlanges Strammstehen im Schlafanzug im Kreis im Hof, bis der Erste zusammenbricht), an die verbotene Kinderarbeit bei schwerer Hitze auf dem Feld, an Stockschläge für langsame Kinder, die gedankenlose Verteufelung der – für die Entwicklung notwendigen – ach so bösen ‚Schweinereien' unter Jungen, das unnatürliche ‚Silentium' beim Essen und die wirren, unnatürlichen Sprüche gegenüber Kindern."

Bartsch musste die Brutalität der Kirchenmänner widerspruchslos hinnehmen. „Persönlicher Kontakt, Freundschaften als solche waren verboten. Dass ein Junge allzu häufig mit einem anderen spielen durfte, das war verboten." Er musste lernen, die Sehnsucht nach körperlicher und seelischer Nähe in sich abzutöten.

Alice Miller spricht von einem „Mord an der Seele", der an Bartsch verübt worden sei. Der junge Täter durchlebte bei seinen Taten erneut die katholische „schwarze Pädagogik", die militärische Zucht und Ordnung, die Brutalität der „Brüder" im Namen Gottes, denen er und seine Leidensgenossen ausgeliefert waren. Miller: „Es erregte ihn besonders, in die verängstigten, gefügigen, hilflosen Augen des Opfers zu blicken, in denen er sich selbst begegnete und mit dem er die Vernichtung seines Selbst in großer

Erregung immer wieder durchspielte – diesmal nicht mehr als hilfloses Opfer, sondern als der mächtige Verfolger."

Jürgen Bartsch war das wohl deprimierendste Produkt der Heimerziehung der Nachkriegszeit. Doch wie er gaben viele andere ehemalige Heiminsassen, manchmal bis in die Generation ihrer Kinder weiter, was ihnen angetan worden war, wenn auch nicht so brutal wie Bartsch.

„Wir wollen unsere gestohlene Kindheit endlich überwinden"

Gerald Hartford, der Junge aus dem Heim der Salvatorianer, hat lange gebraucht, bis er endlich eine Kopie seiner Akte in den Händen hielt. Noch länger hat es gedauert, die Begegnung mit Pater Vincens, seinem ehemaligen Erzieher, zu verkraften.

In der Akte konnte er nun in Ruhe endlich die Briefe lesen, die seine Mutter geschrieben, er aber nie gelesen hatte. Es tat ihm gut zu erkennen, dass es doch jemanden gegeben hatte, der an ihn gedacht hatte, und dass da jemand gewesen war wie sein ehemaliger Lehrer, der etwas von ihm hielt. Die Lektüre hat etwas in ihm aufgebrochen, das lange verschüttet war: Hartford hat wieder angefangen zu sprechen – über sein Schicksal und das Unrecht, das ihm und seinen Schicksalsgefährten angetan wurde.

Auch andere ehemalige Heimkinder wollen diese Zeit nicht länger verdrängen und endlich erzählen, was geschehen ist. Sie wollen nicht länger mit dem Gefühl leben, sie seien selbst schuld an dem, was ihnen geschah.

Sie wollen die Scham, ein Heimkind gewesen zu sein, das Stigma ihrer Kindheit endgültig überwinden. „Es war immer ein Makel", sagt Elke Meister, und ihre Schwester Regina Page erklärt: „Es schien besser, darüber niemals zu sprechen. Wir haben es nicht einmal unseren Männern erzählt. Bloß nicht daran denken. Als ob man die hohe Mauer, die um unser Heim gewesen ist, sein Leben lang behalten hätte." Man gibt sich nicht freiwillig als Heimkind zu erkennen. Gisela Nurthen, die sich mit ihrer Zeit im Dortmunder Vincenzheim immer intensiver auseinandersetzt, hat eine ganze

Reihe Ehemaliger ausfindig machen können. Nicht alle konnten sich – wie die Schwestern Regine und Elke – endlich dazu bekennen.

Es kommt selten vor, dass auch Prominente zu ihrer Heimvergangenheit stehen. Der Schauspieler Mario Adorf gehört dazu. Er war ein uneheliches Kind, dazu noch von einem Italiener. Adorf kam mit drei Jahren in das katholische Marienhaus im Eifelstädtchen Mayen. Ein düsterer, schwarzer Basaltbau, erinnert sich der Schauspieler in seiner Autobiografie „Himmel und Erde“. Das Grundstück umschloss eine hohe Mauer mit spitzen Glasscherben obendrauf. „Ein abschreckendes Hindernis für jeden Ausreißer.“

Das Kinderheim wurde geführt von Benediktinerinnen, so musste der kleine Mario jeden Morgen um sechs aufstehen und zur Frühmesse auf den harten Holzbänken Platz nehmen. Der Achtjährige blieb auch vor schlimmer Prügel nicht verschont. Die besorgte ihm nicht eine Nonne, sondern Johanna, eine Hausangestellte. Adorf: „Wenn ich mir irgendetwas zu Schulden kommen ließ, den verhassten Spinat nicht aufaß oder Ähnliches, packte sie mich, zerrte mich in das Badezimmer am anderen Ende des Flurs, sperrte die Tür ab und traktierte mich mit einem Besenstil. Alles Schreien half nichts, sie ließ ihre unbegreifliche Wut an mir aus. Ich flüchtete mich in die Badewanne und versuchte, mit den Füßen die Schläge abzuwehren.“

Mario Adorfs Erinnerungen unterscheiden sich kaum von denen anderer Heimkinder. Überall in Deutschland gibt es Frauen und Männer, die angefangen haben, ihre Erinnerungen an ihre Heimzeit zu verarbeiten. Viele haben ein paar Seiten aufgeschrieben, manche haben sogar fertige Manuskripte in den Schubladen – doch sie haben sich meist noch nicht getraut, es jemanden lesen zu lassen.

Sie haben das Gefühl, von der Gesellschaft, den Institutionen, Verbänden und Parteien bis heute mit ihrem Leid nicht wahrgenommen zu werden. Vor allem nicht von denen, von denen sie ein Schuldeingeständnis und ein Wort der Entschuldigung erwarten – von den beiden großen Kirchen, den Ordensgemeinschaften, von Caritas und Diakonie. „Obwohl die sich sonst gegen jede Menschenrechtsverletzung irgendwo auf der Welt enorm engagieren, jedes Unrecht, jede Benachteiligung unermüdlich anprangern", klagt Gerald Hartford, „haben sie uns bisher übersehen."

Darum zieht sein Leidensgenosse in Bayern, Josef Doll, mit einer kleinen Broschüre, gedruckt im Selbstverlag, durch Münchner Kneipen, „weil jemand doch allen sagen muss, was die Brüder und Schwestern der Kirche damals mit uns gemacht haben".

Auch Jürgen Schubert in Aachen hat in einem schmalen Büchlein seine unglaubliche Kindheitsgeschichte niedergeschrieben und versucht zwischen Aachen, Köln und Düsseldorf darüber bei Lesungen mit Menschen ins Gespräch zu kommen. Schubert schreibt von schweren Misshandlungen durch die „Barmherzigen Schwestern" in Paderborn, die ihn als uneheliches Kind eines russischen Soldaten wie einen Irren im sauerländischen Marsberg, wo auch Paul Brune war, einsperrten und jahrelang mit Medikamenten vollpumpten.

Harry Graeber aus Nürnberg hat unter dem Titel „Misshandelte Zukunft" die Erinnerungen an seine Erziehung in den fünfziger und sechziger Jahren in einer städtischen Erziehungsanstalt Nürnbergs niedergeschrieben – als autobiografischen Roman.

Doch der Widerstand mancher ehemaliger Heimbetreiber gegen derlei Memoiren ist noch virulent. Als der Wiesbadener Alexander Markus Homes den Versuch unternahm, in einem größeren Verlag ein Buch über Gewalt in Heimen zu veröffentlichen, schickten ihm die Dernbacher Schwestern, in deren St. Vincenzstift in Rüdesheim-Aulhausen Homes seine Kindheit von 1966 bis 1975 verbracht hatte, einen Anwalt auf den Hals, der schon des Öfteren leitende Kirchenherren vertreten hat.

Zunächst sollte er bestimmte Passagen in seinem Werk „Gestohlene Kindheit" schwärzen, dann sagte der für den Druck der ersten Auflage gewonnene katholisch orientierte Patmos Verlag eine zweite Auflage ab. In Berlin druckte zwar der Ullstein Taschenbuch Verlag das Buch, doch plötzlich stoppte man die Auslieferung „zur Vermeidung einer juristischen Auseinandersetzung" und ließ die restlichen Exemplare einstampfen. Homes wird jetzt seinen Bericht auf eigene Kosten unter dem Titel „Heimerziehung: Lebenshilfe oder Beugehaft?“ veröffentlichen.

Dabei geht es mehr als 30 Jahre nach den Ereignissen kaum noch um juristische Aufarbeitung, vor der sich ehemalige Erzieher oder Heimleiter fürchten müssten, sondern „nur“ um die verlorene Ehre der Betroffenen.

Die Beteiligten von damals bauen vermutlich auch darauf, dass die Akten weitgehend vernichtet sind. Kaum ein Heim besitzt über diese Zeit noch Unterlagen. Die frommen Brüder und Schwestern, die sich erst Mitte der neunziger Jahren aus dem Heimgeschäft weitgehend zurückgezogen haben, nahmen in Dortmund, Rüdesheim, Eschweiler oder Kallmünz alles mit, was Einblick in ihr Treiben hätte geben können.

Sofern es Akten überhaupt gibt, werden sie hinter den Mauern der „Mutterhäuser“ und Ordenszentralen strenger gehütet als der Heilige Gral. Die Paderborner Zentrale der Vincentinerinnen verweigerte Wissenschaftlern wie Journalisten jeglichen Einblick in das vorhandene Material. Ehemalige Erzieherinnen will man wegen ihres Alters schonen. Dem Dokumentarfilmer Uli Veith verboten die Nachfolger der Vincentinerinnen in Dortmund, obwohl ihrerseits irgendwelcher Machenschaften unverdächtig, selbst Filmaufnahmen mit ehemaligen Heimkindern im Inneren des Heimes. Nicht einmal Außenaufnahmen des Gebäudes vom Hof her ließen sie zu. Als Veith seine Kamera bei einer etwas entfernten Kirche mit Blick Richtung Vincenzheim aufstellen wollte, wurde ihm und seiner Interviewpartnerin, dem ehemaligen Heimkind Regina Page, dies vom Pfarrer untersagt.

Ein Hamburger Unternehmer, der als 16-Jähriger in Marienhausen in der Heimgruppe von Jürgen Bartsch gewesen war, machte sich zu seinem 50. Geburtstag nach Köln auf, nachdem er mit einem Salesianerbruder telefoniert hatte. Seine Bitte: Er habe nicht ein einziges Bild seiner Jugend und würde gerne einmal die vorhandenen Fotos im Salesianerarchiv durchsehen. Der Bruder murmelte etwas von mehreren Kartons, die noch da seien. Als der Mann nach langer Zugfahrt hoffnungsfroh vor der Klosterpforte in

Köln stand, verwehrte ihm ein kleiner, buckliger Mönch den Einlass. Da könne ja jeder kommen, solche Einblicke wolle der Orden nicht.

Doch die Heimkinder von einst sind auf die Akten angewiesen – schon um ihre Glaubwürdigkeit beweisen zu können. Gerald Hartford bekam von der Caritas Paderborn nicht nur Steine in den Weg gelegt, als er seine Akte einsehen wollte. Die Kirchenleute stritten in der Lokalzeitung auch rundweg ab, es habe im Salvatorianerheim in Hövelhof eine Arrestzelle existiert.

Hartford fertigte eine Zeichnung und Beschreibung an. Doch erst als sich Rudolf Mette bei der Zeitung meldete, gab die Caritas klein bei. „Es hat wirklich einen Bunker gegeben", bestätigte der 61-jährige einstige Sozialarbeiter aus Paderborn. „Als Mitarbeiter dieser Einrichtung in den Jahren 1965 bis 1968 habe ich selbst Kinder in den Bunker sperren müssen, wenn sie entwichen waren und/oder besonders renitent waren." Das sei die Praxis im Hause gewesen.

Mette weiter: „Der sogenannte Bunker wurde sogar kurz vor dem Jahr 1965 neu gebaut. Es gab drei Zellen, die von den damals 220 Kindern oft belegt waren. Es gab keine Fenster, sondern Glasbausteine, Türen aus Stahl. Stuhl und Bett waren im Fußboden verankert." Rudolf Mette appelliert an die Caritas: „Den geschädigten Kindern und Jugendlichen sollte man ehrlicherweise sagen, dass ihre Wahrnehmungen von damals richtig waren und dass die Mitarbeiter von damals ihnen bei der Bewältigung ihrer Probleme helfen könnten, indem sie sich einer Kritik an dem System, wie es war, anschließen."

Das Bundesjustizministerium hat ehemaligen Heimkindern auf Anfrage erklärt, dass „grundsätzlich ein datenschutzrechtlicher Anspruch auf Auskunft über die zu Ihrer Person gespeicherten Daten besteht". Würde die Auskunft verweigert, bestünde die Möglichkeit, sich an den kirchlichen Datenschutzbeauftragten zu wenden oder den Rechtsweg bei Verwaltungs- und Zivilgerichten zu beschreiten. An die Adresse der Aktenverwalter richtet das Ministerium die Mahnung: „Die Heime und ihre Träger sollten die ehemaligen Heimkinder, die sich an sie wenden, nicht abweisen, sondern zu Gesprächen bereit sein."

Für Michael-Peter Schiltsky ist die Konfrontation mit seiner Heimvergangenheit ein Weg, den eigenen Erinnerungen glauben zu können, die andere, denen er davon erzählte, so unglaublich erschienen, dass sie zu ihm sagten: „Was erzählst du uns für Oliver-Twist-Geschichten?"

Er war von 1957 bis 1962 im westfälischen Knabenheim Westuffeln. Schiltsky war bei seiner Einweisung gerade zehn Jahre alt und hatte sogar eine Gymnasialempfehlung. Doch im Heim gab es nur acht Volksschuljahre, 50 Kinder in einer Klasse bei einem einzigen Lehrer, der versuchte, das Beste daraus zu machen.

Mit 14 Jahren, am Tag seiner Konfirmation, hatte Schiltsky sein Volksschulzeugnis in der Hand. Man riet ihm, Werkzeugmacher zu werden, er entschied sich aber für die Aufnahmeprüfung am Aufbaugymnasium. Auch dort gelang ihm ein erfolgreicher Abschluss. Soweit er die Ehemaligen in seinem Heim überblickt, war er damals das einzige Kind, dass dann studierte: Bildhauerei und Germanistik.

Heute ist er 58 und blickt auf eine erfolgreiche Vita zurück. Er nahm Lehraufträge an, hatte zwei Gastprofessuren. Seine Werke als freischaffender Bildhauer stehen in Museen in der ganzen Bundesrepublik, er hatte unter anderem eine Einzelausstellung in der renommierten Mannheimer Kunsthalle.

Vor einiger Zeit, bei einem Besuch seines ehemaligen Hausvaters, sagte der Diakon zu ihm: „Es kann doch nicht so schlimm bei uns gewesen sein, denn sogar aus dir ist doch noch etwas geworden!"

Schiltsky sieht das anders: „Immer gibt es diese Flashbacks, ganz plötzliche, intensive Erinnerungen, ausgelöst durch Gerüche oder Bilder. Sie bringen mich sofort zurück in diese unselige Zeit meiner Kindheit, zurück in den Kartoffelkeller, den Heizungsraum, die Schuhkammer, den Speisesaal, in dieses Bett in dieser Kammer über dem Balkon."

Mit dem Verstand sagt er sich dann: „Mensch, ich hab' doch was erreicht." Aber es nützt nichts.

„Es bleibt immer das Gefühl, als Mensch nichts wert zu sein. Dieses Gefühl sagt mir immer: Versteck dich, verkriech dich in eine Ecke, wo dich niemand sieht!“

Der Druck, der auf den Lebenspartnern ehemaliger Heimkinder lastet, kann ungeheuer groß sein. Denn sie wissen oft nicht, warum der andere von einem Moment zum anderen in sich zusammenfällt.

„Partner von Heimkindern,“ das ist Schiltsky wichtig, „leben mit Menschen zusammen, die jegliches Vertrauen verloren haben, die in der ständigen Angst leben, verlassen zu werden; die, auch wenn ihnen Liebe gezeigt wird, nicht glauben können, dass sie überhaupt Wert sein könnten, geliebt zu werden, die oft unfähig sind, ihre Gefühle zu zeigen, und wenn doch, dann mitunter nur in Konfliktsituationen durch unkontrollierte Gewaltausbrüche – denn sie stehen unter Druck. Das Furchtbare dabei ist: diese Gewalt richtet sich gegen die Menschen, die sie lieben.“

Es war ein langer Weg für Schiltsky, aus diesem Teufelskreis herauszukommen. „Darunter zu leiden hatten meine Frau und meine Kinder.“

Zur Überwindung des lebenslangen Traumas gehört bei vielen auch das Wiedersehen mit dem Ort, an dem ihnen einst ihre Kindheit gestohlen wurde. Doch zahlreiche Heime wurden abgerissen oder umgebaut und beherbergen heute gänzlich andere Institutionen. Von den 3000 Heimen von einst sind ein paar hundert übrig. Sie alle haben pädagogisch nichts mehr mit den Erziehungsanstalten von damals zu tun. Es gibt schon lange neue Leitungs- und Kontrollstrukturen, pädagogisch und menschlich gut geschultes Personal und innovative Konzepte. Aber mancher Heimleiter fürchtet, der Ruf seines Hauses könnte Schaden nehmen, wenn die Vergangenheit ans Licht der Öffentlichkeit dringt.

Heime, die den offensiven Umgang mit dieser Vergangenheit pflegen, sind noch selten. Das hessische Heim Kalmenhof ist so eine Ausnahme. Dort lud die jetzige Leitung Ehemalige zu einem Wiedersehenstreffen ein. Einen ganzen Tag lang hörten sich die Mitarbeiter von heute die Geschichten von damals an, die ein Dutzend Ex-Heimkinder, inzwischen um die 50 Jahre alt, ihnen erzählten. In der Zeit des Nationalsozialismus wurden in Kalmenhof geistig Behinderte ermordet, nach dem Krieg blieb der Kalmenhof auf andere Art ein Ort des Schreckens für die Zöglinge. Alle Beteiligten fanden den Tag sehr wertvoll und lehrreich.

Vor allem die Kirchen drücken sich vor dem Eingeständnis ihrer Schuld. Jürgen Gohde, der Präsident des Diakonischen Werkes, formuliert sehr gewunden, wenn er nach der Verantwortung der evangelischen Kirche gefragt wird: „An dieser Stelle müssen wir feststellen, dass das zu dem Teil der Geschichte gehört, mit dem wir leben müssen." Dann erzählt er von der „obrigkeitsstaatlichen Tradition der Erziehung, die unsere deutsche Situation mit geprägt hat", und von der sei „die Kirche auch nicht frei gewesen". Er vergisst zu erwähnen, dass die Kirchen diese Erziehung entscheidend mit geprägt haben.

Immerhin: Einzelne haben den Mut zu reden. „Unser ganzer Stil war im Grunde gewalttätig", sagt Günter Matschke, der Anfang der sechziger Jahre als junger Diakon im Knabenheim Werl gearbeitet hat. Die Kasernenhof-Pädagogik habe in allen Heimen geherrscht, die er kannte. Er selbst habe unter dem Druck gestanden, in seiner Gruppe Ordnung zu halten, und die „ließ sich bei der Masse von Kindern oft nur mit Gewalt durchsetzen".

Matschke bekennt sich zu seiner Mitverantwortung: „Ich sage heute, ich habe mich schuldig gemacht. Das tut mir heute noch weh, die Jahre, die man da Menschen misshandelt hat". Was in all den Jahren an Deformierungen junger Menschen passiert ist, das kann man nicht wieder gutmachen. Was sind wir doch für erbärmliche Leute gewesen. Man hätte ja auch auf die Barrikaden gehen können."

Die Opfer der „schwarzen Pädagogik" geben nicht auf. Im Gegenteil. Rund um ehemalige Heime beginnen sich informelle Gruppen Ehemaliger zu bilden. Ein „Verein ehemaliger Heimkinder e.V." hat sich gegründet. Die Mitglieder haben sich an die obersten Christen hier zu Lande gewandt – an den Vorsitzenden der Deutschen Bischofskonferenz, Kardinal Karl Lehmann, und den Ratsvorsitzenden der EKD, Bischof Wolfgang Huber – bisher ohne Ergebnis.

Der Verein hat sich viel vorgenommen: Er will Betroffene vernetzen und deren Lebensgeschichten sammeln, Therapiemöglichkeiten auskundschaften und vermitteln, die Treffen Ehemaliger in ihren alten Heimen organisieren, ihnen bei der Beschaffung ihrer Akten helfen, Text- und Bildmaterial zusammentragen für Ausstellungem über Heimkinder in den ehemaligen Häusern und die wissenschaftliche Aufarbeitung befördern.

Die ehemaligen Heimkinder überlegen auch, ob sie Wiedergutmachung für Arbeit und Misshandlungen einklagen sollen, etwa nach dem „Gesetz über die Entschädigung für Opfer von Gewalttaten". Dieses Gesetz beinhaltet eine Einstandspflicht des Staates für unschuldige Opfer von vorsätzlichen, rechtswidrigen Gewalttaten. Allerdings ist es sehr schwierig, eine solche Entschädigung zu bekommen. Überlegungen, den Heimkindern darüber hinausgehende soziale Entschädigungsansprüche einzuräumen, gibt es derzeit in der Bundesregierung nicht.

Doch wichtiger als die materielle Entschädigung ist den meisten Heimkindern das Eingeständnis von Schuld, das sie so dringend brauchen, um ihr Trauma zu überwinden. Und manchmal gibt es dieses Mea Culpa sogar, wenn auch selten genug. Theo Breuel, Caritas-Abteilungsleiter im Erzbistum Paderborn, hat gegenüber ihm persönlich bekannten Betroffenen ein solches Schuldbekenntnis abgelegt: „Wir bedauern zutiefst, dass Derartiges vorgekommen ist. Dass so etwas möglich war, können wir uns nur dadurch erklären, dass Menschen versagt haben. Ich kann nur sagen, ich bitte alle um Vergebung für das, was damals geschehen ist."

Valium und Weidenruten

Marion Zagermann und Gundula Hofrogge kämpfen um die Wahrheit über ihre fünf gemeinsamen Jahre im evangelischen Kinderheim Scherfede.

„Early Sunday morning" heißt das Bild des amerikanischen Malers Edward Hopper. Es zeigt eine anmutige junge Frau mit weißem Sommerkleid und Strohhut auf den Stufen eines Hauseingangs. Ein leichter Sommerwind schmiegt die Falten des Kleides gegen ihren Körper und lässt im offenen Fenster hinter ihr die Vorhänge flattern. Das Kinn hat sie trotzig erhoben, das blonde Haar fließt über ihre Schultern. Sie ist gerade aus der Haustür getreten und steht nun auf der untersten Treppenstufe – bereit, den letzten Schritt ins Freie zu gehen. Doch sie hält inne, als ob sie sich gegen das gleißende Sonnenlicht stemmen müsste, das die leere Straße füllt – so sehr sie den Schritt ins Freie auch gehen möchte.

So wie diese Frau würde sie gerne sein, sagt Marion über das Poster, das über ihr hängt. Die 48-Jährige sitzt in ihrer Zweizimmerwohnung auf dem Sofa zwischen Kissen und Teddybären und zeigt das einzige Foto, das aus ihrer frühen Kindheit existiert: Darauf sieht man einen Hauseingang, eine Treppe, eine junge blonde Frau mit Locken und einer weißen Servierschürze. Neben ihr ein kleines Mädchen, vielleicht fünf oder sechs Jahre alt.

Das Foto ist unscharf, die Gesichter sind nicht wirklich zu erkennen. Lächeln sie? Beide sind gerade aus der Haustür getreten und stehen auf der obersten Treppenstufe. Die junge Frau hält das Mädchen mit beiden Händen an den Schultern fest, als wolle sie es beschützen. Helles Sonnenlicht liegt über der Szene. „Ückern-Klause" und „Ritter Bier" kann man auf den Schildern im Hintergrund lesen.

Das Kind auf der Treppe ist Marion, die Kellnerin mit der Schürze ihre Mutter. Aufgenommen wurde das Foto in Paderborn, Anfang der sechziger Jahre. Die Ähnlichkeit des amerikanischen Gemäldes mit ihrem deutschen Kindheitsfoto war Marion sofort aufgefallen, als sie das Poster in einem Geschäft entdeckte. Nicht nur die Treppe, der Hauseingang, die leere Straße – es waren die Einsamkeit und die Verlorenheit, die Edward Hopper in die Figur der jungen Frau gelegt hat, Gefühle, die Marion seit frühester Kindheit kennt.

Doch das verwackelte Kindheitsfoto täuscht eine Wirklichkeit vor, die es nie gab: Marion wurde von ihrer Mutter niemals beschützt, sondern verstoßen. Sie musste 18 Jahre ihres Lebens in Heimen verbringen. Ihre Mutter gab sie schon als Baby fort, danach sahen sich die beiden nur noch bei wenigen Besuchen, zu denen die Mutter vom Amt gezwungen werden musste, obwohl das kleine Mädchen dachte, sie käme aus Liebe zu ihr.

Nach der Heimzeit brach der Kontakt ganz ab. Heute leben sie 500 Meter Luftlinie voneinander entfernt, aber Marion würde ihre Mutter nicht einmal mehr erkennen, wenn sich beide auf der Straße begegnen sollten.

Bis jetzt weiß Marion nicht, warum sie 1957 eigentlich ins Heim gesteckt wurde. Weil sie ein uneheliches Kind war und ihr leiblicher Vater nach Amerika verschwand? Weil der neue Freund ihrer Mutter, mit dem sie die „Ückern-Klause“ betrieb, keine Kinder anderer Väter um sich duldete? Weil ihre Mutter, wie so viele, mit voller Kraft fürs Wirtschaftswunder schuftete und Kinder wie sie dabei nur störten?

Jahrzehntelang hat sich Marion lieber nicht mit all den bohrenden Fragen befasst, sie hat niemandem je von ihrer Heimzeit erzählt, ihrem Ehemann nicht, ihren Kindern nicht, ihren Freunden nicht. Wenn sie allein war, hat sie jegliche Erinnerung daran versucht zu ersticken, wenn es sein musste mit Tabletten. Sie leidet seelisch und körperlich unter der Vergangenheit, ist mit Ende 40 erwerbsunfähig und in psychologischer Dauerbehandlung. Diagnose: posttraumatische Erlebnisse mit reaktiven Depressionen, latent suizidal. Einige Versuche, sich das Leben zu nehmen, liegen hinter ihr.

Immer wieder hat sie die Szenen ihrer Kindheit vor Augen:

- Die Badewanne mit dem kalten Wasser, in das sie sich hineinsetzen musste und in dem sie wieder und wieder untergetaucht wurde – ein Denkzettel fürs Schmutzigmachen beim Spiel.
- Die Kloschüssel, in die sie hineingekotzt hatte, nachdem sie bei einem Besuch ihrer Mutter zu viel Eis und Kuchen gegessen hatte. „Wer nicht hören will, muss fühlen", schnaubte über ihr die Diakonisse, drückte ihren Kopf ins Klo und zog gleichzeitig das Wasser ab.
- Die Einsamkeit im Dunkeln einer Kammer, die zur Isolation eines Störenfriedes von der Gruppe diente.
- Die Schmerzen zwischen den Beinen, wenn die Schwestern, die beim Waschen zur Kontrolle hinter den Kindern standen, unzufrieden waren und selbst scheuernd mit Kernseife und Waschlappen Hand anlegten.
- Der Anblick des Erbrochenen im Suppenteller. Egal, wie lange man davor saß, es musste unter Schlägen aufgegessen werden.
- Die Steine, die ihr und den anderen evangelischen Heimkindern von der katholischen Dorfjugend auf dem Schulweg hinterhergeworfen wurden, die zeigten, wie wertlos sie war.

Es werden immer mehr Bilder, die sie in Träumen am Tag und in der Nacht einholen. Kürzlich hatte Marion Besuch. Gundula, die als kleines Mädchen mit ihr im gleichen Kinderheim war, hatte sie nach mehr als drei Jahrzehnten ausfindig gemacht. Erst telefonierten die beiden miteinander, dann machte sich Gundula auf den 500 Kilometer langen Weg zu Marion. Sie hatten sich mit 12 Jahren aus den Augen verloren und nie wieder voneinander gehört.

Marion konnte es zunächst nicht fassen, denn sonst kennt sie niemanden mehr aus ihren Jahren im Heim. Nun ist die Erinnerung wieder da, und seit dem Zusammentreffen versuchen beide mühsam, Mosaiksteinchen für Mosaiksteinchen das Geschehen von damals wieder zusammenzusetzen.

„Damals" – das waren fünf lange Jahre, von 1965 bis 1970, als die kleinen Mädchen gemeinsam im Kinderheim Scherfede leben mussten. Das evangelische Heim lag am Rande des 2000-Seelen-Dorfes am Fuß des Eggegebirges. Es war eine hübsche kleine Villa auf einem großen, parkähnlichen Gartengrundstück an der Straße nach Brilon.

Gundula war von der Jugendfürsorge Minden, Marion vom Jugendamt Paderborn hierher gebracht worden. Marion hatte da schon sieben Jahre erzbischöfliches Kinderheim in Paderborn hinter sich. In Scherfede waren es höchstens 24 Kinder, eine überschaubare Zahl im Vergleich zu anderen Großheimen mit bis zu 1000 Kindern.

In der Villa oblag die Erziehung von Marion und Gundula evangelischen Diakonissen. Das Haus gehörte einst der Familie des jüdischen Wollfabrikanten Roßkamp im Ort. Seine Witwe stellte es für einen guten Zweck zur Verfügung.

Die Diakonissen griffen zu. Die evangelischen Nonnen waren in den fünfziger Jahren von Bethel nach Scherfede gekommen, protestantische Diaspora, der Ort war katholisch. Sie betreuten in Scherfede zunächst ein Altenheim, ein Aussiedlerlager und eine Vorschule für angehende Pflegerinnen. Doch die Schwesternschaft wollte angesichts der katholischen Übermacht gern weiter an Bedeutung gewinnen.

Betreuerin der ersten 13 Kinder wurde 1964 die Diakonisse Susanne Quade, als Erzieherin fungierte Ilse Neumann, eine Krankenschwester. Dazu kam die Köchin Johanna Triebel, eine bodenständige Frau aus der örtlichen evangelischen Kirchengemeinde. Die Fürsorgerinnen der Jugendämter in der Region sorgten rasch für Nachschub an Kindern, mehr als 24 Zöglinge wurden es aber dann doch nicht.

Die Diakonissen waren in Scherfede angesehen. Ähnlich wie Nonnen hatten sie sich gegenüber der evangelischen Kirche verpflichtet zu „einfachem Lebensstil, Ehelosigkeit und Gehorsam". Sie trugen stets dunkle Kleider mit einer Schürze und weiße Hauben. Von den kleinen Mädchen verlangten sie Ähnliches wie von sich selbst: Sie sollten gehorchen, ruhig und keusch sein – und wenn es sein musste, forderten sie es mit Gewalt. Es gab nichts, sagt Marion, wofür man keine Schläge bekam. Ins Gesicht, auf den Kopf oder auf die Ohren. Sie war ein lebhaftes Kind und konnte nicht still sitzen. Oft lief sie einfach immer im Kreis um die Villa herum, nur um Bewegung zu bekommen.

An manchen Tagen standen die Kinder vor dem Zimmer der Erzieherinnen zum Prügeln regelrecht Schlange. Die Weidenruten mussten sie zuvor selbst besorgen. Waren keine zur Hand, reichten Kochlöffel, Teppichklopfer oder Handfeger. Einen zerbrochenen Kochlöffel musste Marion von ihren 50 Pfennig Taschengeld ersetzen.

Die Kinder hatten einzeln einzutreten. Im Zimmer war Marion dann allein mit der Diakonisse. Sie verlangte von ihr, den Schlüpfer herunterzuziehen, anschließend musste sie sich über einen Holzstuhl legen, dann zischten die Hiebe auf Gesäß und Rücken. Gundula und die anderen Kinder im Flur hörten die Schreie durch die Tür. So wussten auch die Jüngsten, was sie gleich erwartete.

Allerdings blieb es den Kindern oft unklar, wofür sie eigentlich genau bestraft wurden. Gundula hatte einmal gesehen, wie etwas ältere Mädchen ihre Monatsbinden anlegten. Sie fragte Schwester Susanne: „Was ist das?" Die antwortete: „Du musst nicht alles fragen!" und schubste sie grob aus dem Zimmer. Die Neunjährige wusste nicht, was sie falsch gemacht hatte. Auch wenn die Schwestern bei Doktorspielen der jüngeren Kinder dazwischengingen, war ihnen unklar, warum sie diese Spiele nicht spielen durften.

Neben dem Prügelzimmer ist Gundula vor allem „der Schlauch" im Garten in Erinnerung geblieben. Er war rot, sagt Marion. Im Sommer diente er hin und wieder zur Abkühlung, doch meist wurde er zur Bestrafung benutzt. Die Schwester brüllte: Hinstellen! Stehen bleiben, du Teufelsbrut! Dann wurde Gundula selbst im Herbst noch kalt abgespritzt und anschließend mit dem Schlauch geschlagen, bis sie laut und verständlich versprach, nie wieder mit sauberer Kleidung in Pfützen zu treten. Nie wieder etwas zu tun, was bei den Diakonissen Missfallen erregte.

Was gehörte alles dazu? Gundula zählt ihre strafbaren Handlungen auf: in der Nase bohren, einen Klecks ins Schulheft machen, sich am Hintern kratzen, die Schuhe verkehrt herum anziehen, andere Kinder kitzeln, grundlos weinen, sich schmutzig machen.

Marion ergänzt: Zu viel Freundschaft unter den Kindern war verboten, untereinander anfassen war verboten, bummeln auf dem Schulweg war verboten. Jede „Verfehlung" wurde unnachgiebig bestraft.

Der Schlauch war hart, auch das kalte Wasser tat weh. Die anderen Kinder lachten gemein. Das Gefühl der Erniedrigung hielt lange an. Für die Fälle, bei denen Weidenruten oder Wasserschlauch als Strafe nicht reichten, gab es ganz oben in der Villa eine kleine Dachkammer. Gundula war drei Tage hintereinander dort eingesperrt.

„Ich wurde die Treppe hochgezerrt", erzählt sie, „eine Tür ging auf, die Schwester schubste mich hinein. Da saß ich dann mit meinen neun Jahren im Zwielicht der Kammer auf einem Bett, und mir war hundeelend. Es war kalt und totenstill dort oben. Stundenlang saß ich still auf dem Bett. Ich wusste nicht einmal, wofür eigentlich. Als der Abend kam, ging die Tür auf, aber die Schwester sah mich nur strafend an, sagte kein Wort und stellte mir einen Teller mit trockenem Brot hin. Ich hatte furchtbare Angst in den Nächten, die drei Tage schienen unendlich lang, sie wollten nicht vergehen. Ich saß immer nur auf dem Bett und starrte auf den einzigen anderen Gegenstand im Raum, einen Blecheimer zum Urinieren."

In den fünf Jahren, die sie in Scherfede verbringen musste, wurde auch Marion immer wieder in diese Dachkammer gesperrt. Etwa, weil sie im Sommer draußen im Garten am Klettergerüst Baustelle gespielt und die Eisenstangen mit Sand und Wasser „stabiler" gemacht hatte. Sämtliche Kletterstangen steckte sie in dicke „Fundamente". Die Neunjährige fand ihr Bauwerk gerade so richtig schön, als Schwester Ilse sie aus allen Träumen riss, ins Haus schleppte und zur Strafe unterm Dach einsperrte.

Im Laufe der Jahre entwickelte sie im Zwielicht der Schreckenskammer ihre ersten Selbstmordgedanken. Aber ein Selbstmord war nicht so einfach. Marion überlegte, vom Balkon zu springen. Doch der war im ersten Stock und oft unzugänglich. Unterhalb des Hauses verliefen Eisenbahnschienen. Sich aus dem Garten herauszustehlen, war durchaus möglich. Die Gleise zogen sie magisch an, mehrmals stand sie mitten darauf, ging hin und her und stellte sich ihren Tod vor. Doch es kamen nur selten Züge, und die Aufsicht führende Schwester holte die Ausreißerin jedes Mal rasch wieder zurück.

Für die Diakonissen gab es nur gute und böse Kinder. Und die unruhige Marion wurde von ihnen zum „bösen Kind“ abgestempelt und war immer und immer wieder Zielscheibe für Strafmaßnahmen. Die Schwestern hielten sie, so ein Aktenvermerk, für „untragbar“.

Aber auch Gundula wurde abends ans Bett festgebunden. Vor dem Abendessen, erinnert sich Marion, mussten sie Pillen schlucken. „Die nimmst du jetzt, damit wir Ruhe vor dir haben!“, hieß es einmal, als sie keine wollte. Morgens gab es einen ekelhaft schmeckenden Sirup.

Ein Gönner hatte dem Heim einen Fernseher geschenkt. „Nur wer lieb ist, darf fernsehen“, war die Devise, die anderen wurden ins Bett geschickt. Gundula sah am liebsten die Delfin-Serie „Flipper“. In einer Folge hatte ein Boot Schiffbruch erlitten, der Junge klammerte sich verzweifelt ans Treibholz. Gundula schluchzte und weinte laut. Schwester Ilse zog sie aus der Gruppe der Kinder heraus und bestrafte sie sofort, denn das Weinen störe die anderen.

Selbst vor manchen Belohnungen in der Freizeit graute es den Kindern. In der Sommerhitze nahmen die Schwestern die Gruppe zum Bad in der Diemel mit, einem Flüsschen gleich hinter den Bahngleisen. Die Kinder sollten dort schwimmen lernen, obwohl der Fluss voller Blutegel war. Nach dem Bad hatten sich die Tiere an Marions und Gundulas Haut festgesaugt. Voller Ekel versuchten die Kinder, die Blutegel abzustreifen. Die Schwestern lachten nur. Gundula hatte zudem große Angst vor den Libellen, denn Schwester Susanne hatte ihr erzählt, die bunten Insekten dürfe sie nicht berühren, sie könnten tödlich zustechen.

Ein anderes Freizeitvergnügen war der Marsch der gesamten Gruppe zu einem düsteren und modrig riechenden Privatfriedhof am Waldrand. Hier mussten sie sich im Kreis um die Gräber aufstellen und mit den Diakonissen zusammen laut Dankesgebete sprechen. Denn dort lagen die Familiengräber des Wollfabrikanten Roßkamp. Ohne diesen Wohltäter, schärften die Schwestern den Kindern immer wieder ein, würde es ihnen schlecht gehen. Die Kinder hassten das Ritual um so mehr, je häufiger es sich wiederholte. Bei Marion und Gundula brannte sich der Gedanke fest, sie seien selbst verantwortlich, dass sie ins Heim gekommen seien. Deswegen müssten sie Prügel und Demütigungen hinnehmen.

Verhasst waren die Putzjobs in der Ferienzeit, wenn die sieben- bis 15-jährigen Kinder hinauf zum Scherfeder „Zionsberg" ziehen mussten, um dort wochenlang das Mutterhaus der Schwestern zu reinigen. „Damit ihr als Mädchen lernt, euren Haushalt sauber zu halten", begründeten die Nonnen die Arbeit.

Gundula hat ihre Lektion bis heute nicht verlernt: Ihre Wohnung ist aufgeräumt und sauber. Alle Türen müssen offen stehen, ebenso alle Fenster. Sogar die Haustür muss offen sein. Niemand darf abschließen. Sie hat Angst davor, eingesperrt zu sein. Sie traut sich in keinen Fahrstuhl, auch in kleine Zimmer geht sie nicht.

Marion und Gundula sind nach Scherfede gefahren, um zu sehen, was aus der Kindervilla geworden ist. Nach mehrstündiger Fahrt stehen sie aufgeregt in der Briloner Straße. Vom Hügel leuchtet in freundlichem Weiß das alte Haus herab, mehrere Anbauten sind hinzugekommen.

Gleich hinter dem Eingangstor sucht Marion als Erstes nach „ihrer" Eiche. Da ist sie als kleines Mädchen heraufgeklettert, hat sich versteckt und wohl gefühlt. „Das war meins, mein Zimmer mit Ausblick. Von da oben konnte ich weit über die Straße sehen, die Diakonissen waren ganz klein." Der Baum war ihr einziger Zufluchtsort. Doch die Eiche liegt zersägt im Gras. Wenige Tage vor Marions Besuch war sie einem starken Sturm zum Opfer gefallen.

Vor dem Haus zögern die beiden. Vieles hat sich verändert, die Fenster, der Garten. Überall liegt Kinderspielzeug herum, ein Wasserschlauch ist ordentlich aufgerollt. Der Balkon, von dem Marion manchmal am liebsten heruntergesprungen wäre, erscheint ihr klein und niedrig. Ein Mitarbeiter der „Kindervilla Scherfede" öffnet freundlich die Eingangstür und führt sie überall im Haus herum. Nichts ist mehr, wie es einmal war.

Nur ganz oben, unterm Dach, findet sich noch immer die Tür zur kleinen Kammer, die voll gestopft ist mit Gerümpel. Hier ist seit Jahrzehnten keiner mehr eingesperrt worden. Marion kann es nicht fassen: „Ich habe als Kind wohl zur falschen Zeit gelebt."

Der Leiter des Hauses, Matthias Kochs, kramt aus einem alten Schrank noch Marions Akte hervor. Später findet sich auch die von Gundula. Ein Zufall, dass die Unterlagen nach 30 Jahren noch erhalten sind. Marion liest ihre von vorn bis hinten sofort durch. Eine der ersten Eintragungen der Diakonissen über das gerade acht Jahre alte Mädchen vermerkt, dass sie sich im Heim „recht schnell eingelebt" habe. Allerdings: „Sie muss hier noch viel lernen", sie soll schließlich „brav" werden. Ein halbes Jahr später heißt es, sie habe sich „in der Schule bestens herausgemacht".

Keine zehn Monate später schreibt Diakonisse Ilse Neumann einen Berichtsbogen über Marion, die darin plötzlich nur noch „Marlene" heißt. Da es im Heim schon eine Marion gab, hatten die Schwestern das Kind kurzerhand umgetauft. Weder vorher noch hinterher wurde Marion in ihrem Leben so genannt, nur im Kinderheim Scherfede hieß sie fünf Jahre lang „Marlene".

Der Berichtsbogen ist unterschrieben von der Gruppenerzieherin. Er sagt eher etwas über das Weltbild und die Qualifikation von Schwester Ilse aus als über Marion. Die Diakonisse stuft die neunjährige Marion kommentarlos als „Psychopath" ein. Weiter unten notiert sie, das Kind sei in der Kleidung „oft unordentlich", aber am Körper „ziemlich sauber". Über das Verhalten gegenüber den Erzieherinnen heißt es: „Lästig, lenkt immer die Aufmerksamkeit auf sich." Das Kind sei zwar „aufgeweckt", aber „eigenwillig", „vorlaut" und „sehr nervös". Es „reagiert auf Tadel fast gar nicht", „will beim Spiel immer den Ton angeben".

An anderer Stelle enthüllt die Akte die Wahrheit über die allabendlichen Pillen, an die sich Gundula und Marion erinnert hatten. Marion, das beweisen die Dokumente, haben die Diakonissen jahrelang Psychopharmaka eingeflößt, vor allem Valium – wegen ihrer „aggressiven Verhaltensweisen“, begründet Ilse Neumann in der Akte. „Sie keift und wütet durchs Haus.“ Darum sei Marion jahrelang „mit Valium behandelt, aber leider nicht therapeutisch angegangen“ worden. Marion wurde später tablettensüchtig und schluckt heute noch Truxalettensaft, den sie in ihrer Kindheit ebenfalls zur Beruhigung bekam. Das zentral dämpfende Medikament mit dem Wirkstoff Chlorprothixen, heute bekannt als Truxal, kann schwere Nebenwirkungen haben. Das reicht von Gewichtszunahmen und Dämpfung des Bewußtseins über parkinsonähnliche Störungen bis hin zum „malignen neuroleptischen Syndrom“ mit Zittern und Muskelstarre.

Zum Jahreswechsel 1969/70 übernahmen zwei neue Diakonissen die Erziehung der 24 Kinder. Ellen Schönbeck und Ursula Metz. Schwester Ellen hat keine Lust, die mittlerweile zwölfjährige Marion in der Gruppe zu behalten und will sie so rasch wie möglich in die Psychiatrie nach Hamm abschieben. Im März 1970 schreibt sie deswegen einen Bericht, der ihren Wunsch begründen soll. Ein Auszug: „... redet über andere unbekleidete Kinder (z.B. beim Waschen) in unsauberer Weise ... M. liest viel und wahllos. Taschengeld erhält sie regelmäßig, gibt es sofort ohne Planung zumeist für Süßigkeiten aus. M. versucht das Interesse der Erwachsenen jeden Tag durch andere körperliche Beschwerden, die sie vorgibt zu haben, auf sich zu ziehen. Marion hat durch ihre dauernden unkontrollierten Verhaltensweisen ihr Gesicht bei uns derart verloren, dass sie sich in dieser Hausgemeinschaft auch bei intensiven Bemühungen aller Erwachsener nicht mehr zurechtfindet.“

Marion wird in dieser Zeit ständig mit Strafen überzogen. Ostern 1970 muss sie in der Dachkammer verbringen. In der Akte liegt ihr handgeschriebener Ostergruß an die „Lieben Frl. Metz und Frl. Schönbeck“. Unterschrieben sind die Zeilen mit ihrem Heimnamen: „Erstmal einen schönen Ostergruß wünscht Ihnen Marlene. Ich wünsche mir so sehr, dass ich wieder unten schlafen darf. Ich versuche auch weiterhin anständig zu sein. So nun will ich schließen. Ihre Marlene“

Im Sommer 1970 haben die Diakonissen Erfolg. Marion muss das

Heim in Scherfede verlassen. Die fünf Jahre dort, sagt sie, hätten sie mehr geprägt als andere Heime, in denen sie vorher und nachher war. In der Jugendpsychiatrie Hamm bleibt das Mädchen nur ein paar Wochen. Dort wundert man sich über Entzugserscheinungen bei der 13-Jährigen. Seitdem sie von den Diakonissen fort ist, hat sie kein Valium mehr bekommen. In einem dort erstellten Gutachten über Marion ist von ihrer „völligen Isolierung" und „tiefer Traurigkeit" die Rede, von den Schuldgefühlen, die sie wegen ihres Verhaltens quälen.

Die Vergabe von Psychopharmaka an die Kinder hat Ilse Neumann, die in Scherfede noch immer in der Kommunität der Schwestern lebt, inzwischen auf Nachfrage zugegeben, „wenn das Kind nicht tragbar war, aber nur nach ärztlicher Verordnung". Im selben Atemzug weist sie auf die „Überlastung der Schwestern" hin. Sollte die Vergabe der Pillen den Diakonissen, die im Hause schliefen, lediglich eine ruhige Nacht vor den Kindern verschaffen?

Auch den Fernseher, das geben die Akten preis, setzten die Erzieher zu ihrer Entlastung ein. In einem Dankesbrief an den Spender des teuren Gerätes heißt es 1967, dass „das Fernsehen bestens funktioniert. Er ist sogar ein Erziehungsfaktor – wer nicht brav ist, darf nicht gucken. Wie gut, dass wir ein Fernsehen haben. So manche Stunde ist er für alle eine große Hilfe. So brav sind unsere Kinder sonst nirgends. Das Bild ist prima scharf, allerdings nur das Erste Programm und der Ostzonensender."

Die Diakonissen von Scherfede wehren sich gegen die Erinnerungen ihrer Zöglinge. „Wir haben mit Liebe und den uns zur Verfügung stehenden Mitteln getan, was wir konnten", beteuern sie.

Ein Gespräch mit Marion oder Gundula lehnen sie ab. Schwester Ursula räumt immerhin ein: „Ich will nicht verhehlen, dass in dieser Zeit sicherlich auch Fehler gemacht worden sind im Umgang mit den Kindern, wenn mal Stresssituationen waren. Ich würde auch nicht ausschließen, dass wir dann mal ein Phon stärker zugelegt haben. Es hat sicherlich auch einen Klaps hinten vor gegeben, aber insgesamt haben wir immer darauf geachtet, dass keinerlei Gegenstände benutzt wurden für Züchtigungen."

Einen Klaps hinten vor? Marion fragte später, in einem anderen Heim, in dem nicht gezüchtigt wurde, nach einem Wutanfall ihre Erzieherin: „Warum schlagt ihr mich nicht, wenn ich so bin? Früher haben sie mich immer geschlagen, dann war ich ruhig."

Als Marion nach dem Wiedersehen mit der Villa in Scherfede wieder in ihre Zweizimmerwohnung kam, ging es ihr schlecht. Sie fühlte sich ganz elend. Doch das änderte sich nach ein paar Wochen. Durch die Konfrontation mit der verdrängten Vergangenheit, sagt sie, habe sie neue Kraft zu leben bekommen, jetzt sei sie zur Kämpferin geworden. Sie recherchiert nach anderen Kindern, die damals mit ihr in Scherfede waren. Sie durchforscht das Internet nach Informationen über die Heimerziehung damals. Sie und Gundula haben begriffen, dass sie nicht allein jahrzehntelang dieses verzweifelte Gefühl gehabt haben: „Ich bin eine schlechte Brut, ein schlechter Mensch, die Schwestern waren doch nur Wohltäter, die uns helfen wollten, aber wir waren so undankbar."

Marion sitzt auf ihrem Sofa und ist der Frau auf dem Bild über ihr schon viel ähnlicher geworden: „Ich bin nicht mehr so einsam, ich trau mich endlich raus auf die Straße, auch wenn ich ab und zu doch lieber hier drin bleibe."

Für die Diakonissen ist das Kinderheim eine bedeutungslose Episode. In der Selbstdarstellung der evangelischen Kommunität ist ihnen das Heim nur einen nichts sagenden Satz wert: „Auch die Einrichtung eines Kinderheimes erwies sich als notwendig und konnte am Ende des Dorfes in einer alten Villa erfolgen."

Mehr nicht. Sie haben sich auf den Zionsberg in Scherfede zurückgezogen, um sich ganz „dem gemeinsamen Leben und dem Gebet" zuzuwenden.

Sie sind wenig hilfreich bei der Aufarbeitung des Geschehenen, bei der Herstellung der Glaubwürdigkeit der ehemaligen Heimkinder.

Was bleibt, ist eine schwierige Spurensuche rund um das Heim. Es gab Lehrer, Hausmeister, Aushilfsköche, Praktikanten, Gärtner, Nachbarn, Ärzte.

Manchmal hilft der Zufall.

Die ehemalige Köchin Johanna Triebel soll noch ganz in der Nähe wohnen. Doch leider, stellt sich heraus, ist sie vor einigen Jahren gestorben. Ihre Nachbarin erzählt, dass sie oftmals mit ihr beim Nachmittagstee zusammengesessen habe. Dann hatte Frau Triebel auch immer über ihre Zeit im Kinderheim geredet. Sie müsse sogar etwas aufgeschrieben haben. Vielleicht könne ihr Sohn weiterhelfen, der sei Arzt im Ruhrgebiet.

Der Sohn erinnert sich sofort und verspricht, im Nachlass seiner Mutter zu suchen. Viele Wochen später befördert er einen erhalten gebliebenen, tagebuchartigen Bericht seiner Mutter ans Tageslicht. In einem längeren Abschnitt ist ihre Arbeit im Kinderheim beschrieben, genau zu der Zeit, als auch Marion und Gundula dort waren.

Unter den Papieren der Verstorbenen finden sich sogar alte Speisepläne, Briefe und Karten von Heimkindern, die der beliebten Frau noch bis in ihr Rentenalter schrieben.

Frau Triebel war eine aufmerksame Beobachterin der Erziehung durch die Diakonissen. „Sie musste es ja verkraften, was sie erlebt hatte", erklärt ihr Sohn den Sinn ihrer Texte.

„Ich lernte, Kohl, das einzige mir zugängliche frische Gemüse, auf sieben verschiedene Arten zuzubereiten", schreibt sie über ihre Arbeit als Köchin. Beim Essen wagte sie, heißt es an einer anderen Stelle ihrer Aufzeichnungen, „mit den drei Kindern, die bei mir saßen, fröhlich zu sein". Daraufhin habe sie gleich eine Diakonisse angeherrscht: „Es ist so laut an dem Tisch, muss ich mich dazusetzen?"

Im Laufe der Zeit blieb sie nach dem Mittagessen noch etwas im Haus und half den Kindern bei den Schulaufgaben. Die kleinen Mädchen scharten sich in den wenigen Stunden ihrer Anwesenheit gern um die Köchin, dann backte sie mit ihnen Kuchen, bastelte oder sang.

Triebel erlebte die Erziehungsmethoden und eine „chaotische Heimleitung" der Diakonissen mit eigenen Augen. Eine der beiden Erzieherinnen sei nie zu sehen gewesen, sie habe viel in ihrer Stube gehockt.

„Schwester Ilse war die, die hauptsächlich dort wirkte, sie griff durch und gab Anweisungen, die angeblich von Schwester Susanne stammten. Leider prügelte sie die Kinder mit dem Kleiderbügel und war schlichtweg ein Biest."

Häufig sei „lautes Geschrei“ aus den Räumen der Diakonissenschwestern gedrungen, was alle im Umkreis von hundert Metern mitbekommen konnten.

Für die Schwestern hatte nur eines Priorität: „Ruhe war die oberste Kinderheimpflicht. Und Ordnung natürlich. Sie wurden drakonisch erzwungen.“

„Ein ständiges Gefühl der Angst"

Josef Doll, Heinz Aubeck, Anton und Ludwig Tengler verbrachten ihre Kindheit im katholischen Kinderheim Kallmünz bei Regensburg. Sie suchen bis heute nach ihrer verlorenen Jugend.

Wenn Josef merkt, dass die Angst wieder in ihm aufsteigt, muss er etwas dagegen tun. Neulich stieg er in die S-Bahn und fuhr aus München raus zum Flughafen. Am Lufthansa-Schalter kaufte er sich ein Einfach-Ticket für die nächste Maschine nach Rom. Mehr gab seine Kontokarte nicht her. Der Flugschein kostete so viel, wie er in drei Monaten zum Leben hat. Er hatte weder Gepäck bei sich noch irgendwelches Bargeld. Danach fragte ihn auch keiner.

Kaum drei Stunden später stand er vor dem Petersdom. Hier fühlte er sich sicher. Wie er wieder zurück nach München kommen würde, war ihm egal. Drei Tage irrte er in Rom umher, schließlich schenkte ihm die deutsche Botschaft eine Rückfahrkarte.

Es muss nicht immer gleich der Petersdom sein. Aber wenn bei Josef eine, wie er sagt, „christliche Psychose" beginnt, zieht es ihn unweigerlich in eine Münchner Kirche. Dort sitzt er dann so lange in einer Bank, bis die Angst nachlässt.

Diese Angst hat mit seiner Kindheit und Jugend zu tun: Josef Doll, Jahrgang 1952, verbrachte die ersten 18 Lebensjahre in katholischen Kinderheimen. Der einzige Ort, wo ihn die Nonnen nicht schlugen, war die Kirche.

Als Josef 13 war, dachte er sich mit dem gleichaltrigen Fritz aus seiner Gruppe einen Plan aus, wie sie am besten aus ihrem Heim im bayerischen Kallmünz fliehen könnten. Andere Kinder hatten es schon vor ihnen versucht, die beiden 13-Jährigen wussten, dass alle von den Nonnen stets wieder eingefangen und anschließend ordentlich durchgeprügelt worden waren.

Der Abend des Ausbruchs wurde sorgfältig vorbereitet. Die beiden Jungs hatten etwas Essen gehamstert und warme Decken beiseite geschafft. Nach dem Abendessen setzten Josef und Fritz sich ab. Fritz stand unten im Hof, und Josef warf Decken und Tüten aus dem Fenster. Die Ausreißer überstiegen die Mauer und liefen auf der Landstraße Richtung Regensburg.

Es wurde dunkel. Wenn sich Autolichter näherten, stürzten sie sich in den Straßengraben, denn sie fürchteten, dass man schon nach ihnen suche. So vergingen zwei, drei Stunden. In der Dunkelheit vor ihnen tauchten die Lichter eines Dorfes auf. Es war Holzheim, drei Kilometer von Kallmünz entfernt. Die beiden hatten dort schon oft unter Aufsicht der Nonnen im Wald nach Pilzen und Beeren suchen müssen.

Das Dorf war wie ausgestorben, die Stille wurde nur durch das Kläffen eines Hundes unterbrochen. Plötzlich stand ein Bauer vor ihnen. Sie wollten wissen, wie sie nach Regensburg kämen.

Der Bauer fragte sie, was sie hier zu so später Stunde verloren hätten. Ob sie etwa aus dem Kinderheim weggelaufen wären? Der Mann fackelte nicht lange. Er rief in Kallmünz an. Wenig später hielt ein Auto, die beiden zitterten am ganzen Körper. Ein Pater, der für ein paar Tage zu Gast in Kallmünz war, stieg aus, bedankte sich bei dem Bauern und verfrachtete Josef und Fritz in den Wagen. Tröstend sagte er: „Jetzt seid's gleich wieder im Heim und in guten Händen!" Die Erzieherinnen von Kallmünz waren ausschließlich Franziskanernonnen vom Orden der „Mallersdorfer Schwestern", nur der Direktor war ein Mann, ein Priester.

Der schimpfte sofort los, sie hätten das Heim in Verruf gebracht. Die beiden durften wählen: zwischen Hieben auf den Hintern oder auf die Hände. Josef und Fritz streckten ihm ihre Linke hin. Die Kinder schrien erst nach dem dritten Hieb. „Und jetzt die andere Hand!"

Danach übergab sie der Direktor an Schwester S., eine rundliche Nonne mit kräftigen Armen. Bei ihr fing das Prügeln erst richtig an. „Komm mal mit auf die Toilette!", herrschte sie Josef an. Dort sperrte sie sich mit ihm ein. Dann schlug sie mit der bloßen Faust seinen Kopf gegen die Wand. Seine Nase fing sofort an zu bluten. Weil das Blut die ganze Wand verschmierte, geriet die Erzieherin erst richtig in Fahrt. Als sie endlich aufhörte, war der 13-Jährige fast ohnmächtig.

Im Schlafsaal war es mucksmäuschenstill, alle 20 Jungs waren noch wach, stellten sich aber schlafend. Sie hatten die Schreie und das dumpfe Schlagen mithören können. S. führte Josef ans Bett. Sein ganzes Gesicht war blutverschmiert. Er hörte einige Kinder leise kichern. Josef schlief sofort ein, was S. mit seinem Freund Fritz machte, hörte er nicht mehr.

Am nächsten Morgen, nach dem Gebet vor dem Frühstück, sagte S.: „Schaut's euch die an, so ergeht's jetzt jedem, der versucht abzuhauen. Was soll der Direktor von meiner Erziehung denken, wenn aus meiner Gruppe einer abhaut?"

Kallmünz war bereits Josefs zweites Heim. Er war noch kein Jahr alt, als das Stadtjugendamt München seinen Eltern das Erziehungsrecht entzog – beide waren Alkoholiker. Zusammen mit seinen beiden Schwestern und zwei Brüdern kam er zuerst in ein Kinderheim bei Mühldorf in Oberbayern.

Josefs erste Erinnerung an diese Zeit ist der Tod seiner ältesten Schwester Gabriele. Als er etwa drei Jahre alt war, wurde sie eines Tages mit schweren Arm- und Beinbrüchen im Hof des Kinderheimes gefunden. Das Mädchen starb kurz darauf im Krankenhaus an seinen inneren Verletzungen. Josefs Vater erzählte damals allen, seine Tochter habe ihm beim letzten Besuch berichtet, dass sie von einer Kinderschwester bedroht worden sei, sie werde sie noch zum Fenster rauswerfen. Die Ursache für den Fenstersturz der Fünfjährigen blieb bis heute ungeklärt.

In einem Aktenblatt des Stadtjugendamtes München wird die Reaktion von Josef auf den Tod seiner Schwester beschrieben: „Wir rechneten nicht damit, dass ihn die Grablegung so stark beeinflussen würde. Er konnte es nicht fassen, dass Gabriele im Himmel sein soll, und sagte zu den Nonnen: ‚Hab ja gesehen, dass sie mit Erde zugedeckt wurde, sie kann ja nimmer raus!' Als wir im Advent die Wunschbriefe schrieben, sagte er: ‚Ich wünsche mir vom Christkind Gabriele!'"

Bald danach, als er mit sechs Jahren schulreif war, kam Josef zusammen mit seinen Geschwistern ins katholische Kinderheim in Kallmünz bei Regensburg. Das Heim lag am Rande des idyllischen Städtchens. Obwohl Josef hier vom vierten bis zum 14. Lebensjahr aufwuchs, hat er den Ort nie richtig kennengelernt. Das Leben außerhalb der Mauern des Heimes blieb den eingesperrten Kindern weitgehend verborgen.

Seine Mutter kam ihn nie besuchen. Josef hat auch nie wieder von ihr gehört, obwohl er als Erwachsener immer wieder versuchte, etwas über ihren Verbleib in Erfahrung zu bringen. Nur sein Vater Anton kam ab und zu, um Josef und seine Geschwister zu besuchen.

Das Kind schämte sich aber mit zunehmendem Alter seines Vaters. Einmal war Anton die 130 Kilometer von München nach Kallmünz gekommen und saß wartend auf einer Bank vor dem Heim. Der zehnjährige Josef ging gerade in einer Zweierkolonne vom Heim hinüber in die Kirche. Antons Gesicht war vom Alkohol gezeichnet, er trug einen langen Mantel und hatte Tüten und Beutel neben sich gestellt. Er sah für den Sohn aus wie ein Penner. „Ist das da wirklich dein Vater?", fragte ihn eine Nonne. Der Junge wollte von diesem Tag an nicht mehr, dass Anton ihn jemals wieder besuche.

Das Leben im Heim folgte einem eintönigen Rhythmus: Um 6.30 Uhr kamen die Nonnen in die Schlafsäle und klatschten drei Mal in die Hände. Sofort mussten die Kinder aufstehen, ihre Betten machen und sich eilends waschen, um sieben begann der tägliche Gottesdienst. Anschließend blieb nur wenig Zeit für ein Frühstück, bevor die Glocke die Kinder aufforderte, sofort in die Heimschule zu gehen.

Am Nachmittag mussten die acht- bis 14-jährigen Schüler meist in der Landwirtschaft arbeiten. Auf den großen Feldern, die zum Heim gehörten, gab es vom Frühjahr bis zum Herbst viel zu tun – Schädlinge absammeln, Unkraut jäten, Rüben verziehen, Kartoffeln ernten, mit dem Rechen Heu machen. Mehr als 40 Kinder schufteten dann in Reih und Glied. Im Sommer oft in praller Sonne.

„Bei der Ernte stand ich als 14-Jährige von sechs Uhr in der Früh bis nachts um elf auf der Dreschmaschine", empört sich noch heute Resi Tewald, die bis 1961 in der Mädchengruppe des Heimes lebte. Von den Äckern mussten die Kinder Steine heruntersammeln. Für jeden vollen Korb gab es ein Metallplättchen, das am Abend gegen ein Bonbon umgetauscht werden konnte. Auf den abgeernteten Feldern sollten die Kinder intensiv nachsammeln. Weil er mit kaputten Schuhen zur Feldarbeit erschien, musste der kleine Ludwig Tengler aus Regensburg barfuß weiterarbeiten. Er biss die Zähne zusammen und ging mit schmerzenden Füßen über Stoppeln und Disteln.

Die Kinder wurden auch anderswo eingesetzt, in der Küche, im Schlachthaus und im angegliederten Altenheim. Oder in der Wäscherei und Näherei. Oberhalb des Ortes, dort, wo die Landstraße einen engen Bogen auf der Kuppe eines Hügels macht, steht noch heute ein Kirchenwald, gepflanzt von Heimkindern. Er wird in Kallmünz „Marienwäldchen" genannt.

Um 17.30 Uhr gab es zum Tagesabschluss nochmals eine Unterrichtsstunde in der Schule oder vor kirchlichen Feiertagen stattdessen einen Gottesdienst. Direkt danach wurde zu Abend gegessen, und dann ging es ab ins Bett, um 20 Uhr spätestens herrschte Nachtruhe.

Das Heim hatte einen Kirchenchor, in dem Josef Doll, Ludwig Tengler und dessen Bruder Anton mitsangen. Josef sang mit Begeisterung, obwohl ihn andere Jungen dafür hänselten. Es störte ihn auch nicht, dass Schwester S. nur Kirchenlieder mit ihnen übte.

S. leitete die Gruppe der elf- bis 14-jährigen Jungen. Die Nonne mit dem blassen Gesicht war unter den Kindern besonders gefürchtet, denn sie schlug gerne fest zu, sobald sie einen Vorwand dafür hatte. Der kleine Josef war ihr Lieblingsopfer. Er bot ihr immer wieder irgendeinen Anlass zur Bestrafung.

Sie zog ihn für gewöhnlich nackt aus und legte ihn quer übers Bett. Dann schlug sie mit einem Stock, den sie „spanischen Stecken" nannte, auf seinen nackten Hintern, bis er seine Untat bekannte und bereute. Die anderen Kinder der Gruppe mussten dabei meist zusehen.

Wenn sie ihn strenger bestrafen wollte, schleppte sie ihn in eine Besenkammer auf dem Flur. Eigentlich war es nur eine Tür, hinter der sich ein schrankgroßer Raum auftat. Dort hörten die anderen nur von außen, wie Josef zunächst laut schrie, dann nur noch wimmerte, schließlich ganz verstummte. Die Ordensschwester ließ ihn im dunklen Verschlag liegen, schloss die Tür von außen ab und kehrte leicht verschwitzt und mit gerötetem Gesicht zu den anderen zurück.

Auch Josefs Geschwister wurden misshandelt. Sein Bruder, der manchmal ins Bett machte, erinnert sich daran, dass sie auf Holzscheiten knien und beten mussten. Josefs jüngste Schwester wurde von einer Nonne im Zorn auf eine kochend heiße Herdplatte gesetzt. Sie erlitt dabei Hautverbrennungen, deren Narben sie Josef erst als Erwachsene zeigte. Während ihrer Heimzeit erzählten sich die Geschwister untereinander kaum, was sie von den Nonnen erleiden mussten. Schläge aller Art gehörten einfach zum Alltag. Es gab für die vier Geschwister auch kaum eine Gelegenheit zusammen zu sein. Die Nonnen hatten sie bewußt in verschiedene Gruppen gesteckt, obwohl sie vom Alter her jeweils nur ein Jahr auseinander lagen.

Auch mit dem Essen quälten die Nonnen die ihnen anvertrauten Kinder. Einmal in der Woche gab es „weißen Presssack“ in der Suppe, eine Wurstsülze; allein deren Anblick genügte, damit es Josef ganz übel wurde. Die Kinder mussten ihn auch nach mehrmaligem Aufwärmen aufessen. Josef und andere Kinder erbrachen sich oft dabei, aber das schien den Nonnen egal zu sein. Ludwig Tengler aus der Gruppe von Josef hasste diesen Presssack ebenso wie die anderen. Wenn er nicht essen wollte, hielt ihn eine Nonne fest, drückte ihm den Mund auf und löffelte ihm die kalte Suppe mit den dicken Fettstückchen, Schwarten und Borsten unbarmherzig hinein, auch das Erbrochene.

Jede Woche gab es erneut „weißen Presssack“.

All ihre Verfehlungen mussten die Kinder von Kallmünz regelmäßig beichten. Einmal im Monat nahm Direktor Johann Baptist Mehler die Beichte ab. „Wenn man nicht hinging, wurde man hinterher bös' geschlagen", erinnert sich Josef an das Ritual. Die älteren Kinder beichteten nur Belangloses. Sie hatten die Erfahrung gemacht, dass das Beichtgeheimnis in Kallmünz wenig galt. Die jüngeren und in ihren Augen die dümmeren, die das Beichten noch ernst nahmen, wurden öfter nach der Beichte ins Büro des Direktors bestellt. Der fragte dann unverfroren nach weiteren Details eines gebeichteten „Vergehens", nach Mitbeteiligten etwa, und schon gab es saftige Ohrfeigen, Hiebe auf die Finger oder den Hintern. Manchmal bestellte er Kinder zu sich, die andere bei ihrer Beichte als Komplizen verraten hatten. Wenn sie sich wunderten, woher er denn Bescheid wusste, sagte er: „Gott sieht alles!"

Josef beichtete gerne und viel, denn ihm fiel jedes Mal ein Stein vom Herzen, auch wenn er zur Buße für seine Sünden noch lange in der Kirchenbank knien musste, um die vielen auferlegten „Vaterunser" abzuarbeiten. Danach fühlte er sich wieder wohl und glaubte, kein schlechtes Gewissen mehr haben zu müssen.

Die Erleichterung hielt jedoch nicht lange vor. Denn die schönsten Momente waren für Josef, wenn er zusammen mit anderen Kindern etwas ausheckte, das gegen die Verbote der Nonnen verstieß. So war die Schuld schneller wieder da, als ihm lieb war.

Schwester S. muss auch von den gebeichteten unkeuschen Gedanken und Taten erfahren haben. Sie schlief ja, nur durch eine Glastür getrennt, direkt bei den kleinen Buben. Nach dem Abendgebet im Schlafsaal wartete sie oft eine Weile, schlich dann unbemerkt hinein, ging durch die Reihen der Betten und riss hier und da plötzlich die Bettdecke weg und schlug nach den Genitalien, wo sie die Sünde vermutete.

Heinz aus München, ein Jahr älter als Josef, wusste aus Erfahrung: bloß keine sexuellen Sachen beichten und keine Diebstähle, seien sie auch noch so klein. Nur so etwas wie: „Ich habe unandächtig gebetet", „ich war neidisch" oder „ich habe was Schlechtes gedacht". Oft fiel ihm nichts Rechtes ein, was er beichten könnte.

Heinz hat viele Jahre lang miterlebt, wie dem kleinen Josef „sein Verstand herausgeprügelt wurde". Aber keiner konnte ihm helfen, die anderen wurden schließlich auch bei jeder Gelegenheit geschlagen, und wenn man sich dagegen wehrte oder gar zurückschlug, dann war die Strafe umso härter. Es gab niemanden, bei dem die Opfer sich zu beschweren trauten. Die Nonnen drohten den Jungen obendrein, sie sollten froh und dankbar sein, dass sie bei ihnen in Kallmünz wären. Man könne sie auch in ein schlimmes Erziehungsheim stecken, nach Glonn, Charlottenburg oder Birkeneck.

Diese drei Namen spukten in den Köpfen der Jungen als Schreckensvisionen. Da schien ihnen ihr Leben, wie sie es kannten, dann doch das geringere Übel zu sein. „Über die Jahre“, räsoniert Heinz heute, „wird selbst ein Ort der ständigen Angst und Bedrohung so etwas wie Heimat, vor allem wenn man keine Alternative dazu hat.“

Heinz war erst mit 13 nach Kallmünz gekommen. Bis dahin war er bei seinen Großeltern aufgewachsen. Seine Mutter hatte ihn mit 19 von einem verheirateten Mann bekommen, Heinz war ein „Kind der Sünde“. Die Mutter wurde aus ihrem Elternhaus in Regensburg gejagt und durfte es nie wieder betreten. Das Baby adoptierten die Großeltern. Heinz wuchs bei ihnen im Haushalt auf.

Seine Mutter lernte einen Mann kennen, von dem sie glaubte, er heirate sie nur, wenn sie ihren Fehltritt verschweige. So verleugnete sie die Existenz ihres ersten Kindes. Sie heiratete, wurde wieder schwanger und wanderte mit ihrem Mann nach Amerika aus.

Als Heinz neun Jahre alt war, starb sein Großvater, und er blieb allein mit der schon über 70-jährigen Großmutter. Die alte Frau wurde zunehmend gebrechlicher, und der kleine Junge schmiss mehr und mehr den Haushalt.

Die beiden wohnten mitten in der Stadt, Heinz fand es aufregend, einfach nur durch neue, ihm unbekannte Straßen mit schönen alten Häusern zu streifen. Irgendwo gab es in Regensburg immer etwas Interessantes zu entdecken. Er traf dabei viele andere Schulschwänzer. Sie suchten gemeinsam Abenteuer auf den zahlreichen Ruinengrundstücken, die der Weltkrieg hinterlassen hatte.

Der 13-Jährige entschied: Ein gewisses Maß an Schule reicht, den Rest nimmst du dir frei. Er lernte gerade so viel, dass seine Versetzung nicht gefährdet war. Das klappte auch ganz gut. Er blieb nicht sitzen, seine Noten waren durchschnittlich. Doch dass er öfter unentschuldigt fehlte, meldete die Schule beim Jugendamt.

Ab und zu kam daraufhin eine Fürsorgerin in der Wohnung vorbei. Sie fand, dass die alte Frau mit der Erziehung des Jungen überfordert sei. Doch lange Zeit geschah nichts weiter. Heinz ahnte nicht, was sich hinter seinem Rücken zusammenbraute. Er hatte ja auch nie etwas angestellt, hatte nie mit der Polizei zu tun, er kam immer mit dem Geld aus.

Sein letztes Schuljahr hatte begonnen. Wenn er eine Drei oder eine Vier geschrieben hatte, belohnte er sich mit Streifzügen durch die Stadt. Besonders verlockend waren die neu entstandenen Kaufhäuser mit ihrem riesigen Angebot. Dort gab es Spielsachen, von denen Heinz nur träumen konnte.

Es war an einem Nachmittag, mitten in der Woche, als die Dame vom Jugendamt überraschend kam und ihn anraunzte: „So geht's nicht weiter! Du packst jetzt deinen Koffer und kommst mit mir mit!“ Heinz war darauf nicht vorbereitet. Er wusste nicht, was ihn erwartete, dennoch folgte er der Frau. Seine Großmutter sah ihn nur so merkwürdig an beim Abschied. Die Fürsorgerin hatte schon längst den Beschluss des Vormundschaftsgerichtes in der Tasche. Sie brachte ihn nach Kallmünz.

Sein erster Eindruck war gar nicht so schlecht: Da waren andere Kinder, es gab regelmäßige Mahlzeiten, zur neuen Schule waren es nur ein paar Schritte. Heinz kam in den Schlafsaal für Nicht-Bettnässer. In einem Raum mit über 20 Kindern schlafen, da musste er schon etwas schlucken. Jeder hatte nicht mehr als nur eine kleine Schublade für seine persönlichen Dinge zur Verfügung Das ganze Leben im Haus fand im Schlaf- und Speisesaal statt. Seine Briefe an die Großmutter musste er offen abgeben. Die Schwestern lasen sie und entschieden erst dann, ob sie verschickt wurden oder nicht. Auch die eingehenden Briefe wurden stets von den Nonnen geöffnet und gelesen.

Gleich in den ersten Tagen wurde Heinz Zeuge, wie die Schwestern andere Kinder misshandelten. Er selbst bekam seinen ersten harten Schlag ins Gesicht, weil eine Nonne gesehen hatte, wie er aus dem Fenster geschaut hatte – angeblich in Richtung Mädchenschlafsaal, obwohl dort ständig die Gardinen zugezogen waren. Heinz fand das ungerecht, er hatte nur zur Turmuhr gesehen. Sie glaubte ihm nicht.

Er versuchte fortan, unauffällig zu sein, doch irgendetwas machte er in den Augen der Nonnen immer wieder falsch und bot ihnen damit einen Grund, auch ihn zu schlagen. Knapp 40 Jahre später wunderte sich ein Arzt über seine zertrümmerte Nasenscheidewand und fragte ihn, ob er Boxer gewesen sei. Auch Ludwig Tengler aus seiner Heimgruppe hatte ein kaputtes Nasenbein.

Solange jeden Montag noch beim Metzger in Kallmünz für das Heim geschlachtet wurde, ließen die Schwestern sich den Schweineschwanz beiseite legen. Der wurde dann einem Bettnässerkind umgehängt, dazu gab es ein regelmäßig wieder verwendetes Plakat, auf dem stand:

„Ich bin das
größte Schwein
im ganzen
Kinderheim."

So ausstaffiert, wurden die Kinder über die Flure von Zimmer zu Zimmer geführt und durften angespuckt werden. Manche mussten die Schande fast den ganzen Tag ertragen, einige saßen sogar mit Schild und Schweineschwanz in der hintersten Kirchenbank bei Gottesdiensten, zu denen auch Leute aus dem Ort kamen.

Schlimmer als der Schmerz der körperlichen Züchtigungen selbst war für Heinz, Josef, Ludwig und all die anderen Jungen das ständige Gefühl der Angst, die jeden Einzelnen von morgens bis abends begleitete. Dieses Gefühl des Ausgeliefertseins, der Hilflosigkeit, der Verlassenheit – ohne sich dagegen wehren zu können – verfolgt sie bis heute.

Heinz verliebte sich ein bisschen in ein etwas älteres Mädchen. Sie hieß Elfriede, trug kurze Zöpfe und lachte viel. Eine schüchterne Zuneigung aus der Ferne. Die 14-Jährige zählte zu den Bettnässerinnen. Eines Morgens kam die Schwester, die die Mädchengruppe betreute, mit ihr hinüber in den Gang vor dem Jungenschlafsaal. Die Nonne hatte Elfriede gezwungen, ihr beschmutztes Bettlaken als Umhang zu tragen. Nun forderte sie die Jungen auf, herauszukommen und ein Spalier zu bilden. Sie sollten das Mädchen verspotten und beschimpfen, während sie durch die Reihe schritt.

Heinz stand mit dabei und sah, wie einige Jungen sogar nach dem Mädchen und ihrem Bettlaken langten. Sie wurde geschubst und stolperte. Er traute sich nicht, etwas dagegen zu machen oder zu sagen, obwohl es ihn innerlich zerriss.

Mit dem Ende der Volksschulzeit wurden Heinz, Josef und die anderen die Franziskanernonnen in Kallmünz endlich los. Einige kamen nach Regensburg in das Don-Bosco-Heim „Salesianum“ in der Hans-Sachs-Straße, das von Salesianerpatres geleitet wurde. Dort sollten die Jugendlichen ihre Lehrzeit verbringen.

Die 14-Jährigen mussten sich für einen Beruf entscheiden. Vorschläge der Nonnen gab es keine. Ein Junge aus seiner Gruppe sagte zu Josef: „Wenn du Tankwart wirst, bekommst du viel Trinkgeld!“ Das klang verlockend. Heinz begann eine Lehre als Bürokaufmann. Ludwig machte eine kaufmännische Ausbildung, sein Bruder Anton lernte Schlosser.

Die meiste Zeit verbrachten die Heimzöglinge nun außerhalb des Salesianums. Sie kehrten von ihrer Arbeit erst gegen 18 Uhr zum Abendessen zurück. Um 21 Uhr war Bettruhe. Doch eine wirkliche Verbesserung brachte der Wechsel nach Regensburg nicht. Auch die Patres prügelten und straften die ihnen Anvertrauten bei jeder sich bietenden Gelegenheit. Weil die Klosterbrüder fürchteten, die Halbwüchsigen würden sich nicht mehr alles gefallen lassen, stellten sie gleich in ihrer Begrüßungsansprache klar: „Wenn wir euch verprügeln und ihr schlagt zurück, dann kommt ihr sofort in ein schlimmeres Heim!“

Im Salesianum wohnten auch Jugendliche von außerhalb, die in Regensburg eine Lehre machten. Da ihre Eltern weiter weg auf dem Land lebten, hatte man sie zu den Salesianern gegeben. Diese Kinder durften an den Wochenenden nach Hause fahren. Sie wurden auch sonst nicht so schlecht behandelt, wohl aus Sorge, ihre Eltern könnten sich beschweren. Die Heimkinder aus Kallmünz dagegen mussten im Heim bleiben und hatten meist striktes Ausgangsverbot.

Beim Gebet vor dem Abendessen musste der Blick auf das Holzkreuz im Raum gerichtet sein. Heinz schaute einmal woanders hin, da riss ihn ein Schlag ins Gesicht aus seinen Träumen. Der Direktor des Heimes, ein Pater, hatte ihn von der Seite beobachtet und ohne Vorwarnung hart zugeschlagen.

Ein andermal, berichtet Heinz, ging der für die Jugendgruppe der 14- bis 17-jährigen Lehrlinge zuständige Geistliche durch die Bettenreihen, weil er glaubte, jemand hätte nach neun Uhr abends im Schlafsaal noch geredet. Er war unter den Jungen als besonders brutal und gewalttätig gefürchtet. Vor Heinz blieb er stehen und schleuderte unversehens seinen schweren Schlüsselbund gegen dessen Kopf, so die Erinnerung von Heinz. Er versuchte noch auszuweichen, da forderte ihn der Pater schon auf, sich vor das Bett zu stellen. Er schlug so heftig zu, dass Heinz über das Bett auf die andere Seite fiel. Als er sich wieder hochrappelte, sah er, wie der Pater breit grinste, sich umdrehte und offenbar tief zufrieden den Schlafsaal verließ.

Heinz ging mehrmals nach solchen Vorfällen zu seinem Sachbearbeiter im Jugendamt. Er beschwerte sich über das Heim und die prügelnden Salesianerbrüder. Der Jugendfürsorger guckte ihn nur an und sagte: „Was willst du überhaupt? Dein Vater hat nichts getaugt, deine Mutter hat nichts getaugt, und du taugst auch nichts.“ Es war zwecklos. Am nächsten Wochenende verhängte der Pater ohne ersichtlichen Grund Ausgangssperre für ihn.

Ausgang war ohnehin Glückssache. Heinz musste stets genau sagen, wohin er gehen und mit wem er sich treffen wollte. Wehe, der Pater glaubte ihm nicht. Dann hieß es: „Nix da, die Lüge schaut aus deinem Gesicht! Du bleibst hier!“

Selbst seine Großmutter zu besuchen, wurde ihm ohne Diskussion strikt verboten. Heinz versuchte es mit einem Trick. Am nächsten Wochenende tat er zunächst so, als ginge er zusammen mit anderen ins Kino, setzte sich dann aber für gut zwei Stunden ab und eilte zu der Wohnung, in der er die Großmutter zurücklassen musste. Bevor er ins Heim zurückkehrte, ließ er sich den Inhalt des angeblich gesehenen Films genau erzählen.

Heinz fand seine Oma in schlechtem Zustand, die Wohnung war vergammelt. Er war schockiert. Sie war offenbar schon länger nicht mehr fähig, für sich selbst zu sorgen. Das Jugendamt hatte ihn zwar vor fast vier Jahren dort abgeholt, doch niemand hatte sich dann mehr von Amts wegen um die alte Frau gekümmert.

Ein paar Mal konnte er so heimliche Besuche bei der Oma machen. Heinz half der alten Frau so gut er konnte. Doch er merkte im Laufe der Zeit, dass eine andere Lösung her musste. Er begann für seine Großmutter einen Platz in einem Altersheim zu suchen. Doch die meisten waren zu teuer. Der 17-Jährige ging sogar zu dem für seine Großmutter zuständigen Mitarbeiter des Sozialamtes, der sich zwar wunderte, ihm nach einigem Hin und Her aber doch mit ein paar Adressen half. Es fand sich dann ein Heim, das sie mit ihrer Rente bezahlen konnte. Heinz organisierte ihren Umzug. Erst als er seine Großmutter im Altersheim untergebracht hatte, informierte er die weiter weg lebenden Verwandten.

Die Erlösung für Heinz nahte, kurz bevor er 18 wurde. Er hatte seine Lehre beendet und sich einen Job in Ulm besorgt. Obwohl er noch nicht volljährig war, ließ ihn der Leiter des Regensburger Jugendamtes wegen der guten Noten ziehen. Wenn aber dem Jugendamt irgendetwas über ihn zu Ohren komme, drohte er dem 17-Jährigen, müsse er sofort zurück ins Heim. Ein paar Monate später wird die Volljährigkeit mit 18 eingeführt, und Heinz war ein freier Mensch.

Er ging in die Großstadt, nach München. Dort holte er das Abitur nach, studierte Sozialwissenschaften und Wirtschaft. 1984 promovierte er. Der Job bei einer Fluggesellschaft führte ihn in die ganze Welt.

Seine Heimzeit war kein Thema mehr, doch Heinz merkte, dass ein Teil seiner psychischen Energien dafür draufging, diese Zeit zu verdrängen. Als er gleichzeitig arbeiten und studieren musste, sah er, wie viel Kraft ihn die Aufrechterhaltung seines seelischen Gleichgewichtes kostete.

Er verzichtete darauf, eigene Kinder zu bekommen. Heinz fürchtete, dass sich seine Vergangenheit auch auf sie übertragen könnte.

Irgendwann mit 40 fing er doch an, sich noch einmal mit seiner Jugend zu beschäftigen. Er wollte verstehen, was damals passiert war. Warum waren seine Erzieher so brutal? Warum hatte seine Mutter ihn im Heim vergessen? Er versuchte, alles zu rekonstruieren, doch es ist ihm bis heute nicht gelungen. Selbst als er es schaffte, 40 Jahre nach seiner Geburt wieder auf seine Mutter zu treffen.

Er hatte ihre Anschrift in Amerika schon kurz nach seiner Heimentlassung herausgefunden. Heinz schrieb ein paar Briefe, doch nie kam einer zurück. Die Frau, die als Einzige auch etwas über seinen Vater wissen musste, war offenbar verschollen.

Doch seine Mutter hatte die Briefe bekommen und sie, gut versteckt, aufgehoben. Weder der Ehemann noch die drei Töchter aus dieser Ehe ahnten etwas vom großen Geheimnis der Mutter.

Bei einem Umzug fand die älteste Tochter Carrol einen Brief und las ihn. Aus dem Text ging hervor, dass sie jenseits des Atlantiks noch einen Halbbruder haben musste. Sie buchte einen Flug nach Deutschland und gab vor, Verwandte zu besuchen. Der Mutter sagte sie nichts.

Die Adresse von Heinz stimmte nicht mehr. Sie fuhr kreuz und quer durch Deutschland, klapperte Verwandte ab. Einer Tante sagte sie auf den Kopf zu, sie wisse, es gebe insgeheim einen Bruder. Die Frau leugnete zunächst, doch schließlich rückte sie die Telefonnummer heraus.

Heinz saß in seiner Münchner Wohnung, als gegen 23 Uhr der Apparat klingelte. Es war der Sohn seiner Tante aus dem Ruhrgebiet: „Da ist jemand, der möchte dich sprechen, eine Amerikanerin.“

Amerikanerin? Etwa meine Mutter?, schoss es Heinz durch den Kopf. Carrol stellte sich vor, erzählte von dem Brief, wollte wissen, ob das denn stimme und sie Bruder und Schwester seien. „Ja, ja“, stammelte Heinz, „ich bin der. Wir haben die gleiche Mutter. Du bist also meine Schwester ...?“ Am Ende des Telefonats tauschten sie ihre Adressen aus. Ein Treffen war nicht mehr möglich, Carrols Flug ging schon am nächsten Tag zurück in die USA.

Ein Jahr lang brauchte Heinz, bis er mit sich im Reinen war. Dann rief er Carrol in Texas an, buchte ein Ticket und nistete sich in einem Hotel in Dallas ein. „Plötzlich ging die Tür auf, und zwei meiner drei Schwestern standen vor mir." Seine Mutter wohnte in Florida. Mit ihr nahm Heinz erst am letzten Tag Kontakt auf – am Telefon. Sie bat, er solle sie besuchen. Doch Heinz konnte nicht: „Ich verstehe das nicht, du hättest mich doch all die Jahre haben können."

Er flog zurück nach Deutschland, ohne seine Mutter gesehen zu haben. Ein Jahr später besuchte er sie dann doch.

Er hatte seine Mutter zuletzt auf einem Foto gesehen, als sie 19 war. Nun traf er eine alte Frau, die seine Mutter sein sollte. Heinz konnte die beiden Bilder nicht miteinander verbinden. Sie unterhielten sich zwar den ganzen Abend, doch es schien ihm alles nur belanglos. Sie wich ständig aus, sprang auf, um aus der Küche was zu holen oder die Klimaanlage zu regeln. Sie war unerreichbar für ihn. Enttäuscht schlief er später mit dem Gedanken ein: „Es ist nicht möglich, das zu bekommen, was ich von ihr will."

Am nächsten Tag forderte er seine Mutter auf, mit ihm einen Ausflug zu machen. Er dachte: Während der Fahrt kann sie mir nicht dauernd ausweichen, beim Tempo von 50 Meilen kann sie auch nicht aussteigen. Seine Mutter nahm hinter ihm Platz, sie sahen sich über den Rückspiegel an, dann fuhr Heinz los.

Eine Stunde lang fragte er nach allem, was er wissen wollte. Warum sie ihn nicht nach der Geburt behalten habe, warum sie später zugelassen habe, dass man ihn ins Heim gebracht hatte, warum sie sich nie wieder um ihn gekümmert habe. Und wer sein Vater sei.

Doch schon bald musste er feststellen, dass die fremde Frau noch hilfloser als er war. Er erhielt keine Antworten.

Sein Vater? Eine flüchtige Bekanntschaft, von dem sie nur den Vornamen wisse. Ein verheirateter Mann. Sie sei nicht fähig gewesen, sich zu wehren damals, als ihre Eltern sie rausschmissen. Dann habe sie überstürzt ihren inzwischen von ihr geschiedenen Mann geheiratet – mit einer Lüge. Der habe nur ein unberührtes Mädchen gewollt, da habe sie ihn verleugnen müssen. „Weißt du,

Heinz, er hätte mich später erschlagen, wenn er erfahren hätte, dass ich ihn betrogen hatte.“ So musste über all die Jahre eine Lüge mit der nächsten überdeckt werden. Es sei keine schöne Ehe gewesen. Sie habe für die Lügen büßen müssen.

Dann war die Fahrt zu Ende.

Heinz versuchte sich, so gut es ging, mit der fremden Frau auszusöhnen. Er begriff, dass sie weniger Täter als Opfer gewesen war. Aber die Rätsel seiner Kindheit konnte er in Amerika nicht lösen.

Er begann in Regensburg und München nach Kindern und Erziehern aus seiner Heimzeit zu fahnden. Die kleine Elfriede konnte er noch nicht ausfindig machen. Anton hatte ein Café in der Regensburger Innenstadt aufgemacht. Heinz besuchte ihn und erfuhr, dass dessen Bruder Ludwig Selbstmord begangen hatte, bald nachdem er aus dem Heim gekommen war. Ludwig habe nie viel geredet und alles in sich hineingefressen.

In München traf Heinz seinen ehemaligen Gefährten Josef, der wegen seiner Psychosen immer wieder in der Psychiatrie behandelt werden musste.

„Wachst du auch manchmal nachts auf aus einem Traum“, fragte ihn Josef bei einem seiner Besuche, „und siehst so ein wackelndes Kreuz auf dich zukommen, wie es damals die Schwestern um ihren Hals trugen, und schon ist es über dir, und du spürst die ersten Schläge?“

Heinz machte sogar Schwester S. ausfindig. Doch die Nonne mauerte. Sie redete sich heraus, es sei damals eine schwierige Zeit gewesen. Die Heimkinder seien für den Rest der Gesellschaft nicht viel wert gewesen, es habe keine Aufsicht von außen gegeben, und die Schwestern hätten unter dem Druck des inzwischen verstorbenen Direktors gestanden und nichts zu sagen gehabt.

Sogar dem einst so gefürchteten Pater wagte Heinz einen Brief zu schreiben: „Sehr geehrter Herr Pater…, ich wohnte in den Jahren 1965 bis 1967 im Don-Bosco-Heim in Regensburg, wo Sie damals als einer der verantwortlichen Erzieher für die Gruppe der Lehrlinge tätig waren … Interessant wäre es für mich, in Erfahrung zu bringen, welche konkreten pädagogischen Motive oder Einsichten Sie (wie auch viele andere Vertreter kirchlicher Orden) zu dem damals extrem repressiven und gewalttätigen Erziehungsstil im Umgang mit den Jugendlichen bewegten… Mir ist natürlich bewusst, dass Sie ein sehr beschäftigter Mann sind, doch umso mehr wäre ich Ihnen verbunden, wenn Sie sich bemühen könnten, mir die genannten Verhaltensmuster bei der/Ihrer Heimerziehung, die ich nebenbei bemerkt, in sehr traumatischer Erinnerung behielt, aus rein sachlichen Beweggründen verständlich machen würden."

Antwort kam erst ein halbes Jahr später: „Sehr geehrter Herr Dr. Aubeck! Schon lange liegt Ihr Brief zur Beantwortung auf meinem Schreibtisch. Aber Sie hatten ja selbst mit einkalkuliert, dass ich ‚vielbeschäftigt' bin. Nun zu Ihrem Anliegen. So ganz schwach und allmählich habe ich mich wieder an Sie zurückerinnert. Die Zeit meiner pädagogischen Erfahrung und Ausbildung in Regensburg ist mir bis heute in guter Erinnerung… Es mag sein, dass in einem oder anderen Fall harte Maßnahmen erfolgten, aber insgesamt habe ich eine positive Rückerinnerung an diese Jahre. Bei den Lehrlingen ist der Umgangston ja manchmal etwas rauer. Außerdem waren unter den Lehrlingen damals zum Teil sehr schwierige Jugendliche, denen man im damaligen ‚Großgruppensystem' nur schwer gerecht werden konnte. Heute ist die Erziehungsarbeit wesentlich differenzierter und personenbezogener. Mir hat die Arbeit mit jungen Menschen immer viel Freude gemacht, und das ist auch bis heute noch so. Ich denke schon, dass das Interesse und die Zuwendung zu den jungen Menschen im Vordergrund aller Bemühungen stand…

Frohen Gruß aus Benediktbeuern

Pater…"

Heinz besuchte Josef und zeigte ihm den Brief. Josef starrte darauf und meinte: „Was hast du denn erwartet? Hat er dir je eine Frage beantwortet?"

Josef ist nach mehreren psychotischen Schüben und Aufenthalten in der Nervenklinik München-Haar entmündigt worden, lebt aber dennoch weitgehend selbständig in einer eigenen Wohnung, in der ab und zu sein Betreuer und seine Freundin vorbeischauen.

Er war unter anderem Tankwart, Discjockey, Türsteher im „Blow up", Aussteiger auf einem Bauernhof, Roadie, Zivildienstleistender in einem Krankenhaus, LKW-Fahrer, Altenpfleger, und hat umgeschult zum Feinmechaniker.

Wenn er Lust darauf hat, zieht er durch Schwabinger Kneipen und bietet eine kleine, selbst gedruckte Broschüre mit seinen Gedichten und seiner Lebensgeschichte an. Die Titelseite zeigt ihn als neunjähriges Kommunionkind in Kallmünz, die Nonnen hatten ihm dafür den üblichen kreisrunden Haarschnitt mit Hilfe eines halben Plastikballs verpasst. Neben ihm ein leerer Tisch mit einem akkurat ausgerichteten Häkeldeckchen. Die Kerzenflamme wurde nachträglich aufgemalt. Den schicken Anzug, einen Zweireiher, musste er nach dem Foto wieder abgeben. Sein Blick geht am Fotografen vorbei irgendwo ins Leere.

„Ich möchte", schreibt er auf der letzten Seite, „den Menschen Mut machen, die ihr Leben als sinnlos empfinden, nicht aufzugeben, dieses Leben weiterzuleben. Sterben tust du von alleine, aber vielleicht hast du die Möglichkeit, Probleme, die dich beschäftigen, irgendwann einmal zu verarbeiten."

Heinz ist immer noch dabei. Er versucht es noch einmal bei seinem ehemaligen Peiniger und verabredet einen Termin mit dem Pater. Der hat mittlerweile im Salesianerorden Karriere gemacht.

Diesmal sitzen sich die beiden gegenüber. Täter und Opfer, Schläger und Geschlagener. Es gehe nicht darum, sagt Heinz, dass da jemandem mal die Hand ausgerutscht sei. Es gehe um systematische Misshandlung, Brutalität, Rücksichtslosigkeit.

Der Pater leugnet die Misshandlungen nicht, entschuldigt sich „für die eine Ohrfeige", sagt aber, er und die anderen Brüder hätten doch nur das Beste für die Jugendlichen gewollt, vielleicht sei es nicht immer so gelungen. Sie sollten doch schließlich alle tüchtige Menschen werden.

Wie man durch Misshandlungen ein besserer Mensch wird, will Heinz von ihm wissen. Da sieht ihn der Pater nur sekundenlang schweigend an.

„Du gräbst jetzt dein Grab"

Carola Koszinoffski kam als Säugling ins Heim zu den „Armen Dienstmägden Jesu Christi" im rheinischen Eschweiler. 14 lange Jahre erlebte sie einen christlichen Alptraum.

Die meisten Kinder der Heimgruppe „St. Bernadette" schliefen schon, als die Tür zum Schlafsaal noch einmal aufging. Eine dunkle Gestalt näherte sich im Zwielicht dem Bett der neunjährigen Carola. Es war Schwester Theofriedis, sie rüttelte das gerade eingeschlafene Kind wieder wach. Carola, gewohnt zu gehorchen, richtete sich auf und folgte der Nonne hinaus auf den Flur.

Dort befahl ihr Theofriedis, einen Anorak über den Pyjama zu werfen und auch Stiefel anzuziehen, denn es hatte draußen geregnet. Carola traute sich nicht zu fragen, warum sie geweckt worden war. Sie ahnte nichts Gutes. Hatte Schwester Theofriedis nicht schon am Nachmittag zu ihr gesagt: Heut' Abend hol' ich dich! Meinte sie es wirklich ernst? Hatte Theofriedis nicht gesagt: Ihr seid meine Sargnägel! Bevor ich sterbe, bring' ich euch rein!?

Das Kind ging mit der Erzieherin hinaus in den Garten. Unter einem Apfelbaum ließ die Nonne Carola warten, um noch etwas zu holen. Sie kam nach kurzer Zeit zurück. Die „Dienstmagd Jesu" drückte der Neunjährigen eine Schaufel in die Hand und sagte: „Du musst nicht glauben, dass ich es vergessen habe, ich hab' gesagt, ich hol' dich. Jetzt bist du dran. Du gräbst jetzt dein Grab!" Carola verspürte Todesangst und bettelte darum, wieder ins Haus zurückgehen zu dürfen. Die Nonne blieb hart: „Graben!"

Es war Herbst, und es war kalt. Carola dachte, jetzt muss ich wirklich sterben. Sie weinte, sie schluchzte, sie grub. Es begann wieder zu regnen. Carola machte sich vor Angst in die Hose. Es lief warm an den Beinen hinunter bis in die Stiefel. Schwester Theofriedis schimpfte, schlug mit der Hand nach dem Kind, packte es und zerrte es zurück ins Haus. Dort musste Carola ihren Schlafanzug erst noch auswaschen und ordentlich über die Heizung hängen. Dann wurde sie wieder ins Bett geschickt.

Einen „Denkzettel“ nannte Schwester Theofriedis die nächtliche Scheinhinrichtung im Garten des katholischen Kinderheims. Das war im Herbst 1970. Carola Koszinoffski hat die Erinnerung an die Schrecken dieser Nacht lange mit sich herumgetragen, ohne jemals einem Menschen davon zu erzählen. Einzig ihrer älteren Schwester Hanne hatte sie es damals anvertraut. Sie war im gleichen Heim. Doch die hatte nur mit den Achseln gezuckt. Schwester Theofriedis war für ihre bizarren Strafen unter den Kindern bekannt. Andere mussten auf einem Bein stehen und hoch über dem Kopf einen Stuhl halten, bis sie nicht mehr konnten. Hanne konnte Carola nicht helfen. Sie zeigte der jüngeren Schwester ihre grün und blau angelaufenen Striemen an beiden Beinen. Die ältere Schwester hatte ihren Rock umgeschlagen, weil sie wie andere Jugendliche auch mal einen Mini tragen wollte. Daraufhin wurde ihr eine Tracht Prügel verpasst. Und wenn die Nonnen gerade mal nicht da waren, hatten die Stärksten der Gruppe das Sagen und kopierten die Brutalität, die ihnen ständig vorgemacht wurde.

Carolas 14 Lebensjahre im Kinderheim St. Josef in Eschweiler bei Aachen – von 1961 bis 1974 – haben sie für immer gezeichnet. Wenn sie über ihre Erzieherinnen vom Orden der „Armen Dienstmägde Jesu Christi“ erzählt, verschlägt es ihr oft mitten im Satz die Sprache. Sie stockt und stottert, aber sie will endlich darüber reden. In ihre Mietwohnung in Jülich scheint die Sonne herein, der große Balkon quillt über vor Töpfen und Schalen mit blühenden Pflanzen. Eigentlich ein schöner Platz, aber die 45-Jährige sitzt lieber drinnen im Wohnzimmer. Vor ihr auf dem Tisch liegt eine Plastikbox mit Medikamenten, die sie für den Tag braucht. Es sind neun verschiedene Pillen. Damit komme sie gut über die Runden, sagt sie, ohne die Tabletten wäre sie schon tot.

Neben den Pillen liegt der Brief einer Trauma-Ambulanz aus Aachen an ihren behandelnden Arzt. Seitdem die Erinnerung an ihre Heimzeit wieder wach geworden sei, heißt es darin, leide sie unter „Panikattacken mit Todesangst“ sowie „schweren Schlafstörungen mit Albträumen“ und generell unter „Unruhe, Schreckhaftigkeit, Vermeidungsverhalten, zunehmendem sozialen Rückzug“. Die Diagnose umfasst ein Dutzend psychischer und physischer Beschwerden: Von „rezidivierenden depressiven Episoden“ über „chronifizierte posttraumatische Belastungsstörungen“ bis zu „sozialen Phobien“.

Carola hat sich jahrzehntelang dafür geschämt, dass sie in einem Heim aufgewachsen ist. Sie ist eines von zehn Kindern ihrer Mutter Maria Magdalena, die, völlig überfordert, die meisten ins Heim gab. Ihren Vater kennt sie bis heute nicht, ihre Mutter konnte oder wollte bis zu ihrem Tod 1995 nicht verraten, wer er war. Carola ist Erzieherin geworden, doch irgendwann ging es nicht mehr, weil sie die Erinnerungen an die eigene „Erziehung“ beinahe täglich einholten. Sie schulte um zur Altenpflegerin. In einem Aachener Pflegeheim musste sie mit ansehen, wie alte Leute ans Bett gefesselt und geschlagen wurden. Da kam alles wieder hoch. Mit 39 wurde sie erwerbsunfähig.

Bei früheren Bewerbungen hatte sie angegeben: Mutter – Sekretärin. Vater – Oberstudienrat. Ein Heimkind, dachte sie, das kann sich doch nicht als Erzieherin bewerben, der glaubt doch keiner. Ihre Kindheit, ihre Jugend – immer wenn die Sprache darauf kam, wich sie aus, erzählte irgendetwas Diffuses. „Als Freunde meine Familie kennenlernen wollten“, sagt sie, „da habe ich die einfach alle sterben lassen.“

Ihren Lieblingsbruder sieht sie manchmal. Sie kennt seine Stelle in der Aachener Fußgängerzone, wo er sitzt und bettelt. Heinz war auch in Eschweiler. Dort musste er sein durchnässtes Bettlaken abziehen und sich überhängen. So führte ihn eine Nonne im ganzen Haus den Kindern vor. Heinz konnte nach seiner Heimzeit nicht richtig Fuß fassen und irrte durch ganz Deutschland: „Ich wollte einfach nur frei sein.“

Carola hat das Geschrei der Nonnen noch heute im Ohr: Benimm dich! Sitz gerade! Lach nicht! Am Lachen erkennt man den Narren! Iss auf! Halt den Mund! Frag nicht! Das geht dich nichts an! Wein nicht! Beim Essen wird geschwiegen! Nur wer arbeitet, hat auch Essen verdient! Und wenn sie krank wurde und Fieber bekam, zeterte eine Nonne: Du willst bloß wieder auffallen! Manchmal, als sie dann mit sechs Jahren auf eine nahe gelegene Schule gekommen war, musste erst ein Lehrer Carola vom Unterricht befreien, damit die Nonnen sie ins Bett schickten. Krankheit galt als Schwäche, als persönliche Schuld. Was hast du bloß wieder gemacht, um krank zu werden?

Carola hat monatelang daran gearbeitet, die Erziehungsmethoden der Nonnen aufzuschreiben. Nicht, dass es ein langer Text geworden wäre, die Erinnerungen schmerzten jedoch sehr. Es wurden vier eng beschriebene Seiten mit Stichworten wie diesen:

„Schmierseife für Haare und Körper. Zur Strafe kalt abduschen, die Ohren schmerzhaft lang ziehen, Schläge mit dem schweren Schlüsselbund, dem Handfeger, Kleiderbügel oder Kochlöffel. Die Schreie der anderen durch die dünnen Mauern hören. Einsperren über Nacht im dunklen Keller oder Besenkammer. Blutige Binde durchs Gesicht ziehen. Schwester H.s Hautschuppen am Arm entfernen, sie hatte Schuppenflechte. Am Nikolaustag schlug Knecht Ruprecht wirklich zu, keine Weihnachtsgeschenke trotz vorheriger Strafen. Erbrochenes wieder essen müssen, Speisen immer ganz aufessen, ab 17 Uhr Trinkverbot, Kittelzwang, ständiger Befehlston. Wecken um 5 Uhr. Jeden Morgen vor der Schule das Haus putzen. Mangeln als Kinderarbeit. Außer bei Impfungen 14 Jahre keinen Arzt gesehen.

Nicht auf Toilette dürfen, wenn man muss, sondern nur zu feststehenden Zeiten. Nachts wurden in den Schlafräumen die Türen verschlossen, Bettnässer wurden im ganzen Haus vorgeführt.

Kinder verschwanden von heute auf morgen aus der Gruppe oder dem Heim, ohne dass die anderen etwas über ihren Verbleib erfuhren. Wer zu viel fragte, dem wurde auf den Mund geschlagen. Einige Kinder wurden im Bett fixiert, die Hände durften nicht unter die Decke. Stofftiere durften nicht ins Bett. Ich bekam als Linkshänder Schläge mit dem Kochlöffel auf die linke Hand.“

Carola kann zu jedem Stichwort noch viel erzählen. Doch es strengt sie an, wenn die Erinnerungen hochkommen. Hin und wieder träumt sie in letzter Zeit von der Schwester Theofriedis und den anderen aus dem Kinderheim. Doch von den Träumen mag sie nichts erzählen.

Was sie immer wieder besonders verängstigte, waren die ständigen Drohungen der Nonnen, wer sich nicht füge, komme in ein schlimmeres Heim. Für böse Kinder aus „der Brut Satans" gebe es die Irrenanstalt oder „Heime für schwer Erziehbare". Zu Carola sagten sie: „Du kommst dann wie deine Schwester Gabi in die Anstalt!" Gabi war zeitweilig in der Psychiatrie gelandet – zu Unrecht, wie die Ärzte später feststellten.

Die inzwischen verstorbene Schwester Theofriedis zitierte noch 1970 gerne Adolf Hitler: „Nur mit Zucht und Ordnung sollt ihr groß werden." Es fehlte auch nicht ihr gelegentlicher Hinweis, dass „alle Kinder verhurter Mütter" froh sein könnten, bei ihr sein zu dürfen, denn früher wären ja viele solcher Kinder weggemacht worden.

Carola hat ihre gesamte Kindheit und große Teile ihrer Jugend in Eschweiler verbracht. Die Ordensschwestern haben sich erst in den neunziger Jahren aus dem Heim zurückgezogen. Heute ist St. Josef ein modernes Kinderheim, geführt von pädagogischen Fachkräften. Die „Armen Dienstmägde Jesu Christi" wehrten Vorwürfe anderer ehemaliger Heimkinder per Anwalt ab. Ob es im Kinderheim St. Josef zwischen „1956 und 1971 erhebliche Misshandlungen an Schutzbefohlenen" gegeben hat, sei nach Ansicht der Staatsanwaltschaft Aachen allerdings derzeit „kaum eindeutig zu klären". Selbst eine Entlastungszeugin der Nonnen gab zu Protokoll, dass eine der Schwestern von einem Unruhestifter „so zur Weißglut gebracht" worden sei, „dass sie ihm mit einem Holzbügel auf den Rücken und den Hintern geschlagen hat". Die Nonne sei „richtig in Wut geraten. Sie hat so feste gehauen, dass der Bügel dabei zerbrochen ist". Dies sei jedoch „ein absoluter Ausnahmefall" in all den Jahren gewesen.

Carola hat es bis jetzt nicht gewagt, sich das Haus noch einmal anzusehen. Sie hat sich eine Broschüre besorgt: „100 Jahre Kinderheim St. Josef". Doch da steht nichts von dem, was sie in dieser

Anstalt erlitten hat. Die Broschüre schmückt ein Bild des bunten Kirchenfensters in der heimeigenen Kapelle. Es zeigt ein Taubennest mit Jungen. Das symbolisiert, schreiben die Nonnen vom Orden der „Armen Dienstmägde Jesu“ in dem Jubiläumsheft, „in anschaulicher Weise die Nestwärme und Geborgenheit, die die Kinder in unserem Haus erfahren sollen“.

Blut und Schokolade

Der Kalmenhof in Idstein ist ein Heim mit unheilvoller Vergangenheit. Hier wurden zur NS-Zeit Kinder massenweise umgebracht. Doch nach 1945 machten die Erzieher weiter, als sei nichts geschehen.

„K 71! Lappen, Eimer, Schrubber! Mitkommen!“

Die Kinder im „Bubenhaus“ waren es gewöhnt, mit Nummern gerufen zu werden statt mit Namen.

Der kleine Volker wusste mit seinen elf Jahren längst, was hinter der Aufforderung seiner Erzieher steckte. Er konnte sich eine Portion Eis verdienen. Jeden Samstag gab es nachmittags Eis, einen riesigen Kübel voll. Schokolade meist oder Vanille. Aber nur die „braven Buben“ bekamen ihre Portion, die anderen gingen leer aus.

Volker war 1963 als Neuer im Kinderheim oft leer ausgegangen. Also holte er gehorsam Wischeimer, Schrubber und Lappen aus dem Wandschrank und folgte dem Erzieher über den Flur.

Es war immer Blut, was er aufwischen musste. Viel Blut im „Bubenhaus“, im „Mädchenhaus“, in den Duschräumen, auf den Treppen, im Keller. Dafür holten die Erzieher jahrelang am liebsten den kleinen Volker.

Manchmal musste er auch eine Bürste mitnehmen, wenn die Wände oder Möbel blutverschmiert waren, weil die Kinder mit dem Kopf dagegen geflogen waren.

Volker wusste, von wem das Blut war, aber er war an den Geschenken interessiert, der extra Kugel Eis, dem süßen Nachtisch, dem Riegel Schokolade. Er stellte keine dummen Fragen. Die Erzieher kippten Schmierseife ins Wasser und Volker wischte, schrubbte, scheuerte.

Nur wenn er im Keller sauber machen sollte, fühlte Volker sich unwohl. Dorthin verlief sich keiner freiwillig und „stürzte unglücklich“. Er und die anderen Kinder in den oberen Stockwerken konnten die Opfer ja auch vorher schreien hören. Dort unten im Keller wurde man mit dem Kopf gegen die Wand geschlagen.

Aber Volker ging mit seinem Putzgeschirr auch in den Keller. Doch wenn er unten war, hatte der kleine Junge furchtbare Angst, denn oben auf der Kellertreppe stand meist ein großer Hund. Es war der Bernhardiner von Direktor Alfred Göschel. Volker glaubte, das Tier stünde auf Abruf bereit, um ihn zu beißen, falls er nicht gehorsam sei.

In Wirklichkeit war er ja auch nicht gehorsam, denn in seinem Bett verbarg der kleine Volker ein großes Geheimnis: Er hatte sich aus den Metallfedern abgestellter Bettgestelle einen Nachschlüssel gemacht, mit dem er fast überall im Heim die einfachen Schlösser unbemerkt auf- und zusperren konnte. Den versteckte er unter der Matratze. Der Dietrich verlieh ihm eine besondere Stellung. Durch ihn kannte er das ganze Heim in- und auswendig. Volker hörte alles, Volker sah alles, Volker wusste alles. Er war der Botschafter zwischen Mädchen- und Bubenhaus. Er wusste, wo sich die Erzieher gerade aufhielten oder wohin der Rektor gegangen war. Er gab allen Bescheid, wann die Luft rein war und wann nicht.

Volker war zudem so klein und schmal, dass er gerade noch durch die Gitterstäbe passte, die im unteren Geschoss des an einem Hang gelegenen Bubenhauses vor den Fenstern angebracht waren. Es nützte nichts, ihn einzusperren. Volker kannte auch die Stelle mit dem kleinen Loch im Zaun, groß genug, um sich durchzuzwängen und das Gelände zu verlassen. Das Heim lag mitten im Zentrum des 20000-Einwohner-Städtchens Idstein im Taunus. Aber in den Ort traute sich Volker nur selten, denn die Leute in Idstein erkannten die Zöglinge aus dem Erziehungsheim Kalmenhof an ihrer Kleidung und verpetzten sie sofort bei dem im Ort hoch angesehenen Direktor Göschel.

Volker streunte heimlich durch die Gebäude des Heims, die verstreut auf einem weitläufigen, parkähnlichen Grundstück liegen. Er besuchte die Wäscherei, die Sattlerei, die Tischlerei, die Schneiderei, die Polsterei und die Schuhmacherei. Um das Krankenhaus machte er einen Bogen.

Am liebsten schlich er in die Bäckerei. Dort war er scharf auf die Brötchen, die er an Ort und Stelle herunterschlang. Es war nicht nur die Neugier, die ihn umhertrieb. Volker hatte stets Hunger. Irgendwo fand er immer etwas. Nur in der Metzgerei und Schlachterei war er nicht oft, auch wenn ihn die frischen Würste lockten. Denn aus der Metzgerei kam er nicht so leicht wieder unbemerkt heraus. Aus seinem Versteck hatte er schon manches Mal mit ansehen müssen, wie die Schweine geschlachtet wurden. Der graue Bolzen, mit dem die Metzger das Vieh töteten, war veraltet, und sie mussten ihn mehrmals ansetzen. Kein schöner Anblick für einen Elfjährigen.

Die Tiere kämpften lange um ihr Leben, und dann floss viel Blut.

Die Heimkinder konnten sich dem schrecklichen Treiben, das zwei Mal die Woche ablief, kaum entziehen. Das Mädchenhaus für die Sieben- bis 14-Jährigen lag genau gegenüber, nur wenige Schritte entfernt. Aus den Fenstern der Schlaf- und Gruppenräume mussten die Kinder das Gemetzel miterleben – und mithören. Da nützte es kaum, sich die Bettdecke über den Kopf zu ziehen. Manchen Kindern und auch jungen Erziehern wurde übel, wenn sie sahen, mit welcher Brutalität die Tiere kurz vor ihrem Tod vom Wagen gezerrt wurden.

Einmal war ein Kälbchen den ganzen Tag lang an einem Pflock vor dem Schlachthaus angebunden. Es blökte jämmerlich. Die Mädchen eilten in Scharen herbei, um das Kälbchen zu streicheln. Am nächsten Tag lag an derselben Stelle nur noch das blutige Fell des Tieres.

Erst als 1970 Gertrud Zovkic, die erste Psychologin im Heim, öffentlich feststellte, dass einer der jüngeren „Buben" von der Schlachterei so traumatisiert war, dass er seine Sprache verloren hatte und deswegen sogar als „nicht bildungsfähig" abgestempelt worden war, wurde über die Schließung des Schlachtbetriebes mitten im Kinderheim nachgedacht. Die Psychologin hatte zuvor schon mehrmals persönlich in der Hauptverwaltung des Landeswohlfahrtsverbandes in Kassel die Abschaffung der Schlachterei gefordert, jedoch ohne Erfolg. Die Herren, das hatte sie dort zur Kenntnis nehmen müssen, bekamen regelmäßig dicke Wurstpakete aus dem Kalmenhof, und das, so Zovkic, „schien ihnen wichtiger als das Wohl der Kinder".

Geschlachtet wurde für den Eigenbedarf des Kalmenhofes, später auch für andere Heime in Hessen. In den fünfziger Jahren bot der Kalmenhof Platz für mehr als 1100 Kinder. 1969 waren es immer noch knapp 600 Zöglinge. Das Heim sollte sich rechnen, und die Direktoren sahen zu, dass es möglichst gut „ausgelastet" war.

Seit 1953 wurde der Kalmenhof vom Landeswohlfahrtsverband in Kassel geführt, einem Zusammenschluß der hessischen Landkreise und kreisfreien Städte. Dort genossen die Direktoren des Kalmenhofes hohes Ansehen, weil das Heim sich wirtschaftlich weitgehend selbst trug. Zum Kalmenhof gehörte eine ehemalige Staatsdomäne, Hof Gassenbach, mit über 700 Hektar. Es wurde zu einem erheblichen Teil von Zöglingen bewirtschaftet, selbst die jüngsten Kinder mussten mithelfen. Während der Kartoffelernte arbeiteten Zwölfjährige im Akkord auf den Feldern – ohne Entgelt. Wer nicht schnell genug war, wurde mit dem Stock geprügelt.

Auf dem Landgut gab es eine Milchküche, in der „Melkbuben" schon um vier Uhr früh mit der Arbeit beginnen mussten. Es gab Kuh- und Schweineställe, Gärtnereien, Zuchtställe und einen Kartoffelauslesebetrieb, in dem für die Großküche des Heimes zentnerweise Kartoffeln vorbereitet wurden. Hier rackerte Ende der fünfziger Jahre Heinz Peter Junge für insgesamt fünf Jahre. Er gehörte zur „Hofkolonne", die früh um sechs aufstehen musste, einen Becher Kaffee bekam und anschließend – militärisch in Zweierreihen angetreten – zur Arbeit eingeteilt wurde, die in der Regel bis zum Abend dauerte.

Die Kalmenhofzöglinge dienten obendrein als billige Arbeitskräfte bei Idsteiner Bürgern. Sie kehrten die Straßen, gruben Gärten um und trugen Kohlensäcke aus. Der „Lohn": eine Mark. Auch Industriebetriebe und Geschäfte stellten Heimkinder ein. Von den drei Mark Stundenlohn blieben den Kindern aber nur eine Mark und zwanzig Pfennige, alles andere kassierte das Heim. Hart arbeiten mussten die Kinder auch im Wald für die Försterei, Direktor

Göschel liess sie sogar einen Fischteich ausheben, dessen eifrigster Nutzer er selbst war.

Die für das Heim verantwortlichen Herren vom Landeswohlfahrtsverband aus Kassel besuchten den Kalmenhof des Öfteren und bekamen stets eine heile Welt präsentiert. Die Heimdirektoren betrieben eifrige Fassadenpflege mit Führungen durch das weitläufige Heimgelände auf akkurat geharkten Wegen, vorbei an gepflegten Blumenrabatten. Das jährliche Sommerfest hinterließ bei den Besuchern aus Idstein und Kassel stets den Eindruck, dass hier die Kinder aufs Beste gefördert würden. Auch wenn die Eltern ihre Kinder besuchten, wurden diese besonders fein hergerichtet.

Solange der kleine Volker im Kalmenhof war, in den Jahren 1963 bis 1968, versuchte er seinen Leidensgefährten zu helfen, wo er konnte.

Wenn er Geschrei im benachbarten Mädchenhaus hörte, dann holte er seinen Dietrich unter der Matratze hervor, schaute, ob die Luft rein war, und schlich sich herüber. Er spähte zunächst in die Fenster des Souterrains, in dem eine Mädchengruppe untergebracht war, deren einziger Ausblick die Mülltonnen und das Schlachthaus waren. Etwas weiter um die Hausecke kannte er ein halb im Boden gelegenes Fenster, das ihm den Zutritt zum „Katakombenkeller" ermöglichte. So nannten die Kinder den finsteren, schwach erleuchteten Teil des Kellers im Mädchenhaus.

An den roh verputzten Wänden gab es eiserne Haken. Volker traute seinen Augen kaum, als er zum ersten Mal sah, zu was die Erzieher fähig waren: Sie hatten ein Mädchen an einem der Haken festgebunden – als Strafe für die „freche Göre", die Widerworte gegeben hatte.

Das Mädchen, es hieß Marion, hing mit dem Hals in einer Schlaufe, die an dem Haken befestigt war. Ihre Hände hatte der Erzieher auf den Rücken zusammengebunden. Marion musste ganz dicht an der Wand stehen und sollte sich „besinnen", stundenlang.

Als sie müde wurde, die Beine einknickten und ihr Kopf nach vorne fiel, zog sich die Schlaufe enger um ihren Hals und würgte sie.

Volker dachte nur eins: Ich muss die Marion befreien. Zuerst löste er die Fesseln an ihren Händen. Er flüsterte, sie solle den Kopf etwas nach vorne bewegen, auch wenn sie dann schlecht Luft bekäme. Es war für den kleinen Jungen aber schwer, den Knoten am Eisenhaken zu lösen. Das Mädchen begann zu husten. Volker bekam Angst, entdeckt zu werden. Es schien ihm eine Ewigkeit zu dauern, bis er es endlich geschafft hatte. Natürlich kam heraus, was er getan hatte, und er und das Mädchen erhielten eine Extratracht Prügel.

Warum Volker Siegel überhaupt ins Heim gekommen ist, weiß er bis heute nicht. Er ist inzwischen 49 Jahre alt und kann sich noch genau an jenen Nachmittag erinnern, als er mit seinem Freund gerade auf dem Spielplatz nahe seinem Elternhaus in Kassel herumtollte. Ein weiß-grüner Bus fuhr plötzlich direkt bis an den Sandkasten heran.

Eine Frau stieg aus und versprach ihm zwei Eis, wenn er nur brav mitfahren würde. Sie behauptete, von seiner Mutter geschickt worden zu sein. Komisch fand Volker nur, dass die Scheiben im Transporter mit einer grauen Folie verklebt waren.

Die Frau machte mit dem Siebenjährigen nur einen kurzen Zwischenstopp zu Hause, um dort den bereits gepackten Koffer abzuholen. Seine Mutter kam zwar herunter zum Auto, schob kurz die Tür auf und sagte zu ihm, sie komme gleich wieder. Sie kam aber nicht zurück.

Der Wagen fuhr von Kassel bis Idstein, und Volker erhielt auf der Fahrt, wie versprochen, zwei Mal ein Eis. Im Kalmenhof stieg der kleine Junge aus. Man brachte ihn in den Schlafsaal des Bubenhauses. „So“, sagte der Erzieher, der ihn in Empfang genommen hatte, „das ist von jetzt an dein Bett.“ Volker saß auf der karierten Bettdecke, allein in einem riesigen Schlafsaal. Die Zeit verging und niemand kümmerte sich um ihn. Es wurde dunkel. Man hatte vergessen, ihn zum Abendessen zu holen.

In seiner ersten Nacht im Kinderheim nässte er sein Bett ein. Der Erzieher, der am nächsten Morgen um halb sieben die Kinder weckte, schimpfte und brachte ihm eine neue Matratze. Die anderen Kinder verließen den Schlafsaal, um frühstücken zu gehen. Er musste im Zimmer bleiben, bis zum späten Vormittag. Dann kam ein anderer Erzieher, der sagte: „Jetzt müssen wir dir die Haare schneiden. Wenn ich rufe, kommst du raus!"

Im langen Flur stand ein Stuhl. „Da, setz dich hin, damit wir schneiden können!"

Volker wollte nicht, er hatte Angst vor der laut surrenden Haarschneidemaschine. Ein zweiter Erzieher kam, der drückte ihn auf den Stuhl und hielt ihn fest. Der andere begann, den Jungen mit dem elektrischen Haarschneider zu scheren.

Volker wehrte sich, schüttelte seinen Kopf, versuchte sich vom Stuhl zu winden. Ein dritter Erzieher kam, der drehte ihm die Arme nach hinten, der zweite hielt seinen Kopf an den Ohren fest. Der „Friseur" schor die langen schwarzen Haare, auf die der Junge so stolz gewesen war. Er verpasste ihm den kurzen Faconschnitt, wie ihn alle hier trugen.

Dann erhielt Volker seine Heimkleidung, blaugrau das Schlafhemd, passend zur Bettwäsche, blaugraue Kleidung für drinnen und blaugraue Kleidung für draußen. Nur an Sonntagen, durfte er manchmal die eigene Kleidung tragen, wenn die Kinder zur katholischen Kirche in den Gottesdienst gingen.

Alle Wäschestücke hatten innen am Kragen eine Nummer aufgenäht. „K 71 E" – „K" bedeutete Kalmenhof, „E" Eigentum. Die Nummer musste sich Volker einprägen. Denn im täglichen Leben des Kalmenhofs war diese Nummer äußerst wichtig. Bei jeder Gelegenheit mussten sich die Kinder aufstellen und abzählen. Morgens vor dem Weg zur Schule und ebenso bei der Rückkehr. Jeder musste seine Nummer laut melden. Wem sie nicht einfiel, der bekam sie unter Schlägen ins Gesicht gebrüllt.

Man schrieb das Jahr 1963, US-Präsident John F. Kennedy besuchte Berlin, die Beatles brachten ihr erstes Album heraus, die Russen schickten die erste Frau ins All, in England wurde ein Postzug ausgeraubt, Kassettenrecorder lösten das Tonband ab, „Winnetou" feierte Premiere in den deutschen Kinos, James Bond schickte „Liebesgrüße aus Moskau" und Martin Luther King hielt seine berühmte Rede „I have a dream". In die Kalmenhofschule drang davon wenig.

Der kleine Volker hatte in den ersten Wochen als „Neuzugang" schreckliche Angst, seine Nummer nicht mehr zu wissen, wenn sie aufgerufen wurde. Anfangs zog er sich auf der Toilette ständig sein Hemd aus und sah nach, um sich die Zahl zu merken.

Nach dem Einkleiden im Kalmenhof hatte er sich auf sein erstes Mittagessen gefreut. Doch zuerst wurde gebetet. Die meisten Erzieher waren katholisch und achteten streng darauf, dass vor und nach den Mahlzeiten ein Tischgebet gesprochen wurde. Während des Essens mussten die Kinder schweigen.

Es gab Kartoffelbrei und Spinat. Volker und zwei andere Jungen bekamen allerdings stattdessen eine aufgewärmte Suppe vom Vortag. Er begriff schnell: Hier im Kalmenhof gehörte das Essen zur Erziehung. Nur wer brav war, bekam etwas Gutes, ein Ei mehr oder eine Bratwurst. Volker war ein Bettnässer, die galten nicht als brav.

Volker brannten zwei Fragen auf der Seele: Erstens, warum er überhaupt ins Heim gekommen war, und zweitens, wie lange er noch würde bleiben müssen. Doch seine Erzieher zuckten bloß mit den Schultern. Volker verlangte, zum Direktor gebracht zu werden. „Kannst du haben, Bürschchen!", zischte der Erzieher, packte ihn an den Ohren und schleifte ihn bis zur Tür des Direktors. „Hier, der hat was zu melden."

Volker musste sich auf einen Stuhl setzen, vor einen riesigen Schreibtisch. Der Erzieher wartete im Flur.

„Was ist denn los?", brüllte der Direktor. Volker versuchte, seine Fragen vorzubringen. Die knappe Antwort: „Du bleibst hier! Deinen Eltern wurde das Sorgerecht entzogen!" Mehr erklärte der Direktor ihm nicht.

Der Siebenjährige wusste nicht, was das zu bedeuten hatte. Der Direktor: „Das heißt, dass du ewig im Heim bleiben musst!"

Volker fing an zu heulen. Der Direktor ließ den Erzieher kommen, damit er „die Heulsuse da" mitnähme. Volker wurde wieder allein in den leeren Schlafsaal auf sein Bett gesetzt und schluchzte noch lange in sich hinein.

Es kam oft vor, dass er nicht am Abendessen teilnehmen durfte und auf seinem Bett warten musste. In dem kleinen Jungen wechselten dann Angst- und Hassgefühle. Stundenlang lag er auf dem Bett, begann an den Ecken des Kopfkissens zu nuckeln und hörte damit selbst dann nicht auf, als er auch dafür bestraft wurde. Er hing an seinem Kissen, als könnte es ihn beschützen.

Das Regime der Erzieher sah demütigende Bestrafungen vor den Augen aller anderen vor. Die Kinder sollten miterleben, was ihnen drohte, wenn sie ungehorsam waren. Niemand wollte einen Fehler machen, doch das war kaum möglich.

Ein Fehler war schon, wenn man am Frühstückstisch ein Brot herunterfallen ließ. Jedes Mal, wenn ihm ein Marmeladenbrot aus der Hand gerutscht war, wurde Volker auf den Hinterkopf geschlagen: „Das hebst du sofort auf. Und hinterher putzt du den ganzen Boden!"

Wer beim Beten durch noch so leises Kichern gestört hatte, bekam nichts mehr zu essen, musste aber zwischen den anderen sitzen bleiben. Fiel einem Kind Kartoffelsalat herunter, kam es vor, dass es zum Gespött aller diesen vom Boden lecken musste.

Auch wenn im Aufenthaltsraum gespielt wurde, hatte dies nur auf dem Tisch zu geschehen. Es durfte selbst beim Spiel nichts herunterfallen. Michael Fritz, mit Volker zur gleichen Zeit im Bubenhaus, weil sein Vater gestorben war, bekam die Rache einer Erzieherin zu spüren, zu der der Zehnjährige angeblich zu frech gewesen war.

Kurz darauf fand er auf seinem Bett das Einzige, was er von zu Hause hatte behalten dürfen, einen Teddy, vollkommen zerstückelt vor, die Arme und Beine waren abgeschnitten.

Jeder Erzieher hatte einen eigenen Rohrstock, der mit einem farbigen Ring markiert war. Volker fürchtete besonders den Stock mit dem roten Ring. Er gehörte einer Erzieherin, die es liebte, genau auf seine Fingerspitzen zu schlagen.

Die Erzieher quälten die Kinder gerne an Orten, wo es keine Zeugen gab. Dazu gehörten die Duschen im Keller. Sie waren bei den Kindern verhasst, weil sie so konstruiert waren, dass nur die Erzieher über kalt und heiß bestimmen konnten. Manche machten sich einen Spaß daraus, das Wasser viel zu heiß zu stellen, so dass die Kinder schrien. Andere Aufseher ließen die Kinder im Keller zur Strafe kalt duschen und so lange frierend stehen, bis sie zitterten.

Einige Erzieher betranken sich oft und waren dann noch unkontrollierter als sonst. Sie saßen dann abends in der Küche, und die Kinder hörten sie bis in den dritten Stock hinauf grölen.

Volker schlief schon, als einmal mitten in der Nacht im Schlafraum das Licht angeknipst wurde. Ein Erzieher, vor dem viele Kinder große Angst hatten, kam herein und trat vor das erstbeste Bett. „Aufstehen!"

Der Junge, er hieß Heinz, hatte sich noch nicht erhoben, da traf ihn schon ein Schlag ins Gesicht. „Geht das nicht schneller?" Heinz hatte beide Hände wie einen Schild über seinen Kopf erhoben und schwieg. „Sonst noch jemand einen kleinen Gutenachtkuss?"

Spontane Gewaltausbrüche der Erzieher, die sich kurz zuvor noch nett gegeben hatten, waren üblich. Ein gewisser Teil davon spiegelt sich im „Strafbuch" des Bubenhauses wieder. In der Kladde, deren offizieller Name „Erziehungsmaßnahmenbuch" lautete, trugen ab und zu die Erzieher für ihren Direktor ein, wen sie wie und warum bestraften. Göschel zeichnete allerdings oft erst Wochen später ab.

Es sollte ihm wohl zur Entlastung dienen. Dafür, dass nur ein Bruchteil der alltäglichen Bestrafungen – zudem oft verharmlost („Zwei Schläge mit der Hand auf die Schulter") – eingetragen wurde, ist die Kladde dennoch aufschlussreich. Ganz offen steht dort zwischen 1963 und 1970 unter „Erziehungsmaßnahme" nicht nur das Wort „Schläge", sondern auch „paar Schläge mit dem Stock" oder „Essensentzug, Ohrfeige".

Für „Ungehorsam beim Kirchgang" gab es „Besinnungszimmer". Für „Entweichen aus der Kirche" während des Gottesdienstes „Ersatz der Hauptmahlzeit durch Brot". Weil er die „Stadtmauer überklettert" hatte, musste ein Junge den „Tagesraum bohnern". Auf einen „Diebstahl von Apfelsinen in der Küche, hartnäckiges

Leugnen“ folgten „4 Ohrfeigen“. Wegen „anhaltender Unsauberkeit und Unordnung“ gab es „2 leichte Schläge auf das Gesäß“. Im Februar 1968 verpasste eine Erzieherin „mit einem Kleiderbügel mehrere Schläge auf das Gesäß“ eines Jungen, weil er sich beim Spielen im Wald von der Gruppe entfernt hatte.

Es war in seinem zweiten Jahr im Heim, da ließ ein Erzieher in aller Öffentlichkeit seine ganze Wut an dem schmächtigen Volker aus. Die Erzieher im Bubenhaus verteilten an einem Samstag das wöchentliche Eis wie so oft vollkommen willkürlich an die Kinder.

Volker war schon länger leer ausgegangen. Er wartete ab, bis die „braven“ Kinder seiner Gruppe etwas bekommen hatten, dann trat er mit voller Wucht gegen den Kübel. Das Schokoladeneis ergoss sich über den Fußboden. Volker versuchte zu fliehen.

Er kam bis zur Treppe an der Turnhalle. Da erwischte ihn der Erzieher von hinten. „Du altes Miststück! Du alte Drecksau!“

Volker dachte nur: Warum schlägt er mir nicht mal auf die Beine? Warum immer nur auf den Kopf?

Nach einer guten Stunde im „Besinnungszimmer“ kam eine Erzieherin und wischte das Blut aus Volkers Gesicht. Die Platzwunden am Kopf, die er sich auf den steinernen Treppenstufen zugezogen hatte, waren dennoch nicht zu übersehen.

„Die anderen kriegen jede Woche ihr Eis, ich muss immer drauf verzichten“, sagte Volker dem Direktor, „da habe ich den Eiskübel einfach umgeschmissen.“

„Das darfst du doch nicht machen,“ antwortete Direktor Göschel, „die anderen bekommen ja kein Eis mehr, wenn du alles umschmeisst.“

„Ich musste es aber einfach machen.“

„Dafür wird man dann aber auch bestraft.“ Zurück im Bubenhaus, musste Volker sich über sein Bett legen und erhielt ein Dutzend Hiebe mit einem Gummischlauch.

Die Kinder im Kalmenhof waren den Erziehern praktisch wehrlos ausgeliefert. Sie hatten ständig Angst. Einige Erzieher, berichten Volker und andere ehemalige Heimkinder, missbrauchten ihre Zöglinge sexuell – sowohl im Buben- als auch im Mädchenhaus.

Die Kinder erzählten es vor lauter Angst und Scham nicht weiter. Dennoch ließen sich solche Vorkommnisse auf Dauer nicht verbergen. Die Kinder wussten, wie es in den beiden Häusern zuging.

Keiner traute sich, etwas dagegen zu unternehmen. Zwar gab es immer wieder Versuche, den Direktor zu informieren, aber das war sinnlos. Die Erzieher hatten die Kinder in der Hand. Zu ihrem perfiden System gehörte auch, dass sie einige ältere Jugendliche zu Hilfsaufpassern bestimmten. Diese waren genauso brutal zu den jüngeren und schwächeren Kindern wie ihre Erzieher.

Ab und zu machte Direktor Göschel einen Rundgang durch den Kalmenhof. Dann erschien er auch im Bubenhaus, trat zu den Kindern, klatschte in die Hände, und seine Begleiter warfen Bonbons in den Raum – auf den Fußboden. Die Kinder stürzten sich auf die Süßigkeiten und balgten sich um sie, der Direktor amüsierte sich, lachte laut und ging wieder weiter in eine andere Gruppe, wo er sein „Spiel" wiederholte.

Irgendwann begann Volker, alles im Heim zu hassen. Und weil er den Hass auf den Direktor und die Erzieher nicht direkt loswerden konnte, hasste er jeden Baum, jeden Stein, jeden Schemel, jeden Schrank, jede Türklinke, einfach jeden Gegenstand, der irgendwie mit dem Heim zu tun hatte.

An den Gegenständen reagierte er seinen Hass ab, er machte kaputt, was ihm in die Hände kam – bis hin zu den Reifen am Auto des Direktors, einem schwarzen Mercedes. Je länger Volker im Kalmenhof war, desto mehr wollte er alles zerstören. Auch die drakonischen Strafen konnten ihn nicht davon abhalten.

Der Direktor achtete darauf, dass die Kinder untereinander auf Distanz blieben. Längere Zeit zusammenzustehen und miteinander zu reden auf dem Schulhof oder gemeinsame Spiele auf dem Gelände waren nicht erlaubt. Göschel hatte angeordnet: „Kinder, wenn ihr spielen wollt, immer schön getrennt und auseinander."

Aber das Bedürfnis nach Freundschaften untereinander war groß. Wenn die Erzieher eine Besprechung mit Göschel hatten oder mit ausgewählten, „braven" Kindern für den Idsteiner Weihnachtsbasar Vogelhäuschen bastelten, nutzte Volker seinen Dietrich und zog mit einigen Jungen hinüber ins Mädchenhaus. Einer musste Schmiere stehen. Es ging immer gut.

Doch Volkers kostbarstes Gut, der Nachschlüssel, war stets gefährdet. Wenn bei dem Bettnässer morgens die Matratze gewechselt wurde, was immer wieder mal vorkam, musste er höllisch aufpassen, dass der Dietrich nicht entdeckt wurde. Eines Morgens war der Junge nicht schnell genug.

Die Putzfrau, die seine Bettunterlage austauschte, übersah jedoch den Dietrich – oder wollte ihn übersehen. Die 34-Jährige, selbst ein ehemaliger Fürsorgezögling, war für ihre Nachsicht bekannt. Elfriede Schreyer lebte von Kindesbeinen an im Kalmenhof, insgesamt fast drei Jahrzehnte lang – als billige Arbeitskraft.

Die große Frau mit den kräftigen Armen arbeitete in der Küche und servierte den Kindern das Essen. Manchmal machte sie Andeutungen, die Volker nicht richtig verstand: Volker habe noch Glück, früher sei es den Bettnässern noch schlechter ergangen. Da habe man die Kinder „einfach weggemacht", sie habe es selbst erlebt.

Elfriede war 1943 Waise geworden, ihre Eltern bei einem Luftangriff in Kassel ums Leben gekommen. Die Zwölfjährige kam über einige Zwischenstationen nach Idstein. Weil sie kaum sprach, erhielt sie in ihrer Fürsorgeakte den Vermerk „angeborener Schwachsinn".

Das bedeutete im Kalmenhof damals in der Regel den sicheren Tod. Denn in der Krankenstation des Fürsorgeheims, nur ein paar Meter vom Bubenhaus entfernt, in der sogenannten Kinderfachabteilung, wurden „Ballastexistenzen", Kinder, die als „unnütze Esser" bezeichnet wurden und deren Leben als „lebensunwert" galt, systematisch ausgerottet.

Wie in anderen Heimen in ganz Deutschland hatten sich Leitung und Personal des Kalmenhofes zunächst an der Selektion für die Zwangssterilisierung solcher Kinder beteiligt. Seit 1941, unter Heimdirektor Wilhelm Großmann, diente der Kalmenhof als „Zwischenlager" für die Transporte nach Hadamar, dem hessischen Vernichtungslager, in dem die Opfer des nationalsozialistischen

Euthanasieprogramms vergast oder zu Tode gespritzt wurden. Die berüchtigten grauen Busse der Gekrat („Gemeinnützige Krankentransport-Gesellschaft“) mit ihren verhängten Scheiben brachten nachts ständig Nachschub selektierter Kinder, luden sie aus und nahmen im Austausch die bereits für Hadamar aussortierten Kinder mit. Es herrschte im Kalmenhof laut Heimdirektor Großmann ein „Kommen und Gehen“. Oft fuhren zwei bis drei Busse mit jeweils 30 Kindern und Jugendlichen gleichzeitig im Kalmenhof vor. Manchmal kamen Transporte mit 100 Personen auch am Bahnhof Idstein an. Das Treiben blieb im Ort nicht verborgen, jeder Idsteiner wusste schon bald, worum es ging, berichten Zeitzeugen.

Die Erzieher mussten sämtliche Akten, Wertgegenstände und Geld der Zöglinge mit auf den Transport geben; sie registrierten auch, dass nur wenige Tage nach der Abfahrt der Zöglinge deren Kleidung aus Hadamar als „nicht länger benötigt“ zurückkam.

Als zur Jahreswende 1942 die Transporte nach Hadamar vorübergehend eingestellt wurden, lief die Tötungsmaschinerie auch im Kalmenhof selbst an. Ärzte und Schwestern der „Kinderfachabteilung“ brachten von 1941 bis zum Einzug der Amerikaner in Idstein im März 1945 mindestens 1000 Kinder und Jugendliche um, die meisten waren kaum 15 Jahre alt.

Zu dieser Zeit war Elfriede Schreyer als junges Mädchen ins Idsteiner Heim gekommen. Da sie arbeiten konnte, musste sie, wie die meisten anderen damals rund 400 Heimzöglinge, überall mit anpacken.

Kurz vor ihrem 14. Geburtstag kam sie mit Fieber auf die Krankenstation. Alle im Heim wussten, dass man die Krankenstation nicht lebend verließ.

Elfriede Schreyer lag einige Wochen auf der Station. Sie wunderte sich, dass morgens, wenn sie aufwachte, viele der anderen Betten um sie herum leer waren.

Das Gift, mit dem die Kinder ermordet wurden, kam offenbar aus einer Apotheke in Idstein, Luminal-Tabletten und Morphiumspritzen. Die Angehörigen erhielten meist die knappe Mitteilung: „Plötzlich verstorben ... Beerdigung konnte nicht aufgeschoben werden." An die Heidelberger Universitätsnervenklinik, an der „Untersuchungen" an „asozialen Gehirnen" vorgenommen wurden, schickte der Kalmenhof heimlich die Hirne einiger „Asozialer".

Als die Heimärztin Mathilde Weber zu einer sechswöchigen „Fortbildung" nach Heidelberg fuhr, sank die Zahl der toten Kinder fast auf null. Bei dieser „Fortbildung" der Kalmenhofärztin wurde mit Elektroschocks und Darminfektionen an lebenden Menschen experimentiert. Einige Patienten starben daran noch während des „Kurses". Das Ziel dieser Elektroschockversuche war es, ein „therapeutisches Koma" bei widerspenstigen Zöglingen einzuführen. Der Kalmenhof erhielt danach ein solches Elektroschockgerät.

Elfriede Schreyer, die nach dem Krieg noch mehr als zwei Jahrzehnte – bis 1970 – im Heim blieb, hatte Glück: Die Todesärztin Weber erkrankte selbst an Tuberkulose, die Tötungen wurden ausgesetzt. Elfriede kam zurück ins Mädchenhaus. Sie überlebte auch, weil sie sich nützlich machte und gebraucht wurde. Sie arbeitete in der Hauptküche, schälte Kartoffeln, bereitete das Essen vor. Im schwarzen Kleid, mit weißer Schürze und Häubchen bediente sie im „Heimkasino" die hohen Herren des Kalmenhofes, Offiziere und Idsteiner Nazis.

Neun Monate vor Kriegsende, im Sommer 1944, übernahm der Arzt Hermann Wessel die Nachfolge der erkrankten Kalmenhofärztin Weber. Da die Ärztin ihm jedoch kaum noch angelieferte „Delinquenten" hinterlassen hatte, suchte Nachfolger Wessel nach möglichen „Ballastexistenzen" direkt im Kalmenhof. Dabei hatte er in Heimdirektor Großmann einen willigen Verbündeten. Der forderte seine Erzieher und Werkstättenleiter auf, Listen von „Bettnässern" anzufertigen. Anschließend schickte Großmann diese Zöglinge zur Station Wessels. Keiner von ihnen hat überlebt.

Im Kalmenhof wurden damals auch als „asozial" und „widerspenstig" geltende Fürsorgezöglinge getötet, besonders solche, die wiederholt aus Heimen geflohen waren oder als „unbildbare, arbeitsscheue" Zöglinge galten.

In einigen Fällen sind die Akten der im Kalmenhof Umgebrachten noch erhalten, wie die des 16-jährigen Georg Rettig, der wegen

„Arbeitsbummelei" eingewiesen worden war. Der kerngesunde Jugendliche wurde nach mehreren Fluchtversuchen aus dem Bubenhaus von Heimarzt Wessel in die kaum 50 Meter entfernte „Kinderfachabteilung" geholt und im Dezember 1944 ermordet. In einem anderen Fall war die 17-jährige, gut aussehende Ruth Pappenheimer von einem Mitglied des Kalmenhof-Fördervereins missbraucht worden. Wessel stufte sie als „asozial bzw. charakterlich abartig" ein und gab ihr eine Morphiumspritze, an der sie starb.

Fürsorgezögling Karl-Heinz Zey, 15, war ein Schulschwänzer und kam wegen „Arbeitsbummelei" zur „straffen Erziehung" in den Kalmenhof. Im Oktober und November 1944 versuchte er drei Mal aus dem Idsteiner Kalmenhof zu seinen Eltern im 47 Kilometer entfernten Geburtsort Langendernbach zu fliehen. Nach seinem dritten Fluchtversuch forderte der dortige Bürgermeister vom zuständigen Jugendamt Limburg „sehr strenge Maßnahmen". Zwei Tage später, am 24. November 1944, meldet der Kalmenhof: „Der Zögling Karl-Heinz Zey ist heute in unserer Anstalt gestorben."

Seinen Eltern gelang es, den Sarg mit ihrem toten Sohn aus dem Kalmenhof herauszuholen. Sie waren wegen der Todesursache „Kreislaufschwäche" misstrauisch geworden und erschraken, als sie zu Hause im Beisein von Zeugen den Sarg öffneten. Ihr Brief an das Jugendamt Limburg ist in den Akten erhalten: „Haare kurz geschoren. An der linken Halsschlagader ein Einstich, anscheinend von einer Spritze herrührend. Der ganze Körper war blutunterlaufen und mit dicken Striemen bedeckt, die Hoden waren geplatzt. Es war offensichtlich, dass der Junge zu Tode geschlagen worden war."

In den Taschen fanden die Eltern den letzten Brief ihres Sohnes: „Liebe Mutter! Sie sind gegangen und haben mich eingesperrt ... Ich gehe wieder meine Wege, ich bleibe nicht hier. Komm und hole mich! Liebe Mammi mach ...!"

Als Spezialität im Kalmenhof galt es, die Kinder mit Ochsenziemern zusammenzuschlagen. Darüber hatte sich auch der 15-jährige Zey in einem heimlich verschickten Brief zehn Tage nach seiner ersten Einweisung schon beschwert. Die lederharten Streifen wurden in der heimeigenen Schlachterei aus getrockneten Penissen der Ochsen hergestellt – bis weit in die sechziger Jahre.

Um die hohe Zahl von Beerdigungen kostengünstig und nicht allzu auffällig durchzuführen, wurde in unmittelbarer Nähe des Krankenhauses mitten im Kalmenhof, auf einem Unkrautacker gleich hinter der Heimschule, ein Massengrab angelegt.

Dort wurden die Opfer aus der „Kinderfachabteilung" in mehreren Schichten übereinander begraben. Jedes dieser Massengräber hatte lediglich eine Nummer.

Der Einmarsch der Amerikaner in Idstein 1945 machte dem Morden im Kalmenhof ein Ende.

Das Töten der Menschen als „Ballastexistenzen" wurde gestoppt, die wichtigsten Beteiligten verhaftet. Aber der Ungeist der NS-Zeit lebte noch lange weiter.

Elfriede Schreyer musste auch nach der Befreiung im Kalmenhof bleiben. „Sie wird stets Überwachung und Führung nötig haben", heißt es 1946 in einem Akteneintrag über sie. Später, nachdem sie als 20-Jährige Anfang der fünfziger Jahre erstmals Mutter geworden war, wurde ihr „sexuelle Triebhaftigkeit" unterstellt. Sie selbst versprach sich von einem Mann, „endlich aus dem Heim herausgeheiratet" zu werden. Wahrscheinlich wurde die traumatisierte junge Frau von Erziehern im Heim geschwängert. Mehrmals versuchte sie zu fliehen. An die Schläge mit dem Rohrstock, wenn sie gefasst wurde, kann sie sich noch gut erinnern. Eine Schule durfte sie nie besuchen. Viele der alten Erzieher und Angestellten im Kalmenhof blieben teils bis in die sechziger Jahre dort weiter beschäftigt.

1956 brachte Elfriede ihren Sohn Heinz zur Welt. Sie gab ihn trotz Druck nicht zur Adoption frei, so kam er, wie seine beiden Geschwister, direkt nach der Geburt in ein Säuglingsheim nahe Idstein. In den Fürsorgeakten steht, dass der Sohn der „schwachsinnigen" Elfriede auch „schwachsinnig aussehe" und daher nicht von einer Pflegefamilie akzeptiert werden könne. 1957 wurde Elfriede unter ungeklärten Umständen sterilisiert.

In den ersten elf Lebensjahren sah Heinz seine Mutter nur bei einem einzigen Besuch im Kalmenhof. Erst 1967 ließ man ihn zu ihr. Heinz wurde ins Bubenhaus eingewiesen, Gruppe zwei, im zweiten Stock, er erhielt die Nummer „K 78 E".

Nun war er zwar in Elfriedes Nähe, aber in den ersten Wochen bekam der Sohn seine Mutter kaum zu Gesicht. Die Kalmenhof-Dienstmagd arbeitete außer in der Küche und der Wäscherei in einer Bäckerei in Idstein, ebenfalls ohne jeglichen Lohn. Zudem putzte sie bei Angestellten, Lehrern und Direktoren des Kalmenhofes. Sie hatte in den Jahren der Euthanasie gelernt, dass ihr nichts geschah, solange sie arbeitete. Heinz sah seine Mutter nur, wenn sie ihn bei den Mahlzeiten im Speisesaal bediente.

Im Laufe der Zeit kamen sich Mutter und Sohn im Heim etwas näher. Sie nahm ihn gelegentlich mit und zeigte ihm die Schreinerei, erzählte ihm vom Massengrab, in das sie beinahe auch gekommen wäre. Von dem Grab war jedoch nichts mehr zu sehen, und Heinz verstand nicht, was seine Mutter erzählte.

1968 kämpften die Kinder im Heim darum, dass sie lange Haare tragen durften. Doch der Chauffeur des Heimdirektors, der nebenher die Zöglinge mit seiner Haarschneidemaschine so gerne kurz schor, wehrte sich vehement gegen derartige Neuerungen. Er hatte Direktor Göschel auf seiner Seite.

Der zwölfjährige Heinz stand in der Hierarchie des Bubenhauses recht weit unten. Er und seine Mutter galten als der letzte Dreck bei den Erziehern. Heinz wurde von ihnen „Bastard" gerufen, und selbst die anderen Kinder tuschelten und stichelten. Das Leben im Heim war unerträglich für ihn, doch abhauen konnte er nicht – zu wem auch? Seine Mutter war, wie er, im Heim.

Heinz nahm die Strafen hin, wie sie kamen. Er musste einmal zusammen mit anderen Jungen nachts barfuß im Schnee stehen, weil sie im Schlafraum in den Betten getobt hatten. Michael Fritz und der kleine Volker, die mit Heinz Schreyer zur gleichen Zeit im Bubenhaus waren, wurden wiederholt mit anderen Kindern abends aus den Schlafsälen ins Erdgeschoss beordert, weil es zu laut geworden war. Dort mussten sie alle in die Knie gehen und die Arme gerade nach vorne halten. Auf die ausgestreckten Arme legten ihnen die Erzieher schwere Bücher, oft waren es

Bibeln. Wer sie herunterfallen ließ, bekam Schläge mit Rohrstock oder Ochsenziemer auf die Hände.

Heinz und Elfriede Schreyer mussten sich manches Mal Sprüche anhören wie: „Dich haben sie wohl vergessen zu vergasen!" Auf dem zum Kalmenhof gehörenden Hof Gassenbach hatten zwei der besonders brutalen Erzieher alte Nazitätowierungen, einer brüstete sich ständig offen mit seiner Zeit bei der SS.

Heinz Peter Junge erlebte öfter, wie sie besonders grausam und ohne jegliches Verständnis für deren Lage behinderte Kinder als „Krüppel" verspotteten und züchtigten, wenn sie auf dem Kartoffelacker bei der Ernte nicht mithalten konnten. Einmal ging er dazwischen, als er sah, wie ein Erzieher mit einem Keilriemen nach den Behinderten schlug. Er bekam den harten Riemen sofort selbst mehrfach über sein Gesicht gezogen.

Ein anderes Mal war ein langer Nagel in dem Brett, mit dem derselbe Erzieher wegen „Arbeitsverweigerung" nach Junge schlug. Die Spitze grub sich tief in seinen Rücken. Die Umstehenden hatten Mühe, Heinz Peter davon abzuhalten, selbst zum Täter zu werden. Er hatte den Erzieher mit dem Kopf schon fest in den Misthaufen gedrückt.

In den sechziger Jahren achtete Direktor Göschel, wie schon sein Vorgänger Ernst Ilge in den fünfziger Jahren, stets darauf, nur „harte Kerle" einzustellen. Göschel hielt auch die Erzieher an, mit aller Härte durchzugreifen. Eine Abrechnung mit der Ideologie und Pädagogik der NS-Zeit fand im Kalmenhof nicht statt – wie fast nirgendwo in ähnlichen Einrichtungen in Westdeutschland.

Dazu trug auch das Schweigekartell der Bürger vor Ort bei. Die Idsteiner sorgten dafür, dass die Massenmorde an wehrlosen Kindern und Jugendlichen rasch vergessen wurden. Fast alle Beteiligten an den Verbrechen im Kalmenhof blieben ohne nennenswerte Bestrafung und lebten zum größten Teil in Idstein weiter, als wäre nichts gewesen. Zwar wurden Heimdirektor Großmann und die beiden Ärzte Weber und Wessel 1947 zum Tode verurteilt, doch wandelte man in den fünfziger Jahren die Urteile in Gefängnisstrafen um, und die Verurteilten kamen – bis auf Wessel – sogar frei.

Die Idsteiner Bevölkerung unterstützte aktiv eine Revision der Gerichtsurteile für den Direktor des Kalmenhofes und die Ärztin Weber, Ehegattin eines angesehenen Idsteiner praktischen Arztes. Es seien doch stets charaktervolle und wohltätige Mitbürger gewesen, hieß es: „Jeder hier weiß, mit welchem Pflichtgefühl und welcher Liebe sich Frau Dr. Weber für die ihr anvertrauten Pfleglinge und Patienten eingesetzt und ... aufgeopfert hat." In den schmucken Gassen des durch den Krieg kaum in Mitleidenschaft gezogenen Fachwerkstädtchens wurden dafür sogar 600 Unterschriften gesammelt. Ein Pfarrer forderte ebenso die Revision wie die Bürgervertretung Idsteins.

Frau Dr. Weber lebte bis zu ihrem Tod in Idstein, man sah sie bis vor kurzem, wenn sie durch die Fußgängerzone zu ihrem Mietshaus ging, von dessen Einnahmen sie gut leben konnte. Der ursprünglich zum Tode verurteilte Direktor Großmann kam noch 1970 als angesehener Mann in den Kalmenhof, um seine Beihilfeanträge als ehemaliger Staatsdiener einzureichen.

Im Kalmenhof sprach niemand über die Vergangenheit, auf dem Massengrab wucherte Unkraut. Ein paar Obstbäume wurden gepflanzt, und der neue Direktor der Heimschule ließ Anfang der sechziger Jahre einen Schulgarten errichten. Heinz Schreyer erinnert sich noch an Salat, Radieschen und Mohrrüben, die in den kleinen Beeten von den Mitschülern geerntet wurden. Als der Schulgarten erweitert und mit dicken Bahnschwellen umzäunt werden sollte, ließ man davon ab, weil die Arbeiter beim Versuch, die Bohlen in den Boden zu treiben, auf zu viele Knochen stießen.

Doch davon ließen die Beteiligten nichts nach außen sickern. Das Heim wollte zu Beginn der sechziger Jahre keine Probleme mit der Vergangenheit haben. Die Jungen und Mädchen wunderten sich, als ihnen in dieser Zeit Direktor Göschel kurz vor dem Christfest versprach: „Weihnachten kommt der Weihnachtsmann, der spricht euch dann alle mit Namen an. Nummern wird es dann nicht mehr geben." Es gab im Laufe der Jahre sogar noch mehr „Reformen": Das Bubenhaus wurde zum „Tannenhaus" und das Mädchenhaus erhielt den Namen „Birkenhaus".

Die junge Psychologin Gertrud Zovkic, die zur Jahreswende 1966/67 im Kalmenhof ihre Arbeit aufnahm, entsetzte sich über die Zustände, die sie vorfand. Sie lernte dort „vollkommen unfähige Erzieher“ und „mittelalterliche Zustände“ kennen und prangerte 1969 dann auch öffentlich die „autoritären und demagogischen Praktiken“ des damaligen Kalmenhofdirektors Göschel an, „denn die Prügelstrafe ist im Kalmenhof noch immer System“.

Einer der von ihr als „militaristisch“ kritisierten Erzieher hatte zu ihrem Entsetzen mehrere Zöglinge als „Prügelgarde“ eingesetzt, die renitente Heiminsassen zusammenschlug. Vor dem Wiesbadener Schöffengericht mussten sich später insgesamt fünf Erzieher wegen Misshandlung Schutzbefohlener verantworten. Einer verteidigte sich mit der Bemerkung „Ohrfeigen hat es bei uns doch oft gegeben. Da war doch nichts Besonderes dran.“ Durch seine Ohrfeige hatte ein Zögling einen Trommelfellriß erlitten. Ein vom Schreiner zum Kalmenhoferzieher aufgestiegener Mann gab vor Gericht preis: „Ich hab auch mal ein Stuhlbein geschwungen.“ Doch die Taten wurden nur mit äußerst milden Strafen gesühnt: zwischen 60 und 100 DM Geldbuße.

Zovkic setzte sich auch für das Ende des Schlachtbetriebes ein sowie dafür, dass Elfriede Schreyer nach 27 Jahren den Kalmenhof verlassen durfte. Ihre Aktivitäten brachten der Frau jede Menge Ärger ein, nicht nur mit den Erziehern, auch mit den Idsteiner Bürgern und vor allem mit der Kasseler Zentrale des Landeswohlfahrtsverbandes. 1970 musste nicht Direktor Göschel, sondern zuerst die „Nestbeschmutzerin“ Zovkic gehen. Der Landeswohlfahrtsverband holte Göschel dann in seine Hauptverwaltung nach Kassel.

Die meisten „Erzieher“ – das stellte Karl Reitinger, der Nachfolger Göschels, 1972 bei seinem Amtsantritt fest – waren ohne entsprechende Qualifikation auf die Kinder losgelassen worden. Von 90 Angestellten im Gruppendienst hatten nur vier eine pädagogische Ausbildung. Es dauerte jedoch noch lange, bis der neue Direktor hinter alle Geheimnisse des Erziehungsheimes kam.

1978, zum 90-jährigen Bestehen des Kalmenhofes, hatte sich Reitinger unter seinen Mitarbeitern über die Geschichte des Hauses erkundigt. Auf der Grundlage der von diesen gelieferten Informationen hielt er vor 150 Gästen und Angestellten eine Rede im „Sternensaal" des Hauptgebäudes, mit der er unbewußt die Legenden um die Vergangenheit des Heims weiterspann: „Bevor ich mit einem großen Sprung an die Gegenwart anknüpfe, möchte ich jedoch einer Frage nicht ausweichen, die oft gestellt wird: Wurden in der Hitlerzeit im Rahmen des sogenannten Euthanasieprogramms im Kalmenhof Menschen umgebracht? Diese Frage kann mit einem klaren Nein beantwortet werden." Keiner der Festgäste erhob Einspruch, unter ihnen waren nicht wenige, die es besser wussten.

Erst als Anfang der achtziger Jahre Idsteiner Schüler eine Reise mit der „Aktion Sühnezeichen" nach Auschwitz machten, brachte der junge Pfarrer Friedrich Wilhelm Siebert den Verdacht mit, dass im Kalmenhof Kinder umgebracht worden seien. Ein Überlebender des KZ, Jurek Skrzypek, hatte der Reisegruppe dazu Hinweise gegeben. Nach der Rückkehr schrieb der Pfarrer entsprechende Briefe an den Kalmenhof und den Bürgermeister von Idstein.

Die Gartenbeete der Fürsorgezöglinge bei dem Massengrab wurden daraufhin diskret beseitigt, doch es dauerte noch eine ganze Weile, bis 1987 alle Widerstände gegen ein Gedenken gebrochen waren und einige Steininschriften an dieser Stelle angebracht wurden. Heute erinnert eine Austellung im Kalmenhof an die Massenmorde der NS-Zeit.

Kürzlich trafen sich einige der Jungen aus dem Bubenhaus zum ersten Mal nach mehr als drei Jahrzehnten wieder in ihrem ehemaligen Heim. Volker, Heinz Peter, Michael und der Sohn von Elfriede Schreyer waren mit dabei. Sie standen vor dem Rasen, unter dem mindestens 600 Ermordete liegen, und fanden es ungeheuerlich, dass sie an dieser Stelle einst Radieschen geerntet hatten, dass sie jeden Morgen auf ihrem Schulweg hier vorbeikamen, ohne etwas davon zu wissen, in Zweierreihen mit einem fröhlichen Volkslied auf den Lippen.

„Die Erinnerungen an den Kalmenhof sind immer in mir", sagt Volker, „die gehen nicht weg." Er will das Mädchen finden, das er einige Male im Keller von ihren Fesseln befreit hat. Die Marion.

Michael Fritz ist schwer traumatisiert, er fürchtet sich vor Händen, kann nicht in engen Räumen sein, bekommt Angstzustände, wenn er unter der Dusche steht. Heinz Peter Junge würde noch einmal gern den Erzieher sprechen, der ihn auf dem Landgut des Kalmenhofes so oft zusammengeschlagen hat – „nur um zu fragen, warum er damals eigentlich so brutal gewesen war". Doch sein Brief nach Idstein blieb unbeantwortet.

Heinz Schreyer hat inzwischen mit Nachforschungen über seine Herkunft begonnen: Er will endlich herausfinden, wer von den einstigen Erziehern im Heim sein Vater ist. Seine Mutter kann oder will es ihm nicht sagen. Sie lebt in einem Altersheim. Ihr Sohn führt lange Gespräche mit ihr, er kämpft für die Anerkennung der Leidensgeschichte seiner Mutter.

Sie hat nach ihrer Entlassung geheiratet, wurde jedoch bald Witwe und lebt von 60 Euro Witwenrente und Sozialhilfe – mehr ist ihr von 27 Jahren Arbeit im Kalmenhof nicht geblieben. Aber dem Sohn geht es nicht um Geld für seine Mutter. „Es ist das Unrecht, das ihr widerfahren ist, für das sich keiner entschuldigt hat. Kein Pfarrer, kein Erzieher, kein Direktor, kein Landeswohlfahrtsverband."

Pilgerreise in die Kindheit

Ein altes Kloster im Hessischen diente als Verwahranstalt für „gefallene" Mädchen – und während der NS-Zeit auch als Arbeitserziehungslager der Gestapo. Monika Rohde und Helga Weber haben die Jahre in Breitenau nie verwunden.

Wenn man die Tür am Fuße des massigen Turmes der alten Klosterkirche Breitenau öffnet, liegt dahinter ein gewaltiges Treppenhaus aus Stein. Die örtliche Feuerwehr hat hier einmal ihre langen Wasserschläuche zum Trocknen aufgehängt. Im Raum zur Linken wurden Tote aufgebahrt. Die Stufen führen hinauf zu schweren Holztüren, hinter denen die Räume im Innersten des Kirchengebäudes liegen.

Kein Laut sollte wohl aus diesen Räumen herausdringen: Der ersten Tür folgt ein kurzes Stück Gang, dann eine zweite Tür. Dahinter betritt man einen kahlen Raum, spärlich beleuchtet von einer vergitterten Luke unter der Decke. Man erkennt eine Waschschüssel aus Emaille, die auf einem Holzschemel steht, und ein Klobecken für die Notdurft. Der Raum wirkt leer und kalt.

Ein Bett aus rohen Brettern steht noch da, ohne Matratze. Auf dem Holz ist eine braune Wolldecke ausgebreitet, mit großen Lettern, die auf den letzten Benutzer des Klostergemäuers hinweisen: „Landesfürsorgeheim Fuldatal". Das Verließ gehörte zu einem Erziehungsheim des Landeswohlfahrtsverbandes Hessen für „verwahrloste" Mädchen ab 14 Jahren, die hier von 1952 bis 1973 untergebracht waren. Eine der drei Zellen diente bis zum Schluss dazu, die Mädchen „zur Besinnung" zu bringen.

Die Wände sind voller Kritzeleien. Namen, Daten, Striche, Herzen. „Irgendwann müssen sie mich doch entlassen" steht da. Und: „Die Erzieherinnen sind schlimmer als die Mädchen" oder: „Hier drin wird man erst verdorben." Eine „Marion, Bad Schwalbach" hat ein Datum eingeritzt: „5.10.1960", ein anderes Mädchen

HAUPTARCHIV BETHEL

Torfstechen im Moor in der von Bethel betriebenen Diakonie Freistatt

ARCHIV DER DIAKONIE FREISTATT

Fürsorgezöglinge im Moor, 1966

ARCHIV DER DIAKONIE FREISTATT

ARCHIV DER DIAKONIE FREISTATT

Presstorf-Herstellung

ARCHIV DER DIAKONIE FREISTATT

Die Moorburg in den dreißiger Jahren

ARCHIV DER DIAKONIE FREISTATT

Arbeitskolonne mit Aufseher im Moor

Beladen der Loren und Anhänger zum Abtransport im Moor

ARCHIV DER DIAKONIE FREISTATT

ARCHIV DER DIAKONIE FREISTATT

ARCHIV GEDENKSTÄTTE BREITENAU

Ansicht des Klosters Breitenau, um 1960. In den beiden oberen Stockwerken waren die Fürsorgezöglinge des Mädchenheims Fuldatal untergebracht. Bei den jeweils ganz links gelegenen Fenstern dieser Stockwerke erkennt man die Milchglasscheiben von „Besinnungszimmern".

Duschraum im Mädchenheim Fuldatal in Guxhagen.
Das Heim wurde 1973 aufgegeben und ist heute
weitgehend unverändert erhalten.

HANSJÖRG HOERSELJAU

Essgeschirr und *(rechts)* Flur zu den Schlafräumen im Mädchenheim Fuldatal, Guxhagen

Zur „Besinnung" mussten die Mädchen ohne Matratze im Turmkerker schlafen

PETER WENSIERSKI/DER SPIEGEL

HANSJÖRG HOERSELJAU

ARCHIV GEDENKSTÄTTE BREITENAU

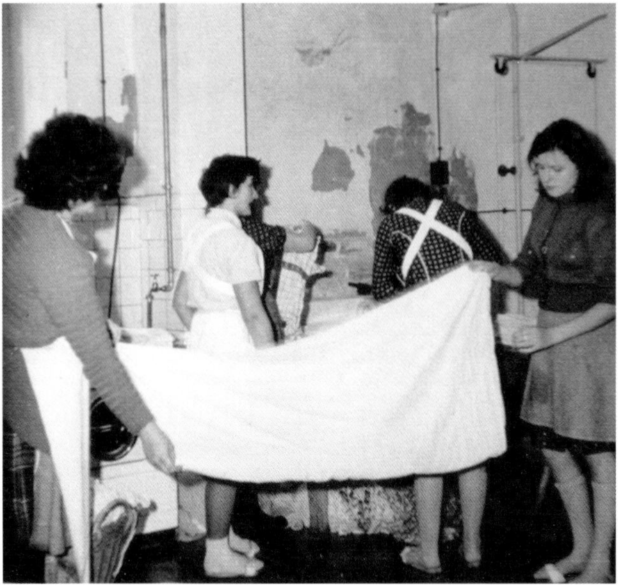

ARCHIV GEDENKSTÄTTE BREITENAU

ARCHIV GEDENKSTÄTTE BREITENAU

Arbeit im Mädchenheim Fuldatal:
in der Wäscherei, der Nähstube
und auf den Feldern von Guxhagen

Nächste Seite: „Sportfest" 1963 im Mädchenheim Fuldatal unter Leitung von Heimdirektorin Ingeborg Jungermann

ARCHIV GEDENKSTÄTTE BREITENAU

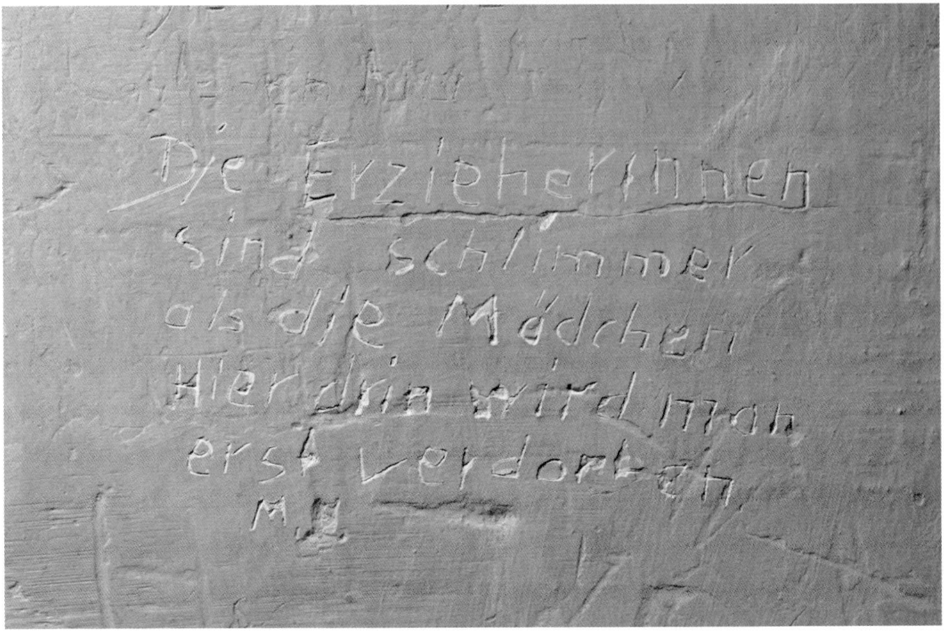

HANSJÖRG HOERSELJAU

„Die Erzieherinnen sind schlimmer als die Mädchen
Hier drin wird man erst verdorben“
Inschrift im Turmkerker, einem „Besinnungszimmer“
im Mädchenheim Fuldatal

„2. 3. 1967". Manchmal kann man nur noch einzelne Worte entziffern: „Wahrheit", „einsam", „Inge".

Die Wände wurden mehrfach übertüncht, unter den jüngeren Inschriften liegen ältere. Gut zu erkennen ist in einer der Zellen der Satz: „Wir hungern hier, weil es unser Führer so will", eingraviert von einem Insassen irgendwann in der NS-Zeit, als Breitenau unter anderem Arbeitserziehungslager war. Die Inschriften der Zöglinge aus den zwanziger Jahren an den Zellenwänden liegen noch eine Schicht tiefer und sind nur schemenhaft auszumachen.

Die ersten Fürsorgezöglinge wurden 1903 in die schon länger existierende „Korrektionsanstalt" eingewiesen, 1927 wurde die Einrichtung umbenannt in „Landesarbeitsanstalt und Landesfürsorgeheim Breitenau".

Auch in den übrigen Räumen des ehemaligen Heimes ist noch manches so, wie es 1973 bei der Schließung der Anstalt verlassen wurde: die Mädchenschlafräume, die Dusch- und Waschräume, die alten Nähmaschinen aus den Arbeitsstuben, der Speiseraum mit dem Blechgeschirr. Darin wurden abends die Pellkartoffeln warm gehalten, wenn die Gruppen von der Feldarbeit jenseits der dicken Klostermauer zurückkehrten.

Dass Teile dieses berüchtigten Erziehungsheimes der fünfziger und sechziger Jahre wie im Dornröschenschlaf erhalten geblieben sind, ist dem Denkmalschutz zu verdanken. Die jahrhundertealten Klostergebäude durften nicht einfach umgebaut und anderweitig genutzt werden. Heute schließen die Mitarbeiter der benachbarten „Gedenkstätte Breitenau", die in der Zehntscheune des Klosters untergebracht ist, die Tür zum Turm gern auf. Sie haben einige Gegenstände und Fotos aus dem Leben der Erziehungsanstalt zusammengetragen.

Während der NS-Zeit dienten die Klostermauern der Gestapo als Arbeitserziehungslager. Nach dem Krieg lebten die Mädchen des Erziehungsheims in denselben Gebäuden wie vor ihnen die Opfer der Gestapo. Um die unrühmliche Rolle des Heims zu verdecken, nannte man es seit 1949 nicht mehr Breitenau, sondern „Landesfürsorgeheim Fuldatal". Später hieß es nur noch „Mädchenheim

Fuldatal", andere sprachen vom „Mädchenheim Guxhagen" – so heißt der Ort bei Kassel, in dem die Klosteranlage liegt.

Die Nazis hatten in dem Kloster zusätzlich zu den Fürsorgezöglingen insgesamt 8300 Menschen eingesperrt – wegen „Arbeitsbummelei" oder „abfälliger Äußerungen" über das Regime. Überwiegend waren hier ausländische Zwangsarbeiter als Gefangene zusammengepfercht, die jüngsten von ihnen waren erst zwölf oder 14 Jahre alt. Gearbeitet wurde zehn bis zwölf Stunden am Tag, egal ob Fürsorgezögling oder Zwangsarbeiter.

Viele Insassen von Breitenau wurden brutal misshandelt. Als schärfste Strafe galt der bis zu vierwöchige „Dunkelarrest" in den Turmkerkern bei Wasser und Brot. Noch heute ist die Eisenklappe am Fenster in einer Zelle erhalten, mit der man jegliches Licht aus den Raum verbannen konnte.

Die deutschen Frauen, die hier zur „Arbeitserziehung" inhaftiert wurden, waren meist sehr jung, zwischen 18 und 24 Jahre alt. Die Jüdin Lilli Jahn verbrachte fast sieben Monate in Breitenau, bevor sie im März 1944 nach Auschwitz deportiert wurde. Ihre hinausgeschmuggelten Briefe an die Familie sowie die Briefe der Kinder an sie wurden 2002 in dem Buch „Mein verwundetes Herz" veröffentlicht. Rund 1800 „Breitenauer" deportierte die Gestapo von hier aus in verschiedene Konzentrationslager.

Elf Jahre nach Kriegsende saß ein 15-jähriges Mädchen in einer der Zellen, die nun „Turmstübchen" genannt wurden, es war der Fürsorgezögling Monika Rohde. Auch sie verewigte sich auf den Wänden, spürte, „dass irgend etwas Bedrohliches in den Räumen lag". Monika Rohde wurde Mitte der fünfziger Jahre eingewiesen und kam erst Anfang der Sechziger aus der Fürsorgeerziehung wieder frei, kurz bevor sie volljährig wurde.

Diese Jahre haben ihr zeitlebens zu schaffen gemacht. Sie hat versucht, die schlimmen Tage in der Zelle unter dem Klosterturm in Gedichten zu verarbeiten. „Damals ist jetzt" heißt eines.

Fünf Schritte zur Tür
und drei zum Fenstergitter.

Draußen im Klosterhof
singen die anderen die Lieder.
Es ist Sonntag,
Mitte September im Jahre 1956.

Immer sonntags
versammeln sich die Zöglinge,
die Erzieherinnen
und die Heimleiterin
der Besserungsanstalt
für schwererziehbare Mädchen
zu einem gemeinsamen
Abendsingen.
Frieden erfüllt den Raum.

Die Angst steht vor ihrem Bett,
gekleidet
in ihr dunkelstes aller Gewänder.

Warum sitzt sie in der Zelle? Der Vater von Monika Rohde gilt als in Stalingrad vermisst, die Mutter hat ihn für tot erklären lassen, sie hat Beziehungen mit wechselnden Männern. Dabei stört Monika, sie soll bei einem Bekannten wohnen. Der vergewaltigt sie, als sie 14 Jahre alt ist. Der Kasseler Vormundschaftsrichter entscheidet auf Heimeinweisung. Das Mädchen kommt in die „Steinmühle" nahe Frankfurt am Main; nach drei Monaten läuft sie weg, aus Heimweh nach Kassel. Dort wird sie aufgegriffen und in eine Art Auffanglager für verwahrloste Jugendliche, den „Renthof", ein ehemaliges Karmeliterkloster, gesteckt. Dort bindet man sie am ersten Tag mit Lederriemen an den Gynäkologenstuhl fest, um sie nach Geschlechtskrankheiten zu untersuchen. Wegen ihres Widerstandes, ihrer Tränen, ihrer Schreie wird sie von drei Erziehern festgehalten. Sie verbringt die erste Nacht in einer Zwangsjacke in der Gummizelle.

Von Kassel aus kommt sie nach Guxhagen, Kloster Breitenau, ins Mädchenheim Fuldatal. Hier muss sie zunächst graue Strümpfe stricken für die Bundeswehr, von acht bis zwölf und von 13 bis 17 Uhr. Manchmal legen die Mädchen kleine Zettel in die Socken, auf denen steht: „Holt uns hier raus!“ Als die Direktorin Ingeborg Jungermann die Botschaften findet, gibt es „Besinnung im Turmstübchen“. Monika notiert sich: „Während andere draußen tanzen und sich verlieben, bist du eingesperrt, ohne zu wissen, was du gemacht hast.“

Jeden Sonntag war im Erziehungsheim Gottesdienst in der alten Klosterkirche, dann kamen auch die Gläubigen aus Guxhagen zusammen wie schon zur NS-Zeit: die Gemeinde im Mittelschiff und rechts vom Altar die „gefallenen“ Mädchen. Elf Jahre vorher saßen dort, vor den Augen der Christen des Ortes, Gefangene der Gestapo. Nun nahm Monika Rhode in der Kirche Platz auf den Bänken der Ausgegrenzten.

Das Vergangene war für sie noch überall zu spüren. 1960 wurde sie zu einer „Sondergruppe Feldarbeit“ abkommandiert. Elf Mädchen bekamen eines Morgens Schaufeln und Hacken und sollten an einer bestimmten Stelle graben. Als sie auf Knochen stießen und sich wunderten, schnauzte sie der Erzieher an: Sie sollten keine dämlichen Fragen stellen. Die Knochen wurden immer mehr, die Mädchen gruben weiter, sie stießen auf Schädel. Es hieß, man müsse halt eine Grabstelle verlegen. Alles wurde verpackt und fortgeschafft. Monika hatte das Gefühl, es sollten Spuren beseitigt werden. Zunächst dachten sie und die anderen, hier seien Vorgängerinnen zu Tode gekommen.

Erst 20 Jahre später erfährt Monika, dass es wahrscheinlich die Überreste von Insassen waren, die man in den letzten Kriegstagen hingerichtet hatte. Die Bilder, wie sie gräbt und gräbt, wie in der braunen Erde Knochen auftauchen, sind ihr nie aus dem Kopf gegangen. In der offiziellen Breitenau-Chronik heißt es lapidar: „1960 veranlasst die Kriegsgräberfürsorge die Umbettung der Toten vom Fuldaberg und ihre Überführung nach Witzenhausen.“ „Durch wen?“ hat Monika Rohde an den Rand geschrieben.

Am 4. April 1961 kommt ein neues Mädchen ins Heim – Helga Weber, ein Kind aus einer zerrütteten Familie. Gesprächsstoff unter den Zöglingen ist gerade die missglückte Flucht einer Kameradin, die aus dem dritten Stock in den Hof gesprungen ist und wohl für den Rest ihres Lebens im Rollstuhl sitzen wird.

Vier Tage später notiert die Erzieherin in einem eigens für den neuen Zögling angelegten Heftchen: „Helga ist sehr unruhig." Am nächsten Tag folgt der Eintrag: „Helga hat sich heute ziemlich danebenbenommen, an der Tür versucht aufzumachen, dann eine Scheibe eingeschlagen und sich an der Hand verletzt."

Wiederum vier Tage später heißt es knapp: „Helga kann den Mund nicht halten." Zwei Wochen nach der Aufnahme wird sie als „nervös und empfindlich" beschrieben. „Das Nervöse ihres Wesens lässt sie schnell aufbrausen", aber im Handumdrehen „ist sie wieder nett". Die Erzieherin notiert: „Beruhigungstabletten angeordnet."

Drei Wochen nach der Aufnahme kann man lesen: Helga „ließ sich in der Nacht an Laken aus dem Zimmerfenster. Sie fiel dabei auf die Kellertreppe. Trotz Hautabschürfungen und Prellungen versuchte sie noch, über die Mauer zu entkommen, wurde aber aufgegriffen und am nächsten Tag von der Isolierung ins Krankenhaus gebracht. Die Zimmerkameradinnen sagten, dass sie des Nachts oft im Zimmer herumgehe und sinnloses Zeug rede."

Wegen des Fluchtversuches kam Helga Weber in den Kerker unter dem Turm. Über die dicke Klostermauer hätte sie kaum klettern können, denn auf der Mauerkrone war in mehreren Reihen Stacheldraht gezogen. Der Draht war rostig, er stammte noch aus der NS-Zeit.

Für kleinere Vergehen gab es noch eine „moderne" Variante des Kerkers, die „Besinnungsstübchen" am Ende der Wohnetagen. Die Einrichtung war ähnlich kärglich wie im Kerker, nur das Fenster war größer, die Milchglasscheibe ließ den Raum heller erscheinen. Auch hier stand ein Holzbett ohne Matratze, es gab manchmal nur Wasser und Brot.

Im Oktober 1961 schreibt ihre Erzieherin, Helga „konnte schon beachtlich harmonisiert werden". Sie habe „eine positive Einstellung zum Heim gefunden". Und: „Eine medikamentöse Behandlung bekommt ihr gut." Helga weiß bis heute nicht, was man ihr gegeben hat.

Sie darf nach knapp zwei Jahren aus dem Heim heraus. 40 Jahre danach schreibt sie einen Brief an den hessischen Landeswohlfahrtsverband, die Institution, die für ihr Heim verantwortlich war:

„Als ich in Breitenau ankam und die Pforte hinter mir zuschlug, war ich immer noch in dem Glauben, nach ein paar Wochen komme ich raus. In der Gruppe hatte ich am Anfang Schwierigkeiten. Ich konnte mich nicht anpassen, und all die Mädchen und vor allem die Erwachsenen waren mir noch mehr als fremd. Ich wehrte mich, indem ich um mich schlug. Mit Worten konnte ich mich nicht verteidigen, denn ich musste oft die Schule wechseln und konnte nicht so gut lernen.

In Breitenau ging es mir nicht sehr gut die ersten Monate, ich war richtig verzweifelt. Und so kamen die ersten Fluchtgedanken auf. Die Fluchtversuche endeten mit ‚Besinnungsstübchen' oder Turm. Im Turm hatte ich das Gefühl, mich holt gleich irgendjemand oder irgendetwas dort heraus und bringt mich um. Am schlimmsten fiel mich die Angst an, wenn die Türen abgeschlossen wurden. Die Eingangstür, die Tür zur Gruppe und die Schlafzimmertür. Mit fünf Mädchen in einem Zimmer und keine Griffe an den Fenstern. Alles dicht und zu. Ein Nachttopf für fünf Mädchen und jedes schämte sich.

Ich kann heute noch nicht bei geschlossener Tür schlafen. Bei uns werden keine Türen abgeschlossen. Auf den Toiletten von Bahnhöfen oder Restaurants muss ich immer jemand haben, der vor der offenen Tür aufpasst. Es gibt sicher viel Schlimmeres im Leben, doch was viele Mädchen zurückbehalten haben, es hätte nicht zu sein brauchen."

In den Unterlagen der mittlerweile verstorbenen Heimdirektorin Ingeborg Jungermann steht von all dem keine Silbe. In ihrem Bericht an den Landeswohlfahrtsverband gibt es keine Kerker, keine Milchglasscheiben, keine harten Bretterbetten. Sie erzählt stolz von ihren Umbaumaßnahmen und davon, dass sich „die Mädchen der Feldgruppe“ über neue Stühle sehr gefreut haben.

In der Wäscherei und Näherei arbeiteten die Mädchen nicht nur für das eigene Heim, sondern auch noch für ein Krankenhaus, und in der Industrieabteilung fertigten sie Kartonagen für Kasseler und Melsunger Firmen. Die Gärtnerei beliefere, vermerkt Jungermann, eine Klinik und ein Jugendheim. „Lang sind die Felder, für unsere Mädchen, die meist aus der Stadt kommen, ist diese monotone Arbeit, wie beim Rüben verziehen, ungewohnt und manchmal auch schwer, wie beim Kartoffeln einmieten.“

Frau Jungermann schließt mit einem dicken Eigenlob: „Ob im Regen, ob im Nebel oder im Sonnenschein – immer ist es schön im Jugendheim Fuldatal.“

Helga Weber ist heute fassungslos, dass sie ihrer Direktorin noch jahrelang nach ihrer Entlassung geschrieben hat. „Ich wollte Frau Jungermann beweisen, wie artig ich bin. Geradezu unterwürfig sind manche Briefe, Postkarten oder Weihnachtsgrüße. Ich schickte ihr Fotos von mir und meiner Familie, nur um zu beweisen, dass alles in Ordnung ist, schrieb, wie ich meiner Stiefmutter helfe und wie sich die Kinder machen würden. Ich wollte verhindern, da jemals wieder hin zu müssen.“

„Narben“ hat Monika Rohde eines ihrer Gedichte genannt. Wenn sie zurückblickt, sagt sie, „ist es wie eine Pilgerreise in meine Jugend“.

Sie quälten mich!
Sie sperrten mich ein!
Ich habe geweint,
Ich habe geschrien.
Sie schlossen mir den Mund.

Ich hab gekratzt,
Ich habe getreten,
Sie fesselten mich!
Brachen meine Hände,
Zerschlugen mein Gesicht.

Ich hab mich versteckt,
Ich habe geweint,
Ich hab gezittert,
Ich hab gebebt.

Die Narben blieben
Ein hoher Preis
Für das alte Kind.

Als Monika Rohde 50 Jahre alt ist, lebt sie immer noch in Kassel. Sie arbeitet in der Altenpflege. Ein Mann braucht ihre Hilfe, sie soll ihn bis zu seinem Tode pflegen. Es ist der ehemalige Leiter des Vormundschaftsgerichtes Kassel, pensioniert seit 1967. Monika Rohde ist schockiert, als sie das erfährt, mehr aber noch über die Sprüche des alten Mannes über seine damalige Arbeit. Sätze wie diese: „Bei den abgeglittenen Mädchen haben wir hart durchgegriffen. Man musste sie umklammern, man durfte sie nicht frei leben lassen."

Der Mann weiß nicht, dass die Frau, die ihn umsorgt, selbst einmal zu diesen „abgeglittenen Mädchen" gehört hat. Sie sagt es ihm auch nicht.

Zwei Monate vergehen, sie kommt immer öfter, denn der Zustand des Patienten verschlechtert sich. Zwei Monate lang hält sie den Mund. In dieser Zeit will sie aber ganz viel über sein Leben wissen. Er erzählt ihr von seiner Polizeikarriere in der NS-Zeit. „Ich bin hart geblieben", sagt er immer wieder, „andere sind umgefallen." Er war „Oberzugführer" von 1933 bis 1939.

Monika Rohde macht sich Notizen in ihrem Tagebuch. Am 24. Juli 1991 schreibt sie: „Sein Zustand hat sich verschlechtert. Er hat Angst. Will, dass ich bei ihm schlafe. Ich sagte, ich müsse nach Hause. Ich habe ihn in seiner Angst allein gelassen."

In den Tagen darauf redet er wieder von seiner Zeit am Vormundschaftsgericht, als er die Mädchen in die Erziehungsanstalten schickte. Da sei er auch mal mit einer Delegation durch die Heime gegangen. „Prima in Ordnung" sei es überall gewesen, „den Mädchen habe man die richtige Zucht beigebracht". Plötzlich hat Monika Rhode Bilder vor Augen: Wie sie und die anderen Mädchen im Hof strammstehen mussten, als die Wagen aus Kassel vorfuhren. Die Herren trugen Hüte. Sie rauchten dicke Zigarren. Die Direktorin führte sie überall stolz herum. Es gab gutes Essen an diesem Tag.

Sie sagt ihm noch immer nichts. Sie schreibt in ihr Tagebuch: „Er sagte zu mir, dass er mich brauche, um sterben zu können. Er habe tiefstes Vertrauen zu mir."

Am nächsten Tag platzt es aus ihr heraus: „Können Sie sich vorstellen, dass so etwas, wie ich es für Sie mache, auch ein Mädchen aus Breitenau hätte machen können? Hätten Sie zu so einer sagen können: Ich brauche dich zum Sterben?"

Er antwortet entrüstet: „Niemals!"

„Ich bin aber so ein Mädchen aus Breitenau", erwidert sie. Er kann es nicht fassen.

Sie hat es ihm endlich gesagt, weil sie glaubt, er werde bald sterben. Doch er stirbt nicht, noch nicht.

„Es ist viel Schlimmes passiert in meinem Leben", beginnt er ihr einige Tage später zu erzählen. Sein Gerede ist wirr. „Das Lager sollte verlegt werden ..." Damit meint er ein Gefangenenlager in Russland, hinter der Front. Doch mehr verrät er nicht. „Da müssen vor dem Tod wohl noch alle Taten raus", notiert sie im Tagebuch. Er erzählt ihr von Odessa, von schlimmen Dingen, die im Krieg in Russland passiert sind. Plötzlich fragt er auch sie, lässt sich von ihr erzählen. Warum sie ins Heim gekommen und wie es dort zugegangen ist.

Sein Zustand verschlechtert sich von Tag zu Tag. Er kann nicht mehr allein auf die Toilette gehen. Sie wickelt ihn, seine Reden werden immer wirrer. Er habe Tausende von Mädchen in die Heime gebracht, jammert er.

Er kann nicht sterben. Er tut ihr leid. Sie verzeiht ihm. Kurz darauf verschwindet er aus der Wohnung. Man findet ihn nachts auf einem Friedhof, wenige Tage später ist er tot.

Lehrlinge und Brandstifter

Ende der sechziger Jahre, im hessischen Jugendheim Staffelberg, riefen die späteren RAF-Mitglieder Andreas Baader und Gudrun Ensslin die Fürsorgezöglinge zur Revolte auf, zu Hunderten flohen Insassen der Erziehungsanstalten im ganzen Land. Das „Fanal von Staffelberg" war der Anfang vom Ende der autoritären Heimerziehung.

Die Immobilienanzeige im Internet enthält nicht einmal eine Preisangabe. Gegen ein einfaches „Gebot", so steht dort lediglich, ständen „7500 Quadratmeter bebaute Fläche" auf einem „11 Hektar großen Grundstück" zum Verkauf. „Die Gesamtliegenschaft – bislang Standort eines Jugendheimes mit Gebäuden für Wohnen, Werkstatt, Verwaltung, Freizeit und Logistik" biete „umfassende gestalterische und planerische Möglichkeiten". Die Annonce ziert das deprimierende Bild eines Sechziger-Jahre-Bauwerks, im Regen fotografiert, flankiert von zwei Friedhofsgewächsen in Waschbetonkästen – so als glaube der Verkäufer, der Landeswohlfahrtsverband Hessen, selbst nicht daran, die trostlose Immobilie losschlagen zu können.

Dabei war das frühere Jugendheim Staffelberg in der Kleinstadt Biedenkopf am Rande des Rothaargebirges einst ein Fanal für den Ausbruch aus der jahrzehntelangen Tristesse deutscher Heimerziehung. Hier schrieben am 28. Juni 1969 rebellierende Studenten, Schüler und Fürsorgezöglinge Geschichte, genauer: Heimgeschichte. Mit der „Staffelberg-Kampagne", begann die „Befreiung" von Heimkindern, nahm die landesweite „Heimrevolte" der Apo, der „Außerparlamentarischen Opposition", ihren Ausgang.

Unter den rund 200 Teilnehmern jenes denkwürdigen Junitages im Garten des Jugendheims Staffelberg saßen auch Andreas Baader, Gudrun Ensslin und Thorwald Proll nebst Schwester Astrid. Baader, Ensslin und Proll waren gerade zwei Wochen zuvor aus dem Gefängnis entlassen worden. Man hatte sie zu drei Jahren Zuchthaus verurteilt, weil sie Brandsätze in zwei Frankfurter Kaufhäusern gelegt hatten – Protest gegen den Vietnamkrieg und den „Konsumterror". Doch nach 14 Monaten Untersuchungshaft setzte die Justiz die Kaufhausbrandstifter zunächst wieder auf freien Fuß. Fluchtgefahr hielten die Juristen für gering. Die Reststrafe blieb ausgesetzt bis zu einer Entscheidung über die eingelegte Revision. Mit dem Nimbus „erfahrener Kämpfer" setzten sie sich rasch an die Spitze einer Kampagne, die andere gerade begonnen hatten. Im Jargon der Politszene am Main hießen Baader und Ensslin allerseits nur noch „die Brandstifter".

An diesem warmen und sonnigen Sommertag waren sie in Baaders weißem Mercedes in einer langen Kolonne von angemieteten Bussen, R4, Käfern und Opel Kadetts rund 100 Kilometer durch Hessen gefahren, um die Rebellion von Frankfurt am Main nach Biedenkopf zu bringen.

Eine „Stadtteilbasisgruppe Sachsenhausen" hatte vier Tage zuvor in einem Flugblatt zur „Aktion Staffelberg" aufgerufen. Darin wurden der rigide Tagesablauf der Fürsorgezöglinge und die Strafen durch das Heimpersonal angeprangert. Die guten Informationen über das Heim stammten von einem Jugendlichen namens Peter Brosch, einem erst wenige Monate zuvor entlassenen Staffelbergzögling, der sich der Basisgruppe angeschlossen hatte. Brosch hatte als uneheliches Kind 18 Jahre seines Lebens in fast einem Dutzend Heimen verbringen müssen. Er war den linken Studenten in Sachsenhausen als „proletarischer Jugendlicher" hoch willkommen. Brosch berichtete ihnen davon, wie er „von hysterischen Nonnen im frommen Klosterstift mit Besenstielen geprügelt" und zuletzt „im zum europäischen Musterheim erklärten Staffelberg tagelang in den Karzer gesteckt worden war".

So konnte das Flugblatt zur Staffelberg-Aktion recht konkret ausfallen: „In einem Heim, in dem der Gehorsam in einer sonntäglichen Erbauungsstunde gepredigt wird, in dem sonntags Kapitel aus der Bibel abgeschrieben werden müssen bei Ungehorsam ... in einem solchen Heim ist politische Agitation notwendig. Darum ist die Aktion Staffelberg Beginn einer Offensive, die sich gegen den gesamten Erziehungsterror richtet. Erscheint massenhaft und zerschlagt den Heimterror!"

Die Heimleitung hatte vorsorglich Polizeischutz angefordert. 80 Beamte hielten sich im Haus verschanzt. Die Bürger Biedenkopfs erwarteten Apo-Krawall, viele hatten ihre Kinder zu Verwandten in andere Dörfer geschickt.

Nun sitzen die Angereisten friedlich auf der Heimwiese. Sie haben ein weiteres Flugblatt mit Forderungen verteilt, Vertreter des Heimes antworten per Megafon, der größte Teil der 120 Fürsorgezöglinge, zwischen 14 und 21 Jahre alt, hört am Rande des Rasens verwundert zu. Ihr Direktor erntet Buhrufe, als er die Ordnung im Heim verteidigt.

Diskutiert werden 14 Forderungen, darunter „Abschaffung der Postzensur", „Rausschmiss aller Erzieher, die prügeln", „tarifgerechte Löhne", „Aufstellung eines Heimrates" sowie „sofortiger Abbruch des Karzers".

Ein junger Mann schlägt vor, die Scheiben zum Karzer einfach symbolisch einzuschmeißen. Beifall brandet auf. Ein anderer ruft, der Heimleiter solle die Scheiben doch selbst einschmeißen. Ein Zögling schreit erregt: „Die Gitter rausreißen! Und einen Schlosser holen, die Tür muss dann auch raus!" Erneuter Beifall. Der Heimleiter versucht abzuwiegeln: „Sie werden verstehen, dass diesem Vorschlag nicht stattgegeben werden kann."

Da ergreift der Hauptsprecher des Nachmittags, Michael Bärmann von der „Stadtteilbasisgruppe Sachsenhausen" das Wort: „Vielleicht können Sie noch kurz erklären, warum Sie das nicht können."

Der Heimleiter kontert: „Ich kann selber hier weder Sachbeschädigungen vornehmen, noch kann ich zulassen, dass Sachbeschädigungen, unter welcher Motivation auch immer, von Ihnen hier im Heim vorgenommen werden!"

Großes Gelächter und Unruhe unter den Versammelten. Bärmann macht den Vorschlag, „unter Umgehung der Sachbeschädigung, die Scheibe nebst Gitter fein säuberlich herauszunehmen, damit man sieht: da ist kein Karzer mehr!"

Der Heimleiter: „Dieser Vorschlag wird abgelehnt!"

Da versucht es ein anderer Aktivist mit frechem Nachdruck: „Wir können das hier auch gleich vollziehen, das wird aber wahrscheinlich ein paar Festnahmen zur Folge haben, denn dann kommen die Bullen heraus. Es ist besser, dass wir ganz einfach ein Ultimatum stellen. Nach Ablauf der Frist kommen wir ohne Ankündigung zurück, wenn der Direktor keine Polizei im Rücken hat. Dann werden wir es machen, darauf kann er sich verlassen!"

Daraufhin lenkt der Heimleiter ein: „Am Montagabend ist das erledigt. Montagabend kommen die Scheiben raus, aber nicht jetzt."

Am 8. Juli fahren die Frankfurter ein zweites Mal nach Biedenkopf, schließlich waren Forderungen, wie der „Rausschmiss aller prügelnden Erzieher" noch nicht erfüllt. Inzwischen hat sich eine „Basisgruppe Staffelberg" im Heim gebildet. Der Direktor hat eine Versammlung im Haus angesetzt, will den Apo-Leuten aber keinen Einlass mehr gewähren. Am Eingangstor kommt es zu heftigen Wortwechseln und einer kurzen Rangelei, das Tor wird geöffnet,

INGE WERTH

Apo-Aktion vor dem hessischen Erziehungsheim Staffelberg: Andreas Baader (rechts oben sitzend, mit Sonnenbrille), Gudrun Ensslin, Thorwald Proll, 28. Juni 1969 die Aktivisten bildeten eine Kette und dringen in das Heimgelände ein. Die vom Direktor vorsorglich bestellte Polizei prügelt los und drückt die rund 70 Leute zurück auf die Straße. Dort schart sich die Menge um ein Megafon, über das ein Flugblatt mit Forderungen an die Heimleitung vorgelesen wird („Kampf dem Erziehungsterror in den kapitalistischen Anpassungslagern!"). Tränengasgranaten fliegen hin und her, die romantische Fachwerkstadt Biedenkopf erlebt ihre erste kleine Straßenschlacht.

Am 17. Juli kommen die Frankfurter Agitatoren zum letzten Mal zum Staffelberg-Heim. Wieder verlesen sie ein Flugblatt und rufen die Heimbewohner zum Streik auf. Diesmal im Namen einer „Kampfgruppe ehemaliger Fürsorgezöglinge".

Zwischen Juni und August 1969 spielte sich Ähnliches auch in anderen hessischen Heimen ab, etwa im Karlshof bei Wabern, in den Mädchenheimen Guxhagen und Steinmühle bei Ober-Erlenbach und im „Burschenheim Beiserhaus" in Rengshausen.

Die Aktionen haben unmittelbare Folgen: Gegen acht Erzieher aus den Heimen Staffelberg und Karlshof stellt der Asta der Frankfurter Uni Strafanzeige wegen Misshandlung von Schutzbefohlenen, einige Erzieher kündigen, und die Heime leeren sich.

Schon bei ihrem ersten Besuch haben die Studenten vom linken Sozialistischen Deutschen Studentenbund (SDS) den Heimzöglingen nicht nur die kleine rote „Mao-Bibel" mitgebracht, sondern auch ihre privaten Telefonnummern zugesteckt. Noch am selben Tag flüchten 26 Jugendliche aus dem Heim Staffelberg, sie treffen am gleichen Abend in Frankfurt ein und werden auf einer SDS-Mitgliederversammlung stürmisch begrüßt. Man sammelt spontan Geld für sie und sorgt für Nachtquartiere.

Die Vorstellung war ursprünglich, dass die Jugendlichen in den Heimen Basisgruppen gründen sollten, um vor Ort für Verbesserungen zu kämpfen. Doch bis zum Herbst wuchs die Anzahl „befreiter" Heimzöglinge, die an Frankfurter WG-Türen klopften, auf mehrere hundert. Die Studenten waren auf so viele Flüchtlinge nicht vorbereitet und mit der Unterbringung bald überfordert.

Eines der Heimkinder im Burschenheim Beiserhaus im nordhessischen Rengshausen hieß Peter-Jürgen Boock. Dem damals 17-Jährigen war unter den angereisten Studenten sofort die entschlossener als die anderen wirkende Gruppe um Andreas Baader aufgefallen. Ihm imponierte der schnodderige und bisweilen aggressive Ton und auch, dass sie ihn nicht gleich mit ihrer Theorie vollquatschten, sondern erst einmal fragten: „Was wollt IHR eigentlich? Findet das selbst heraus!"

Boock wollte nur eins: raus aus dem Heim. Der Junge war gerade von der Erziehungsanstalt Glückstadt ins Burschenheim verlegt worden. In Glückstadt hatte er einen Aufstand innerhalb des Heimes erlebt.

Boock war als 15-Jähriger von zu Hause abgehauen, weil er den Vater, ehemals Berufssoldat und glühender Nazi, nicht länger ertragen wollte. Er kam zunächst bei einer Hippie-Kommune in Den Haag unter. Bei einer Reise nach Deutschland wurde er von der niederländischen Polizei mit fünf Gramm Haschisch erwischt. Sein Vater hatte ihn zur Fahndung ausschreiben lassen. So landete er in Glückstadt, einem ehemaligen Frauen-KZ. Zum Personal in dem düsteren Backsteingemäuer aus dem 18. Jahrhundert gehörten sogar „ein paar übrig gebliebene Kalfaktoren, die nicht mehr zurück in die Gesellschaft wollten oder konnten", erinnert sich Boock.

Der Heimdirektor sagte im Sommer 1969 gegenüber der Lokalzeitung, „moderne Erziehungsmethoden" halte er für „Faselei" und „Unsinn". Darum hatte er im Keller zwölf Isolierzellen einrichten lassen, um jederzeit hart durchgreifen zu können.

Der Aufstand der 136 Zöglinge in Glückstadt entzündete sich daran, dass die Erzieher ihnen Post und Pakete vorenthielten und stattdessen sich selbst an den zugeschickten Süßigkeiten und Zigaretten bedienten. Eines Abends wurde es ein paar älteren Jugendlichen zu bunt, und eine wüste Schlägerei begann. Polizeieinheiten stürmten das Heim, die Jugendlichen verbarrikadierten sich im zweiten Stock. Die Polizisten schossen Tränengasgranaten in die Räume, Feuer breitete sich aus. Boock: „Niemand reagierte auf unsere Hilfeschreie. Wir begannen, mit allem, was uns zur Verfügung stand, mit bloßen Händen, selbst mit Messern und Gabeln, ein Loch in den Fußboden zu reißen. Nur knapp gelang es uns, Flammen und Rauch zu entgehen."

Alle Beteiligten wurden wochenlang in die heimeigenen Karzer gesteckt. Boock: „Um dem Gesetz genüge zu tun, ließ man uns kurz frei, nur um uns gleich wieder einzusperren. Wir wurden aus den Zellen in den Hof getrieben, dort erwartete uns eine ‚Knüppelgasse' der Erzieher. Die schlugen jeden brutal zusammen. Danach ging es wieder zurück in den Keller." Zwei Jugendliche, ein 18-Jähriger und ein 15-Jähriger, hielten das, so Boock, nicht durch: Sie erhängten sich am Fensterkreuz.

Die Ereignisse in Glückstadt lagen für den 17-jährigen Jungen gerade erst ein paar Wochen zurück. Die Apo-Aktivisten, die vor seinem Fenster über ihr Megafon den „Heimterror" anprangerten, kamen ihm gerade recht.

Ensslin und Baader planten Boocks „Heimbefreiung" aus Rengshausen ein paar Tage nach einer Aktion vor dem Burschenheim. Diesmal sollte es etwas mehr „undercover" sein, erinnert sich Boock. Astrid Proll, selbst gerade volljährig geworden, fuhr mit Baaders weißem Mercedes am 5. August spätabends zur Autobahnraststätte Hasselberg, wo sie Boock und ein paar andere Zöglinge, die aus Rengshausen abgehauen waren, abholen sollte. Doch man verpasste sich, und die Entflohenen mussten sich in der Nacht alleine bis Frankfurt durchschlagen.

Als der Junge nach der hindernisreichen Flucht in Baaders Wohnung ankam, klopfte er nach einem Begrüßungstrunk schüchtern an die Badezimmertür. Dort saß Gudrun Ensslin in der Badewanne. Er fragte, ob er später auch ein Bad nehmen könne. Sie antwortete, er solle sich doch einfach mit reinsetzen, dann könnten sie in Ruhe miteinander reden. Boock: „Das hatte nichts mit Sex zu tun. Das war damals einfach so, einfach nur cool!" Ebenso cool fand der Fürsorgezögling die abgewetzte Lederjacke, die Baader ihm schenkte.

Boock zog mit einigen Staffelbergern in das „Lehrlingskollektiv Ulmenstraße", Ende September siedelt er in die Freiherr-vom-Stein-Straße über, wo „die Brandstifter" inzwischen residierten. Die

Flure der großbürgerlichen Wohnung waren voll geklebt mit politischen Plakaten, die zu Demonstrationen aufriefen. In den Zimmern hingen Poster von Mao, den Rolling Stones und Uschi Obermeier. Auch Astrid Proll lebte hier und zahlreiche Genossen aus anderen Städten. Peter Homann kam mit einer Journalistin namens Ulrike Meinhof öfter aus Berlin zu Besuch. Sie diskutierten dann mit Baader und Ensslin in der alten, zweistöckigen Jugendstilvilla nächtelang über „Heimterror, Gegenwehr und revolutionäre Strategien mit Randgruppen“.

Baader duldete dabei keine fremden Götter neben sich. Ulrike Meinhof hatte eines Abends mal einen jungen Mann aus Marburg mitgebracht, Gottfried Sedlaczek, einen Lehrer. Der hatte sich als Pädagogikexperte in hessischen Heimen umgesehen, wissenschaftliche Interviews und Befragungen gemacht und wusste viel über die Realität im Inneren der Häuser. Kaum hatte Sedlaczek den Raum betreten, brüllte Baader Ulrike Meinhof an: „Schmeiß den Kerl raus! Was will der hier?“

Sedlaczek war ihm als Intellektueller nicht radikal genug. Baader hasste Leute wie ihn und andere Pädagogikstudenten, und besonders hasste er die Studenten um den Frankfurter Uniprofessor Klaus Mollenhauer mit ihrem „Reformgequatsche“, obwohl sie bei den Aktionen eifrig mitmachten. Sedlaczek hatte sogar mit einer Studie über die Zustände im Mädchenheim Fuldatal, die Ulrike Meinhof für ihre Radioreportagen benutzte, recht hektische Aktivitäten beim Betreiber, dem hessischen Landeswohlfahrtsverband, ausgelöst. Doch im WG-Raum voller Matratzen auf dem Boden wurde Sedlaczek damals schnell die begrenzte Gemeinsamkeit mit der Gruppe um die „Brandstifter“ klar: „Wir wollten die Revolution in den Heimen, sie aber wollten die Revolution in der Gesellschaft und dafür aus den Heimen Mitstreiter rekrutieren.“

Frankfurt war damals überzogen von einem Netzwerk linker Kommunen und Wohnkollektive, überall tagte irgendwo ein „Plenum“, ein „Kollektivrat“ eine „Basisgruppe“ oder ein „Zirkel“. Ein Prozess schwer nachzuvollziehender politischer Fraktionierungen hatte eingesetzt. Baader und Ensslin hatten ein Jahr im Knast hinter sich und waren daher näher dran an den Erfahrungen der Fürsorgezöglinge als die Theoretiker von der Uni. Von den beiden „Brandstiftern" stammte im ersten Flugblatt, das zur Aktion im Heim Staffelberg aufrief, die Formulierung: „Eure Wärter, die sich Erzieher nennen." Sie hatten am eigenen Leib erfahren, „was Einsperren, Isolation, Angeschnauztwerden bedeutet".

Ausflüge der „Brandstifter" mit ihren Klienten ins Grüne, um die Mao-Bibel zu studieren, künden eher vom Spaß an revolutionären Gesten als am intellektuellen Studium.

Immerhin organisierte Ensslin, um die Forderungen zu untermauern, gleich nach der Staffelberg-Aktion ein Gutachten des Frankfurter Ordinarius für Öffentliches Recht, Erhard Denninger, zum Thema „Jugendfürsorge und Grundgesetz." Der Professor kam darin zum Schluss, dass nächtliche Zimmereinschließung, Postkontrolle, Taschengeldentzug, uniformierte Heimkleidung, Prügel, Essenszwang, Karzer und andere Reglementierungen grundgesetzwidrig seien.

Baader, der Mann der Tat, war der sogenannten Lederjackenfraktion zugeneigt. Das waren die coolen Typen, die nicht diskutieren, sondern einfach Revolution machen wollten. Einige Mitstreiter der Heimkampagne wie Michael Bärmann schnitten sich die Haare kurz, wollten „dem Volke dienen", und manche gingen in die Betriebe. Andere mobilisierten die „Randgruppen", denn sie glaubten, dass eine revolutionäre Veränderung der Gesellschaft am besten durch unterdrückte Gruppen getragen werden könne.

Die Theorie zur „Randgruppenstrategie" hatte der zu Apo-Zeiten vielgelesene Philosoph Herbert Marcuse geliefert: „Unter der konservativen Volksbasis befindet sich jedoch das Substrat der Geächteten und Außenseiter: die Ausgebeuteten und Verfolgten anderer Rassen und anderer Farben, die Arbeitslosen und die Arbeitsunfähigen ... ihr Leben bedarf am unmittelbarsten und realsten der Abschaffung unerträglicher Verhältnisse und Institutionen. Damit ist ihre Opposition revolutionär, wenn auch nicht ihr Bewusstsein."

Zu diesen „Geächteten" gehörten die unterdrückten Heimkinder. Andreas Baader gab sich als einer von ihnen, er verlangte keine

Anpassung an bürgerliche Normen. Die pflegte er ohnehin selbst kaum. Seine derben Macho-Sprüche, sein cholerischer Rebellengestus vom Dreitagebart bis zum exzessiven Drogenkonsum stieß viele Intellektuelle ab. Die „Lehrlinge" jedoch, wie sie in politischen Studentenkreisen genannt wurden, nahm Baader mit täglicher „action" für sich ein – mal ein „Go-in" ins Frankfurter Jugendamt, mal Zoff in einer Darmstädter Discothek, mal rasante Ausflüge mit dem weißen Mercedes 220 SE, obwohl er keinen Führerschein besaß. Baaders Pädagogik hatte ihren eigenen Stil. Es kam öfter vor, das er mit der ganzen „Lehrlings"-Truppe in Bockenheimer Cafés und Nobelrestaurants einfiel. „Alle bestellten vom Feinsten", erinnert sich Boock, „und wenn es ans Bezahlen ging, sagten wir einfach: Nö!" Wenn das die Kellner nicht akzeptierten, grinste Baader sie an und drohte: „Wir kommen auch gerne wieder, wenn Sie wollen mit 100 Leuten ..." Dabei kam es auch schon mal zu kurzen Prügeleien, an deren Ende sich die Kellner in ihrer Tortenauslage wiederfanden. Baader fand, die Heimzöglinge hätten gutes Essen nach ihren harten Zeiten mehr als verdient.

„Wir wollten möglichst provokativ für die Gesellschaft sein", sagt Astrid Proll heute über diese Zeit. „Mit unserer eigenen Unverschämtheit wollten wir die Vertreter der Gesellschaft in die Defensive drängen."

Rund 50 bis 70 entlaufene Heimzöglinge hatten sich im Laufe des Sommers um die „Brandstifter" geschart. Der Hauptstreitpunkt lautete: Sollen wir arbeiten gehen oder uns amüsieren? Astrid Proll: „Wir mussten wahnsinnig aufpassen mit unserem eigenen Lebensstil, der relativ locker und provokativ war. Sie sollten arbeiten gehen oder eine Lehre machen, wir selbst gingen aber nicht irgendwo arbeiten. Unsere Arbeit war die revolutionäre Arbeit, damals eben die Heimkampagne. Die fanden das natürlich toll, identifizierten sich mit uns. Wir wollten aber, dass sie ihren eigenen Weg finden. Viele entdeckten obendrein Haschisch, da gab es plötzlich wahnsinnig viel zu tun für uns: Aufsicht, Gespräche und Betreuung. Das hat viel Kraft und Energie gekostet."

Gudrun Ensslin, Pastorentochter, kümmerte sich besonders enga-

BILDARCHIV ASTRID PROLL

„Plenum" des „Lehrlingskomitees" in Frankfurt am Main, Juli 1969.
Hinten links Gudrun Ensslin

giert. Sie gründete ein „Lehrlingskomitee", das Studenten und Heimzöglinge täglich an einem Tisch zum „Plenum" versammelte. Sie wollte nicht, dass die Jugendlichen abgleiten, und versuchte mit Briefen und Anrufen finanzielle Unterstützung der Behörden sowie Wohnräume zu beschaffen. Als das alles zu lange dauerte, besetzte die Gruppe kurzerhand das Büro des Frankfurter Jugendamtsleiters Herbert Faller in der Berliner Straße.

Baader, mit einer Ausstrahlung irgendwo zwischen Dandy und Gang-Boss, und Ensslin, die diskutierende Existentialistin, fungierten zusammen mit den Ex-Heimkindern Peter Brosch und einem gewissen Einsneunzigkerl namens „Sunshine" als Sprecher der Jugendlichen. Sie wollten nicht nur radikale Reformen in den Heimen, sondern Sofortmaßnahmen für die entwichenen Fürsorgezöglinge, da sie drohten, ihnen aus dem Ruder zu laufen. Mit ihren „Staffelbergern" praktizierten sie den „Marsch durch die Institutionen" zum Schrecken der Behörden ganz wörtlich: Mit 20 oder 30 Personen zogen sie durch Flure und Zimmer der Ämter und Behörden, um ihren Forderungen Nachdruck zu verleihen. Am 12. September fand auf dem Frankfurter Opernplatz eine Solidaritätsdemonstration statt. Die Demonstranten forderten, alle illegal nach Frankfurt Gekommenen müssten eine Wohnung erhalten.

Die Aktionen hatten Erfolg. Der Landeswohlfahrtsverband wollte ein Ende der Aktionen vor den Heimen und bot als Kompromiss Wohnungen an. Die Forderungen nach Wohnkollektiven traf sich mit Vorstellungen, die einige pädagogische Reformer schon länger hegten. Faller beschaffte vier Wohnungen, in denen insgesamt 35 Jugendliche untergebracht werden konnten. Seine Frau Erika gehörte zu den Sozialarbeitern, die dafür im Frankfurter Westend leer stehende Wohnungen organisierten. Nach dem Vorbild dieser ersten „Wohnkollektive" entstanden die noch heute üblichen „betreuten Jugendwohngemeinschaften". In Frankfurt übernahm ein von CDU-Stadträten gegründeter „Verein für Arbeits- und Erziehungshilfe" die Trägerschaft über mehrere neue Wohnkollektive, von denen sich nach und nach immer mehr bildeten. Ulrike Meinhof jubelte: „Damit ist in Frankfurt eine neue Form von Fürsorgeerziehung geschaffen worden. In den Kollektiven haben die Jungs beschlossen, sich ohne Erzieher von nun an selbst zu erziehen."

Der 1997 verstorbene Jugendamtsleiter Faller war vom Engagement der Gudrun Ensslin angetan: „Die kam aus dem Gefängnis und wollte ernsthaft eine sinnvolle politische Arbeit machen." Pastor Hans Brehm vom Diakonischen Werk hätte sie sogar gern für ein Jugendprojekt der Kirche gewonnen.

Die ehemalige Germanistikstudentin fasste im Laufe der Staffelberg-Kampagne den Plan, ein Buch über die Lage und Kämpfe der Heimkinder zu schreiben, und begann, Material dafür zu sammeln: Flugblätter, Briefe aus den Heimen, Tonbandinterviews, Mitschnitte von den Diskussionen, Akten von Fürsorgezöglingen. Auch vom täglichen Plenum der Lehrlingskollektive in einem evangelischen Haus im Kettenhofweg hatte sie Tonbandaufnahmen machen lassen. Das Plenum hatte sich zu einer Art runder Tisch gemausert, mit Vertretern aller Heiminsassen, die nach Frankfurt entflohen waren. Dort wurde über die Aktionen in den Heimen sowie sämt-

BILDARCHIV ASTRID PROLL

Besucher vor der Wohngemeinschaft in der Frankfurter Hügelstrasse, Juli 1969. Links sitzend Astrid Proll, ganz rechts Andreas Baader liche praktische Fragen der Arbeits-, Geld- und Wohnraumbeschaffung gesprochen.

Im Laufe der Monate kam es durch die Masse der hereinströmenden „proletarischen" Jugendlichen zu erheblichen Spannungen mit den aus bürgerlichen Verhältnissen stammenden Studenten, die sich um sie kümmerten. Einige Gäste nahmen Drogen, verkauften Wohnungsinventar, verwüsteten die Wohnungen ihrer Gastgeber. Studentinnen liierten sich mit den Heimzöglingen, weil die interessanter als ein Studentenfreund waren, Eifersuchtsdramen bis hin zu Selbstmorden erschütterten die Frankfurter Szene.

Die Welt in den Kollektiven geriet schnell aus den Fugen. Pfarrer Brehm beschrieb die große Freiheit aus seiner Sicht so: „Tags schliefen sie, nachts tobten sie, und die meisten arbeiteten nicht." Trotzdem: Eine ganze Reihe von Jugendlichen schafften ihre Schul- und Lehrabschlüsse.

Erika Faller, die Frau des Jugendamtschefs, erlebte im Wohnkollektiv in der Friedberger Anlage einmal Baaders revolutionäre Päd-

DRINKWITZ/STERN

Aktion im Jugendamt Frankfurt am Main, August 1969: Andreas Baader (3.v.l.), Peter Brosch (stehend, 2.v.r.), Herbert Faller (links am Tisch) agogik mit eigenen Augen: „Er kam herein, stellte sich auf einen Stuhl und hatte ein Bündel Geldscheine in der Hand. Die warf er in die Luft, und die Lehrlinge sollten sie aufsammeln." Natürlich stürzten sich alle wie wild darauf. Als die einen mehr, die anderen weniger ergattert hatten, sagte er: „Seht ihr, so ist der Kapitalismus. Die einen haben was, die anderen gehen leer aus." Baader sammelte von, wie er sagte, „liberalen Scheißern" Geld ein. 250 Mark pro Tag mussten anfangs aufgebracht werden, mit jedem „Befreiten" der nach Frankfurt kam, wurde es immer mehr. Der SDS-Bundesvorstand hatte eine finanzielle Unterstützung der Kampagne abgelehnt.

Fürsorgezögling Boock war von dem „Tatmenschen" Baader begeistert und machte in jenen Monaten wichtige Erfahrungen: „Erstens, man kann sich wehren, und zweitens, wenn man zusammenhält, kann man sogar durchsetzen, was man durchsetzen will. Man braucht keine Angst zu haben, selbst vor großen Tieren nicht! Als wir das Jugendamt in Frankfurt besetzt haben, war das für alle aus den Heimen eine völlig neue Erfahrung. Mehr als hundert Zöglinge waren es ja inzwischen geworden. Und siehe da: Während uns vorher hinter den Mauern der Heime keiner wahrgenommen hatte, waren durch die Aktionen auf einmal die Medien da. Plötzlich wurden die Verhältnisse in den Erziehungsheimen in ganz Deutschland thematisiert, selbst im Fernsehen." Doch Boocks Begeisterung teilten nicht alle seiner Leidensgenossen. Zwischen August und November 1969 sprang ein Drittel der Jugendlichen, die bei den Frankfurter Linken Halt und Perspektive suchten, wieder ab.

Intern, erzählt Astrid Proll, habe es im engeren Kreis um Baader und Ensslin „immer wieder endlose Diskussionen gegeben, dass man ja nicht Sozialarbeiter, sondern Revolutionär werden wolle". Die „Brandstifter" standen auch unter Druck der befreundeten „Lederjackenfraktion", die sich zu rigiden Politkadern entwickelt und die marxistisch-leninistische Partei KPD/ML als maoistisch orientierte „Partei der Arbeiterklasse" hauptsächlich mit Studenten, Lehrlingen und ein paar Altkommunisten gegründet hatten.

Sie diffamierten die Baader-Gruppe und die ganze Heimkampagne als „unverantwortliches Abenteurertum".

Am 1. November bezog das letzte Wohnkollektiv seine Räume. Das Frankfurter Jugendamt informierte darüber auf einer Pressekonferenz am 12. November. Plötzlich erschienen dort 20 Lehrlinge zusammen mit Ensslin, Baader und Proll. Mit ihrem „Go-in" wollten sie klar machen, dass die Unterbringung der illegalen „Staffelberger" kein Ergebnis der staatlichen Jugendpolitik war. Die Wohnkollektive der Fürsorgezöglinge seien allein „das Ergebnis eines politischen Kampfes".

Es war der letzte öffentliche Auftritt der drei Kaufhaus-Brandstifter in Sachen Heimkampagne. Am 10. November hatte der Bundesgerichtshof ihren Revisionsantrag verworfen, was bedeutete, dass sie ihre ausgesetzten Reststrafen, knapp zwei Jahre Gefängnis, absitzen mussten. Astrid Proll: „Hätte die Justiz die Brandstifter nicht wieder in Haft genommen, wäre es in Deutschland wahrscheinlich nicht zur RAF gekommen."

Die Beteiligten an der Heimkampagne diskutierten offenbar bis zuletzt darüber, wie es weitergehen sollte. Gudrun Ensslin und Andreas Baader standen nach der Pressekonferenz noch lange auf dem Bürgersteig vor dem Frankfurter Jugendamt in der Berliner Straße und sprachen intensiv mit einer Frau: Es war Ulrike Meinhof. Nach dem Willen von Ensslin und Baader sollte die Journalistin ihre Arbeit mit den Heimkindern fortführen, während die „Brandstifter" erst einmal untertauchten.

Ulrike Meinhof war gerade in heller Aufregung, denn sie hatte eine einstündige Radiosendung über die Mädchen von Guxhagen („Ein Heim in Hessen") fertiggestellt, die wenige Tage zuvor ausgestrahlt worden war und lebhaftes Echo hervorgerufen hatte. Um sich gegen ihre Enthüllungen zu wehren, hatte der Betreiber des Heimes, der hessische Landeswohlfahrtsverband, am nächsten Morgen zu einer Pressekonferenz nach Guxhagen eingeladen.

Die Marburger Apo-Leute hatten sich deshalb massenhaft Presseausweise besorgt und planten mit einem Bus anzureisen, Aktivisten aus der Umgebung Guxhagens wollten vor dem Heim demonstrieren. In der Sendung hatte sich Ulrike Meinhof ausführlich über die Heimleiterin Ingeborg Jungermann ausgelassen, die ihr „Volkspflegerinnen- und Fürsorgerinnen-Examen“ in der Nazizeit abgelegt habe und sich ihr gegenüber beklagte, dass die Amerikaner nach dem Krieg das Heim schon einmal „befreit“ hätten. „Die ganzen Mädchen, die ich eingewiesen hatte, haben die rausgeholt“, meinte die Direktorin zu Meinhoff – und nun komme die Apo und würde auch wieder Heimkinder „befreien“.

Die Journalistin hatte sich besonders darüber empört, dass in der Akte eines der Mädchen stand: „Es muss versucht werden ihren Willen zu brechen.“

Ulrike Meinhof ließ Baader und Ensslin mit ihrem Problem in Frankfurt zurück und fuhr am nächsten Morgen mit Astrid Proll Richtung Kassel.

Der Andrang war immens, doch Vertreter des Landeswohlfahrtsverbandes fingen ihre Kritikerin bereits am Tor zum Mädchenheim Guxhagen ab. Man verbot ihr die Teilnahme mit der Begründung, sie habe sich ja schon genug äußern können. Jetzt wollten sie selbst ungestört zu den Vorwürfen Stellung nehmen. Das Gleiche galt für den Marburger Sedlaczek, der den Herren wegen seiner Untersuchungen ebenfalls ein Dorn im Auge war.

Meinhof und Sedlaczek mussten den ganzen Tag in einer Guxhagener Kneipe gegenüber dem Heim verbringen. Astrid Proll, die an der Veranstaltung teilnehmen durfte, informierte die beiden über das Geschehen im Inneren des Heimes und heizte nebenbei den Demonstranten ein, die am Nachmittag vor dem Tor erschienen.

Hektisch zwischen Heim und Kneipe wechselnd, diskutierte Astrid Proll an diesem langen Tag mit der Berliner Genossin aber vor allem die Frage, was jetzt mit Baader und Ensslin passieren solle. Offenbar waren die Frauen sich darüber uneins.

Am Abend verließ Ulrike Meinhof Guxhagen Richtung Berlin, Astrid Proll fuhr zurück nach Frankfurt.

Für ein paar Tage nächtigten Baader und Ensslin noch bei Bekannten in der Nähe Frankfurts. Von dort fuhren sie in einer

ERIKA SULZER-KLEINEMEIER

Ulrike Meinhof und Gottfried Sedlaczek (rechts) diskutieren mit Vertretern des Landeswohlfahrtverbands vor dem Mädchenheim Fuldatal in Guxhagen, 13. November 1969

Nacht- und Nebelaktion nach Paris. Astrid Proll blieb zunächst noch zurück: „Die ‚Lehrlinge', die sich um die ‚Brandstifter' gruppiert hatten, waren fix und fertig, als sie hörten, dass die weg waren. Das waren ihre Idole, sie wurden vergöttert. Die waren immer zugänglich, die hatten immer Zeit für sie, haben mit ihnen über alles gequatscht. Die hatten Gudrun und Andreas erlebt als Leute, die für sie Aufstand machen und etwas erreichen. Für manche war es das erste Mal im Leben, dass jemand etwas für sie getan hat."

Doch der Kontakt brach nicht ganz ab. Der Elektrolehrling Peter Brosch von der „Kampfgruppe ehemaliger Fürsorgezöglinge", einer der wichtigsten Aktivisten der Staffelberg-Kampagne, fuhr zu Baader und Ensslin nach Paris. Astrid Proll chauffierte ihn dorthin, in Baaders weißem Mercedes. Brosch wollte wissen, wie es nun mit der Heimkampagne und den Wohnkollektiven weitergehen solle: Die Leute fühlten sich verlassen. Das ganze Projekt drohe zu kippen.

Baaders Antwort: „Wir sind physisch und psychisch fertig. Wir wollen nicht, dass die ‚Lehrlinge‘ sich an uns hängen. Wir werden uns erst mal entspannen und dann weitersehen.“ Tatsächlich litt das Pärchen immer noch unter den Folgen einer Gelbsucht, die sich beide durch ihren Drogenkonsum im Frühjahr zugezogen hatten.

Gudrun Ensslin verkündete, sie wolle in aller Ruhe über die Heimkampagne ein Buch schreiben. „Um alles andere muss sich jetzt Ulrike kümmern. Fahre bitte zu ihr nach Berlin.“ In einem Bistro machte Astrid Proll die später sehr bekannt gewordenen Bilder der Untergetauchten. Zu sehen ist das Paar Ensslin-Baader, darüber hinaus Prolls Bruder Thorwald, der sich kurz darauf für immer von den beiden absetzt, aber auch Peter Brosch blickt in die Kamera. Es sind, wenn man so will, die Fotos zum Abschied der „Brandstifter“ von ihren „Lehrlingen“.

Das Buch wurde nie geschrieben. Ensslin ließ sich von Brosch die Unterlagen der Frankfurter „Kampfgruppe“ zwar in die Schweiz nach Zürich bringen, doch dort blieben sie 35 Jahre lang ungenutzt liegen. Erst im Jahr 2005 holte ein Altaktivist der Frankfurter Szene das für Ensslins Buch bestimmte Päckchen zurück an den Main. Es handelt sich vor allem um umfangreiche Tonbandmitschnitte von Aktionen der Heimkampagne, darunter die Diskussion vom 28. Juli 1969 auf der Wiese des Erziehungsheimes Staffelberg, Mitschnitte der Go-ins bei Behörden sowie von abendlichen Sitzungen des Plenums der Lehrlingskollektive.

Zurück aus Zürich, ruft Brosch Ulrike Meinhof in Berlin an. Die lehnt es ab, nach Frankfurt zu ziehen, um dort mit den Lehrlingskollektiven weiterzumachen. Als Grund gibt sie an, sie habe nach der Trennung von ihrem Mann ihre zwei Kinder zu versorgen und stecke gerade mitten in den Vorarbeiten zu einem Fernsehfilm über Heimzöglinge. Ihre beiden Siebenjährigen fühlten sich ohnehin schon stark vernachlässigt. Der Sprecher der Lehrlingskampfgruppe fährt nach Berlin, bekniet Meinhof in langen Gesprächen, sich doch um die kopflos gewordenen Heimkinder in Frankfurt zu kümmern, „wo nach und nach alles wieder kaputtgeht“. Sie will nicht.

Brosch fordert sie auf, wenigstens ein Gnadengesuch für die Brandstifter zu verfassen, vielleicht könnten sie ja doch freikommen und die Arbeit in Frankfurt wieder aufnehmen. Er erzählt ihr, dass es ihm gelungen sei, sogar den Leiter des Frankfurter Jugendamtes zu einem solchen Gnadengesuch zu bewegen. Faller habe in dem Schreiben ausführlich die Arbeit der Gruppe gelobt. Ulrike Meinhof verspricht, einen Brief an Bundespräsident Gustav Heinemann zu schreiben.

Die Journalistin hatte sich in Berlin seit längerem schon für die Zustände in den Erziehungsanstalten interessiert und zahlreiche Zeitungsartikel und Hörfunksendungen darüber veröffentlicht. Sie hatte Heime besucht, Zöglinge interviewt, die Verantwortlichen befragt. Es empört sie sehr, wie die Jugendlichen hinter den Mauern behandelt werden. Sie glaubt, an den Zuständen der Heime zeige sich der wahre Zustand der Gesellschaft. Und wenn sie dies beschreibe, werde sich ein Protest erheben, der die Heime und letztlich die Gesellschaft verändere, die solch eine „Erziehung“ produziert.

Im heißen Sommer der Heimrevolte lieferte Ulrike Meinhof die Fakten und Argumente – sie selbst erlebt eine entscheidende Radikalisierung. Sie berichtet im Rundfunk darüber, wie in den Heimen die Mädchen gequält werden. Ihren Sendungen gibt sie Titel wie „Bunker, Bunker“. Sie setzt sich persönlich für einzelne Fürsorgezöglinge ein, die in Schwierigkeiten geraten sind. Im Falle eines Jugendlichen aus Alsfeld hält sie eine flammende Rede als Zeugin vor einem Kasseler Gericht. Im Berliner Erziehungsheim Eichenhof hatte sie drei „verwahrloste“ Mädchen kennengelernt. Deren Schicksal verarbeitet sie im Drehbuch für den Fernsehfilm „Bambule“.

Meinhofs Veröffentlichungen bleiben nicht ohne Echo. Einige Mädchen stehen bald auch vor ihrer Wohnungstür in der Kufsteiner Straße in Berlin-Schöneberg. Sie gibt ihnen Quartier, mit einem der Mädchen vom Eichenhof, Irene Goergens, Tochter eines amerikanischen Soldaten, freundet sie sich an und nimmt sie in ihre Wohnung auf.

RUTH WALZ

Dreharbeiten zu „Bambule" im Erziehungsheim Eichenhof in Berlin, Februar 1970: Ulrike Meinhof im Gespräch mit Regisseur Eberhard Itzenplitz, am Fenster links Irene Goergens

Das Drehbuch für „Bambule" entsteht aus den Gesprächen und Protokollen ihrer Heimrecherchen im ersten Halbjahr 1969. Im August hat sie eine erste Fassung fertig. Meinhofs Film erzählt aus dem Alltag im Eichenhof. Dort arbeiten die Mädchen in einer Wäscherei und versuchen regelmäßig, aus dem Heim zu fliehen. Dafür gibt es drakonische Strafen wie den „Bunker". Als ein Mädchen nach einem Ausbruchsversuch besonders lange im „Bunker" eingesperrt wird, treten die anderen in einen Streik. Die Stimmung heizt sich auf, bis die jungen Frauen beginnen, ein Zimmer zu zerstören. Sie machen „Bambule".

Es soll der erste Film sein, der nicht nur eine Innenansicht der Fürsorgeerziehung in Deutschland zeigt, sondern auch belegt: Gewalt produziert Gegengewalt, Druck Gegendruck.

Ulrike Meinhof will die skandalöse Situation in den Heimen darstellen, um „das wahre Gesicht des Systems aufzuzeigen“. In ihren Augen hat sich die Bundesrepublik wenig vom Denken der Nazizeit entfernt. Doch im Lauf der Arbeit an „Bambule“ wächst in ihr die Überzeugung, dass nur durch einen Sturz des Systems die Verhältnisse sich ändern werden. Das ganze Jahr 1969 hindurch diskutiert sie mit dem verantwortlichen Fernsehredakteur des Südwestfunks, Dieter Waldmann, und dem Regisseur Eberhard Itzenplitz über die Umsetzung des Stoffes. Sie ist genervt von den vielen Auflagen, die der Sender ihr macht. Ulrike Meinhof möchte eine politische Botschaft vermitteln. Sie schreibt an Waldmann: „Heimerziehung ist der Büttel des Systems, der Rohrstock, mit dem den proletarischen Jugendlichen eingebläut wird, dass es keinen Zweck hat, sich zu wehren, keinen Zweck, etwas anderes zu wollen, als lebenslänglich am Fließband zu stehen.“

Einer ihrer Aufsätze heißt „Vom Protest zum Widerstand“, und darin schreibt sie: „Protest ist, wenn ich sage, das und das passt mir nicht. Widerstand ist, wenn ich dafür sorge, dass das, was mir nicht passt, nicht länger geschieht.“

Itzenplitz über diese Debatten: „Am liebsten hätte sie in jedem szenischen Dialog einen flammenden Appell untergebracht.“ Er findet die Heim-Mädchen, die sie ihm vorstellt, „vulgär“, die Originaldrehorte „deprimierend“. Und die Berliner Kneipen, in denen sie abends miteinander streiten, sind für den Münchner „obskur“.

Ein Scheitern des Projekts droht jeden Tag. Meinhof sucht als Ausgleich wieder Kontakt zu den Frankfurtern. Sie ruft Peter Brosch an und lädt ihn nach Berlin ein. Sie besuchen an der Uni gemeinsam ein Seminar über Fürsorgeerziehung. In ihrer großen Wohnung schläft Brosch auf der Couch, abends wird „immer diskutiert“.

Anfang Februar 1970 erhält Peter Brosch in Frankfurt einen Anruf aus Neapel. Gudrun Ensslin teilt ihm mit: „Es geht uns gut, aber wir haben kaum noch Geld.“ Außerdem habe man „hier unten etwas im Radio in Sachen Gnadengesuch gehört", aber nicht genau verstanden. Als Brosch bestätigt, dass der hessische Justizminister Karl Hemfler am 4. Februar das Gnadengesuch für die Brandstifter abgelehnt habe, sagt Gudrun Ensslin: „Na, dann müssen wir weitermachen."

Wieder fährt Brosch nach Berlin zu Ulrike Meinhof. Er passt auf ihre beiden Töchter auf, während sie sich um den Film kümmert.

Zu dieser Zeit findet in Berlin die „Randgruppenkonferenz" statt. 230 Politaktivisten aus 20 Städten der Bundesrepublik wollten die Frage klären, mit welchen Teilen des Proletariats die Revolutionierung der Gesellschaft überhaupt gelingen könne, ob Randgruppen wie die Frankfurter „Lehrlinge" überhaupt dazu geeignet seien. Die wenigen Heimzöglinge, die an dieser Tagung teilnahmen, hörten zu ihrem Missvergnügen, dass die Mehrheit der Gruppen sie fallen lassen wollte und stattdessen beschloss, „proletarische Organisationen" aufzubauen – die späteren „K-Gruppen". Peter Brosch fand auch hier keine Unterstützung mehr für die Frankfurter Lehrlingskollektive.

Doch im gleichen Monat kommen Baader und Ensslin aus Italien heimlich zurück nach Deutschland – direkt zu Ulrike Meinhof in die Kufsteiner Straße. Sie diskutieren mit ihr und anderen Besuchern der Wohnung über Strategien, wie sie aus der Illegalität heraus weiterhin „Randgruppen" wie ihre Fürsorgezöglinge für den revolutionären Kampf mobilisieren könnten. Ihre eigenen Kinder ignorierte Baader. Sie solle sich auf den politischen Kampf konzentrieren, ähnlich wie es Gudrun gemacht habe, deren Kind beim Vater sei. Schritt für Schritt verabschiedet sich Ulrike Meinhof vom Heimkinder-Projekt, wie sie es bisher als Journalistin betrieben hatte. Sie will keine Trennung mehr von den Objekten ihrer Berichterstattung, den Mädchen, „die von mir mehr erwarten, als nur beschrieben zu werden".

Am 19. Februar beginnen im „Bunker" des Eichenhofes die Dreharbeiten zu „Bambule". Nach längeren Querelen mit dem West-Berliner Senat darf der Film zwar in einem realen Heim gedreht werden, doch alle Namen müssen geändert werden. Ulrike

Meinhof ist anfangs jeden Tag dabei, kommt aber immer seltener. Sie ist unzufrieden mit dem Film. Ihr gefallen die Schauspieler „mit den glatten Gesichtern bürgerlicher Herkunft" nicht, sie hätte lieber echte Fürsorgezöglinge und echte Erzieher. Ihre Sorge: Die Zuschauer könnten so nicht begreifen, „was wirklich im Heim los ist", und sich nicht solidarisieren. „Günstigstenfalls wird sich die liberale Öffentlichkeit darüber ein bisschen aufregen." Regisseur Itzenplitz fällt während der Filmaufnahmen „eine zunehmende Anspannung der Meinhof" auf. „Sie kam erst gegen Mittag, rauchte eine Rothändle nach der anderen, zerriss nervös das Stanniolpapier der Zigarettenschachtel und rollte es zu kleinen Kügelchen. Ich merkte, irgendetwas passiert bei ihr, aber sie redete nicht darüber. Sie hatte schon immer die Welten getrennt, in denen sie sich bewegte, von den Fahrten zur Heimkampagne nach Hessen hatte sie dennoch stets berichtetet. Doch nun sprach sie auch darüber nicht mehr."

Gegen Ende der Dreharbeiten glaubt sie nicht mehr an ihr Werk und auch nicht daran, mit dem Film etwas verändern zu können: „Ändern wird sich nur etwas, wenn die Unterdrückten selbst handeln. Wer sie dabei unterstützen will, muss es praktisch tun, muss den Unterdrückten selbst helfen, sich zu organisieren, zu handeln, ihre Forderungen durchzusetzen. Es kommt nicht darauf an, ihnen zu zeigen, wie man es machen muss, es kommt darauf an, selbst mitzumachen."

Am 21. März 1970 schreibt sie Dieter Waldmann, dass ihr endlich klar geworden sei, „dass ein Aufstand im Heim, die Organisierung der Jugendlichen selbst, tausendmal mehr wert sind als zig Filme". Sie habe kapiert, dass sie „mit diesem Film nichts als ein ästhetisches Verhältnis zu den Problemen dieser proletarischen Jugend herstelle". Und dass ihr endlich klar geworden sei, „das Selbstverständliche zu tun, nämlich aus meinen Kenntnissen über die Heime die richtigen, das heißt praktischen Konsequenzen zu ziehen".

Dies ist das letzte bekannte Dokument, in dem sich die Journalistin Ulrike Meinhof zur Heimkampagne äußert. Der Brief endet mit den Worten: „Versuch mal, jetzt nicht bitterböse auf mich zu sein, sondern die Geschichte ein bisschen zu verstehen. Sie ist nicht einfach verrückt. Im Grunde ist sie nur konsequent und ich zum Glück noch nicht so korrupt, dass ich es nicht noch ticken konnte. Tschüß für heute, Ulrike."

Am 4. April wird Andreas Baader beim Versuch, sich nachts Waffen zu besorgen, in Berlin verhaftet, Gudrun Ensslin bleibt unbehelligt im Untergrund, hält Kontakt zu Ulrike Meinhof und trommelt in der militanten Berliner Szene zur Gefangenenbefreiung.

Am 8. April 1970 stellt Regisseur Itzenplitz den Film „Bambule" fertig und führt ihn ohne Ulrike Meinhof dem Südwestfunk vor. Er ruft sie an, doch sie ist überhaupt nicht mehr erreichbar. Am 24. Mai soll „Bambule" gesendet werden, doch so weit kommt es nicht. Am 14. Mai, also zehn Tage vor dem geplanten Sendetermin, beteiligt sich Ulrike Meinhof an der Befreiung Baaders und taucht in den Untergrund ab. Daraufhin entscheidet die ARD, den Film nicht auszustrahlen. „Bambule" bleibt 24 Jahre im „Giftschrank" des Südwestfunks.

Itzenplitz: „Kaum jemandem ist damals bewusst gewesen, dass das Sendeverbot die Hoffnungen der Insassen des Eichenhofs zerschlug, dass es unter den verlassenen Mädchen seelische Verletzungen gab. Ulrike Meinhof sah ‚Bambule' ursprünglich als einen Schritt zu sozial notwendigen Verbesserungen an, und daran hatten auch die jungen Mädchen geglaubt."

Das immer und immer wieder geplante Buch der „Brandstifter" über die Heimkampagne muss am Ende nur noch als Ausrede für die Befreiung Baaders herhalten. Der Verlag Klaus Wagenbach schreibt an das Gefängnis Tegel einen Brief, in dem es heißt, Baader und Meinhof wollten gemeinsam ein Buch über „randständige Jugendliche" verfassen. Ulrike Meinhof, die Baader im April mehrmals im Gefängnis besuchte, bittet um eine Ausführung für Baader, um im Berliner „Zentralinstitut für soziale Fragen" Literatur über Heimerziehung zu sichten. Der Bitte wird stattgegeben. Ulrike Meinhof setzt sich am 14. Mai frühmorgens zuerst in die Bibliothek. Baader kommt, begleitet von zwei Polizeibeamten. Es dauert nicht lange, dann wird die vorgetäuschte Arbeit am Heimkinder-

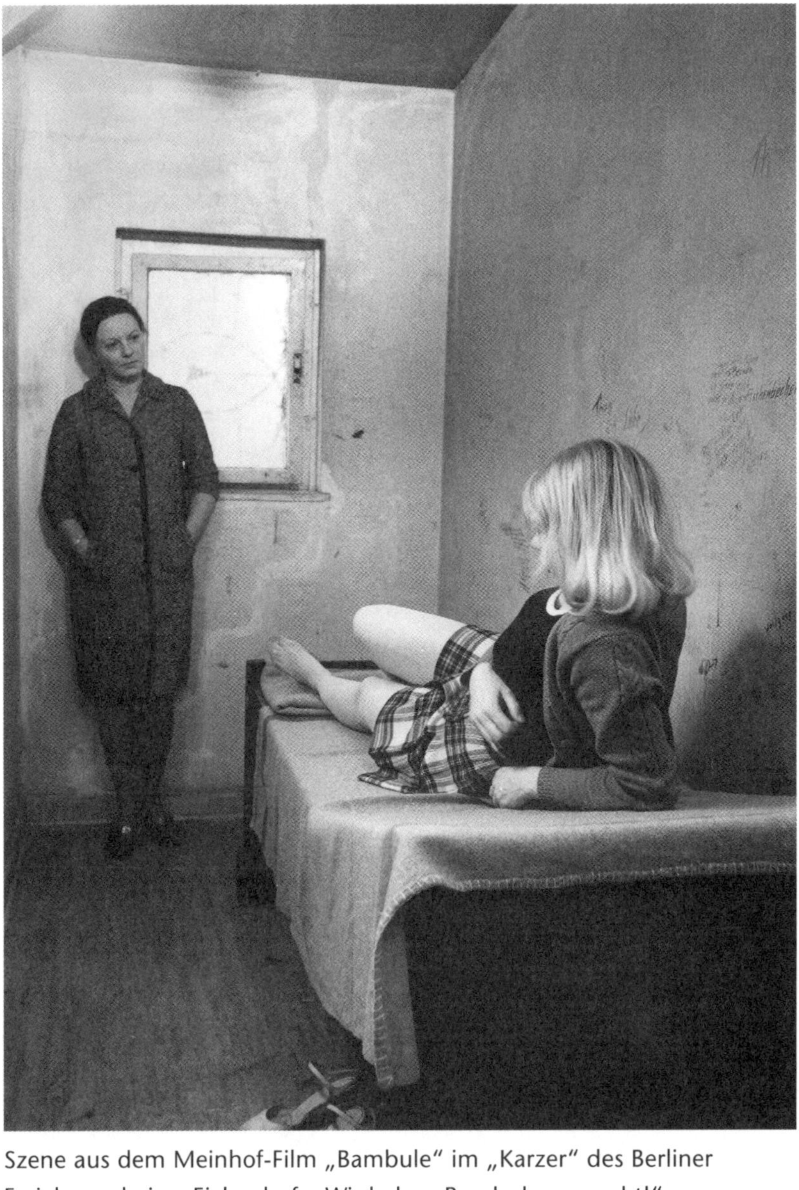

RUTH WALZ

Szene aus dem Meinhof-Film „Bambule“ im „Karzer“ des Berliner Erziehungsheims Eichenhof: „Wir haben Bambule gemacht!“

buch durch eine Schießerei jäh unterbrochen. Der gemeinsame Sprung aus dem Institutsfenster beendet die journalistische Arbeit Ulrike Meinhofs und gilt vielen als „Geburtsstunde der RAF“.

In einem Aufruf der „Roten Armee Fraktion“ findet sich ein Jahr später eine letzte Reminiszenz an die Heimkampagne: „Die proletarischen Jugendlichen in den Heimen dagegen, die die Repression unmittelbar erfahren, aber auch viele Jugendliche, die täglich mit der Androhung der Heimerziehung als Zuchtmittel terrorisiert werden, sie werden die Aktion ‚der RAF‘ verstehen ... Mehr noch: Die Jugendlichen können ihren Widerstand verstärken in dem Bewusstsein, dass die Guerilla eingreifen wird, wenn die Behörden die Repression steigern sollten ... Die Guerilla wird die Fürsorger, die die proletarische Jugend mit der ‚Heimerziehung‘ terrorisieren, nicht ungeschoren lassen.“

Peter-Jürgen Boock, das aus Rengshausen „befreite“ Heimkind, sieht zwei Jahre nach der Befreiungsaktion, im Juni 1972, im Fernsehen, wie „der gesuchte RAF-Terrorist“ Andreas Baader nebst Kampfgefährten in Frankfurt am Main erneut verhaftet und dabei angeschossen und verletzt wird. Er ist schockiert, aber für ihn steht sofort fest: „Die haben mich rausgeholt, also hole ich sie raus.“ So wird Baaders „Lehrling“ acht Jahre nach der Frankfurter Heimkampagne Mitglied der zweiten RAF-Generation. Am Ende muss er 17 Jahre ins Gefängnis: unter anderem wegen Beteiligung an der Entführung und Ermordung Hanns-Martin Schleyers. Mit Schleyer wollten Boock und Genossen Andreas Baader, Gudrun Ensslin, Ulrike Meinhof und andere freipressen. Boock war nicht das einzige Heimkind in der Terroristenszene. Auch Hans-Joachim Klein, ehemaliges Mitglied der „Revolutionären Zellen“, hatte seine Jugend in Erziehungsheimen verbracht, genauso wie das RAF-Mitglied Irene Goergens. Die eigenen Kinder von Ulrike Meinhof hatten Glück, nicht in einem palästinensischen Flüchtlingslager gelandet zu sein, um dort an der Waffe ausgebildet zu werden, was ihre Mutter schon in Erwägung gezogen hatte.

Was blieb von der Heimkampagne als eine leer stehende Immobilie als stummes Denkmal im Regen, die offensichtlich keiner kaufen will? Die Staffelberg-Aktion hatte Signalwirkung im ganzen Land, dazu hatte die Radikalität der späteren RAF-Leute erheblich beigetragen. Erstmals gerieten die Heimkinder ins Blickfeld und Bewusstsein der Öffentlichkeit. In Münster, Göttingen, München („Aktion Südfront") und anderen Städten brachen Heimkinder aus und zogen in Wohnkollektive. Selbst bei den Vincentinerinnen in Dortmund oder den „Schwestern zum Guten Hirten" in Münster fanden „Befreiungsaktionen" statt.

In Aachen streikten die Mädchengruppen des „Guten Hirten" gegen das Regime der Nonnen. Im städtischem Kinder- und Jugendheim in Nürnberg wurden die Erzieher angewiesen, bei Apo-Aktionen, die „Fensterrollos herunterzulassen, falls mit Steinen geworfen wird". Sie sollten „mit den Heimbewohnern nicht über mögliche SDS- und Apo-Aktionen sprechen". Sogar in die von Bethel betriebene, weit abgelegene Erziehungsanstalt „Moorburg" drang die Kunde von Staffelberg. Dort trauten sich die jungen evangelischen Erzieher plötzlich, Verbesserungsvorschläge zu machen, als hätten sie nur auf einen solchen Anstoß von außen gewartet. Auch in Köln rückten radikale Studenten und entlaufene Zöglinge „nach Frankfurter Vorbild den Behörden auf die Pelle", erinnert sich Rainer Kippe, einer der Hauptaktivisten in der Stadt am Rhein. Er protestierte mit studentischen „Aktionsgruppen" vor den Heimen der Salesianer des Don-Bosco-Ordens, organisierte Go-ins im Euskirchener Erlenhof und die Besetzung einer Fabrik, um Wohnkollektive zu gründen.

Aufstände in Heimen – wie in „Bambule" – blieben die Ausnahme, die Flucht aus ihnen jedoch nahm überall in der Bundesrepublik zu. Zugleich wuchs die Kritik an der Heimerziehung auch von den Beschäftigten der Häuser. Die Heimkampagne hatte von außen auf den längst überfälligen Modernisierungsschub aufmerksam gemacht, der sich mancherorts in atemberaubendem Tempo vollzog; anderswo wurde noch lange weiter geschlagen und eingesperrt.

„Die Heime wurden keine Paradiese, aber die Hölle wurde entschärft", kommentierte eine Frankfurter Aktivistin die Entwicklung in den Jahren danach. Unter dem Namen von Peter Brosch veröffentlichte die Frankfurter „Kampfgruppe ehemaliger Fürsorgezöglinge“ einige Erfahrungen über den politischen Kampf um die Heimerziehung in einem Buch.

Die ersten Bewohner der Frankfurter Wohnkollektive zerstreuten sich in alle Winde, die Kölner Bewegung um Rainer Kippe blieb mit ihren erkämpften Einrichtungen bis heute bestehen.

Die Staffelberg-Kampagne war die Initialzündung für ein neues Bewusstsein in Deutschlands Erziehungsanstalten. Das Mädchenheim Fuldatal in Guxhagen wurde 1973 als „unreformierbar“ geschlossen. Heime wie Staffelberg gibt es heute nicht mehr. Langfristig führte die Heimkampagne zu einer größeren Respektierung der Bedürfnisse von Kindern und Jugendlichen und half, ihre Rechte zu verbessern. 1990 löste das Kinder- und Jugendhilfegesetz die bis dahin geltende, aus dem Reichsjugendwohlfahrtsgesetz von 1922 stammende Vorstellung von Zucht und Ordnung endgültig ab.

Die Heimkampagne war „eine historische Zäsur“, schreiben heute selbst die ehemaligen Betreiber des Erziehungsheims Staffelberg. Die Zäsur betraf allerdings in erster Linie die Institution Heim, dort begannen die Reformen. Im Schatten aber blieb bis heute das Leid der Abertausenden jungen Menschen, die bis dahin in den staatlichen und konfessionellen Erziehungsanstalten gequält worden waren.

„Die Menschenwürde zurückgewinnen"

Einige Erfahrungen bei der Entstehung dieses Buches

In Paderborn, beklagte sich eine SPIEGEL-Leserin per E-Mail, sei der Film „Die unbarmherzigen Schwestern" noch immer nicht zu sehen. Vielleicht liege das am Erzbistum, schließlich hätte der Vatikan den Spielfilm über Misshandlungen in irischen katholischen Heimen am liebsten unterdrückt. Ob der SPIEGEL da nicht mal recherchieren könne.

Warum sie denn der Film so sehr interessiere, wollte ich von der Leserin wissen. Ihre Antwort: „Weil wir in einem Dortmunder Heim Ähnliches durchgemacht haben, Anfang der sechziger Jahre."

Wo und bei wem das denn gewesen sei? „Im Vincenzheim, in der Oesterholzstrasse, ein Haus für sogenannte gefallene Mädchen, geführt von katholischen Ordensschwestern."

Ich hatte „Die unbarmherzigen Schwestern" gerade in einem Berliner Kino gesehen und wurde neugierig. Prügel, Isolation, Erniedrigung, harte Arbeit und geradezu hysterische Sauberkeit, so beschrieb der Film das Schicksal dreier Mädchen in einem Erziehungsheim der Magdalenenschwestern in Irland. In Deutschland sollte es so etwas auch gegeben haben?

Unter der angegebenen Adresse in Dortmund existiert immer noch ein Kinderheim. Nur die „Barmherzigen Schwestern" seien nicht mehr da, hieß es am Telefon, die hätten sich „zurückgezogen".

Auf der Internetseite präsentiert sich das 1903 gegründete Haus heute als moderne Ausbildungsstätte. In dem knappen historischen Überblick fällt eine bemerkenswerte Lücke ins Auge. Die Zeit zwischen 1927 und 1966 scheint es nicht gegeben zu haben. In der Selbstdarstellung („Über uns") wird zwar die Erweiterung des Erziehungsheimes um eine Landwirtschaft im Jahr 1927 erwähnt. Doch danach werden 40 Jahre übersprungen.

„Bis 1966", heißt es lediglich pauschal und nebulös, „folgte dann ein grundlegender Umbau nach neuesten Erkenntnissen der Pädagogik und Sozialwissenschaft.“

Dass Institutionen bei der Darstellung ihrer Geschichte die NS-Zeit weglassen, ist nicht so ungewöhnlich. Was aber war in den Jahren nach 1945? Was in den fünfziger und frühen sechziger Jahren? Jenen Zeiten des heute so oft gepriesenen „Wirtschaftswunders“, den Gründerjahren der Bundesrepublik?

Die Leserin, sie hieß Gisela Nurthen, schrieb weitere E-Mails. „Leider kenne ich von damals keine Zöglinge mehr. Man war ja froh, wenn man mit der ganzen Sache nichts mehr zu tun hatte.“

Ich begann zu recherchieren und fand rund um Paderborn und in anderen Städten immer mehr Betroffene. Alle Gesprächspartner, ehemalige Fürsorgezöglinge, berichteten haarsträubende Dinge aus jener Zeit.

Im Mai 2003 erschien im SPIEGEL der Artikel „Unbarmherzige Schwestern“ über die skandalösen Zustände in deutschen Erziehungsheimen in den fünfziger und sechziger Jahren. In der Unterzeile stand der Satz: „Die damals Betroffenen wollen den Skandal nun aufklären, stoßen aber auf eine Mauer des Schweigens.“

Das musste ich gemeinsam mit Gisela Nurthen, ob unterwegs im Jugendamt Detmold auf der Suche nach ihren Akten, beim Amtsgericht, im heutigen Vincenzheim oder in der Paderborner Zentrale der Vincentinerinnen, selbst erleben. Alle Stellen, die einmal für sie als 14-jähriger Fürsorgezögling zuständig waren und die sie nun wieder aufsuchte, konnten oder wollten ihr nicht helfen, das Trauma ihrer Jugend aufzuklären.

Ihre Akten waren verschwunden, die Spuren von Leben und Arbeit im Dortmunder Vincenzheim offenbar getilgt. Die Nonnen, die sie einst drangsalierten, lebten zwar noch in Paderborn, wurden von den jüngeren Ordensschwestern jedoch abgeschirmt.

Einmal war ich dabei, als Gisela Nurthen erfolglos die Sprecherin des Ordens mit ihren Fragen bestürmte: Was war mit den Mädchen aus ihrer Gruppe, die im Vincenzheim nach einem Sprung aus dem Fenster in Selbstmordabsicht einfach spurlos verschwanden? Hatte man sie in die Psychiatrie gesteckt, aus der sie nicht wieder herauskamen und wenn, dann womöglich als gebrochene Menschen? Was hatte man ihr und den anderen jungen Mädchen ins Essen gemischt? Waren es Beruhigungs- und Schlafmittel, wie dies in anderen Heimen auch üblich war? Die Vincentinerinnen kniffen die Lippen zusammen. „Bis auf weiteres", ließen sie wissen, würden sie der Presse oder Betroffenen keinerlei Fragen beantworten. Auch der Zugang zum Archiv des Dortmunder Heimes blieb versperrt.

Nachdem der Artikel erschienen war, erhielt die SPIEGEL-Redaktion rund 500 Briefe aus allen Teilen der Bundesrepublik. Einige erreichten mich sogar aus Übersee – von Frauen, die nach ihrer Entlassung aus dem Heim Deutschland für immer verlassen hatten.

Die Briefschreiber berichteten, teils sehr detailliert, von ihrer Leidenszeit in Heimen in Passau, München, Hamburg, Aachen oder Berlin – quer durch die ganze Republik. Nicht nur die Menge, auch der Inhalt der Briefe war ungewöhnlich. Manche hatte der SPIEGEL-Artikel, wie sie schrieben, „kalt erwischt". Mehr als 30, 40 Jahre hatten sie vergeblich versucht, ihre gestohlene Kindheit innerlich zu verarbeiten, oder sie hatten die Zeit einfach verdrängt. Jetzt plötzlich holte sie die Vergangenheit ein.

„Schon bei der Überschrift wusste ich: Das wird jetzt nicht leicht für mich", berichtete Wolfgang K. aus Niedersachsen. Er erlebte alles „genauso oder ähnlich" wie Gisela Nurthen und ihre Leidensgenossinnen und -genossen, als er von 1954 bis 1969 in diversen katholischen, evangelischen und staatlichen Heimen verbringen musste. „Die Heime der Inneren Mission, etwa die Aumühle in Wixhausen bei Darmstadt, hatten ebenso vergitterte Bereiche mit Isolierzellen und prügelnden Kalfaktoren wie die staatlichen und katholischen Heime."

K. hatte den SPIEGEL am Bahnhof gekauft und zu lesen begonnen. Der Artikel wühlte ihn so auf, dass er beinahe seinen Zug verpasste. Die Erinnerung, schrieb er, „ist nach mehr als 35 Jahren immer noch ein böser Traum, bei dem ich manchmal nicht mehr weiß, ob ich spinne oder noch in der Realität bin. Ich werde den Artikel aufbewahren. Er wird mir vielleicht helfen, wenn mein

Sohn eines Tages mehr über seinen Vater und seine Vergangenheit, seine Narben, Verletzungen und Verfehlungen erfahren will."

Viele der Briefe enthielten sehr persönliche Schilderungen der Lebensläufe. Die Zuschriften machten offenbar, dass die Zahl derer, die das Erlebte noch immer verfolgt, ganz erheblich ist.

Eine innere Zerrissenheit plagt die meisten Betroffenen. Einerseits wollen sie gerne über das Erlebte sprechen, andererseits sperren sie sich gegen die Erinnerung. So wie Monika G., die im Alter von 16 Jahren in einem Erziehungsheim für Mädchen in Ummeln bei Bielefeld „eingesperrt" war.

„Es waren dort keine Nonnen", schrieb sie, „aber evangelische Schwestern, die genauso streng und schrecklich waren. Es wühlt mich alles sehr auf, und ich könnte laut losschreien, was man mir angetan hat. Bis heute wissen aber nur meine beiden Töchter davon, weil ich mich schäme, dort eingesessen zu haben."

Schweigen aus Scham, obwohl man voller Geschichten steckt über Ungerechtigkeiten, die ein Leben lang unvergessen geblieben sind. Monika G. musste jahrelang ohne Bezahlung arbeiten: „Ich habe in der Bügelei gearbeitet, wo wir Berge von Wäsche für private Leute bügeln mussten, ohne Bezahlung. Die Bügeleisen waren mit Wasser gefüllt, das heiß gemacht wurde. Ich habe so schwere Dinger nie wieder gesehen. Auf Beschwerde meiner Mutter hin, wurde ich großzügigerweise an die riesige Mangel versetzt. Jetzt durfte ich mangeln, von morgens 7 Uhr bis abends 18 Uhr. Ich bin heute 54. Mir fehlen die Jahre bei meiner Renteneinzahlung – und meiner Jugend. Was hatte ich überhaupt getan? Ich hatte nichts getan."

Aus den unterschiedlichsten Heimen und Orten meldeten sich ehemalige Fürsorgezöglinge. Karl S. etwa, geboren 1961, will, dass er und andere ohne Scham über die Jahre im Heim sprechen können: „Welch eine innere Wohltat, Befreiung und Befriedigung als persönlich Betroffener endlich erleben zu dürfen, dass dieses düstere Kapitel deutscher Nachkriegsgeschichte nun öffentlich gemacht wird! Ich musste von 1967 bis 1970 die schrecklichsten Jahre meiner Kindheit in einem von katholischen Ordensschwestern geführten Kinder- und Jugendheim in München-Haidhausen verbringen." Die „menschenverachtenden Praktiken in diesen Kindergefängnissen" könne er „aus eigener leidvoller Erfahrung" nur bestätigen.

Ricarda L., ebenfalls aus München, schrieb: „Der Artikel hat mir aus der Seele gesprochen. Ich selbst war in den Jahren 1973 bis 1975 im Marien-Ludwig-Ferdinandheim in München untergebracht und hatte unter der physischen und psychischen Grausamkeit der katholischen Schwestern ... zu leiden."

Die Namen der Peinigerinnen sind den Opfern genau in Erinnerung geblieben. Die 49-jährige Gabriele A. gehört zu jenen, die noch immer nicht wagen, darüber offen zu sprechen, denn zu tief sitzt die Furcht vor Diskriminierung: „Schreiben Sie bloß nicht meinen vollen Namen, ich arbeite heute an der Uni, wenn mein Professor erfährt, dass ich im Heim war, dann bin ich doch unten durch!"

Über ihre Erlebnisse in einem katholischen Heim in Gummersbach berichtet sie: „Auch in meinem Heim mit rund 35 Kindern, in dem ich von 1964 bis 1966 eingesperrt war, wurden wir regelmäßig mit Eichenstöcken geschlagen. Immer wenn ich nicht aufessen konnte, wurde ich in die Dusche geschleppt, ausgezogen und durchgeprügelt. Die Nonne ... war für die Züchtigungen zuständig. Sie hat uns durch den Wald geführt mit der Auflage, Stöcke zu suchen, die so hart sind, dass sie nicht zerbrechen, wenn sie uns damit zurichtet."

Einen der kürzesten Briefe schrieb ein Mann aus Fürth, Paul P.: „Danke für den Artikel, ein Stein weniger in der Mauer. Auch ich habe die katholische Heimerziehung ‚genossen', im Waisenhaus in Hemer, Westfalen. Tatzeit 1957: Flurboden nicht richtig geputzt. Strafe: drei Stunden auf den Knien, auf einem Schlüsselbund, den Boden schrubben. Das nur als Beispiel. Das Leben war die Hölle. Ich lebe zum Glück noch, aber zu lieben habe ich nicht mehr gelernt. Das musste einfach mal raus."

Vielen Betroffenen ist die Feststellung wichtig, dass nicht nur die Prügel bei ihnen lebenslange Narben hinterließen. „Der Gang zur

Toilette“, heißt es in einem Brief, „war dreimal täglich nur zu festen Zeiten gestattet, bei geöffneter Toilettentür und unter den Blicken aller davor wartenden Kinder. Wer da stressbedingt nicht konnte und später heimlich aufs Klo ging, bekam zwölf Stunden lang nicht zu trinken und sog abends verzweifelt Wasser aus dem nassen Waschlappen. Wer weinte oder traurig wirkte, wurde von Strandausflügen ausgeschlossen und in ein Besinnungszimmer gesperrt, eine Zelle mit Tisch und Stuhl und kahlen Wänden. Post von zu Hause wurde einbehalten und sonntags öffentlich verlesen.“

Viele ehemalige Fürsorgezöglinge beschrieben, dass sie keine Chance hatten, sich gegen das Unrecht zur Wehr zu setzen. Gertrud M. erinnert sich:

„Mein Pech war, dass mein Vater tödlich verunglückte, als ich sieben Jahre alt war. Mutter brach zusammen und wurde unter Polizeigewalt in eine ‚Irrenanstalt‘ eingeliefert. In welchem seelischen Zustand ich mich befand, als ich einen Tag später aus meiner Schulklasse vom Jugendamt abgeführt und nach Donzdorf bei Göppingen in die St. Vincentiuspflege gebracht wurde, brauche ich nicht zu beschreiben. Durch die seelische Belastung konnte ich nichts essen, wurde aber mit Gewalt dazu gezwungen. Die Folge war ständiges Erbrechen. Vom Tisch aufstehen durfte ich nicht, so landete das Erbrochene im Teller und wurde mir mit Gewalt wieder eingeflößt. Zur Strafe wurde ich mit dem Kopf in ein mit Wasser gefülltes Waschbecken getaucht, fast bis zum Ersticken. Dies ist nur ein Beispiel von vielen.

Nicht nur die Nonnen tragen dafür Verantwortung, auch die Jugendämter und Amtsvormünder. Nach zwei Jahren wurde ich zu meiner Mutter entlassen. Da sie sich nicht mehr gesundheitlich erholen konnte, musste ich erneut in ein Heim. Trotz meiner geschilderten Erlebnisse, trotz Bitten und Protest wurde ich vom Amtsvormund und Jugendamt zwangsweise in das gleiche Kloster zu denselben Nonnen gebracht. Die nach meiner Entlassung im zuständigen Jugendamt in Waiblingen vorgetragenen Anzeigen und Proteste wurden mit einem mitleidigen ‚Lächeln‘ der zuständigen Sachbearbeiter abgetan. Geglaubt hat mir keiner, deshalb versuche ich, die Zeit zu verdrängen, vergessen kann ich es nicht."

Zur Freude von Gisela Nurthen meldeten sich besonders aus dem Dortmunder Vincenzheim eine ganze Reihe Ehemaliger, darunter Elke Meister: „Ich bin so sehr erschüttert, dass ich kaum die richtigen Worte finde. Auch ich war in der Zeit von 1960 bis 1964 im Vincenzheim und habe das Gleiche erlebt wie die Gisela. Arbeiten musste ich in der Näherei, und ich könnte unendlich viele Dinge erzählen, die mir und vielen anderen dort passiert sind. Ich war mehrmals wegen Kleinigkeiten in der gleichen ‚Klabause'. Noch heute kann ich keine geschlossene Tür ertragen. Eine Freundin muss noch immer zur Therapie. Vor etwa vier Jahren habe ich eine der Nonnen in Paderborn besucht. Es kam aber kein Wort der Entschuldigung!"

Horst Kallinowski aus Bochum hat 14 Jahre seines Lebens bei den Vincentinerinnen verbracht. „Es waren 14 Jahre ohne Liebe, Zuneigung und ohne Verständnis. Arbeit, Schläge und Erniedrigungen waren dort die Instrumente der Erziehung. Sehr oft, wenn ich heute alleine bin, muss ich bitterlich weinen. Der Gedanke, Schluss zu machen, ist mir schon oft gekommen." Heute ist Horst Kallinowski ein bekannter Judosportler, er gilt als einer der Weltbesten. Sein Sport hat ihm geholfen, seine Kindheit zu verkraften.

Auch einige Erzieher und Sozialarbeiter meldeten sich, meist aus der Generation, die Mitte bis Ende der sechziger Jahre in ihrem Beruf anfingen. Einige sprechen nur mit Beklemmung über diese Zeit, weil sie zwar selbst ganz andere pädagogische Vorstellungen hatten, aber sich dann doch in das repressive System einpassten, Kinder schlugen und einsperrten oder dabei zusahen, wie es andere taten, und selbst nur zögerlich dagegen protestierten. Für die ehemaligen Heimkinder sind gerade solche Stimmen wichtig, die ihre Erlebnisse bestätigen können. Bis heute erleben sie, dass ihnen nicht geglaubt wird. Das Erziehungsheim Hövelhof des Salvatorianerordens etwa leugnete nach Erscheinen des SPIEGEL-Artikels zunächst ab, dass es dort jemals Isolierzellen gegeben habe. Erst als sich neben den ehemaligen Heimkindern andere Zeugen meldeten, kehrte auch bei den Verantwortlichen von einst die Erinnerung zurück.

Jochen Wehmann aus dem westfälischen Bergkamen half dabei als „unverdächtiger“ Zeuge. Er hatte seine berufliche Laufbahn im Salvator-Kolleg im westfälischen Hövelhof im Jahr 1973 als Erziehungshelfer begonnen. Heute ist der Diplom-Sozialarbeiter Leiter einer Jugendhilfeeinrichtung in Bergkamen: „Es war für mich eine sehr lehrreiche Zeit, da ich all dies gelernt habe, was man jungen Menschen nicht antun darf. Zu meiner Zeit existierten dort zwei Zellen, die offiziell als ‚Jugendschutzstelle‘ des Kreises Paderborn galten, in Wahrheit aber vom damaligen Leiter als perfides Zwangssystem genutzt wurden, um Jugendliche zu disziplinieren und der Freiheit zu berauben. In diesem katholischen Erziehungsknast war kein richtig ausgebildeter Pädagoge im Erziehungsdienst beschäftigt, es waren Ordensbrüder und Handwerker aus dem Kreis Paderborn, die ohne Vorbereitung auf die Jugendlichen losgelassen wurden.“

Einige Briefe zeigen zudem, dass selbst die Reformen, die 1969 durch die Heimkampagne der Studentenbewegung ausgelöst wurden, mancherorts noch lange brauchten, um sich durchzusetzen. Vanadis B. etwa hat in den Jahren 1970 bis 1979 das Gleiche erlebt wie ihre Vorgänger in den fünfziger und sechziger Jahren: „In einem Heim, das von katholischen Nonnen geleitet wurde, konnte ich meinem Schicksal nur durch einen Selbstmordversuch entgehen. Ich habe viele Narben, seelisch wie körperlich.“

Ulrich Chwalek, der 1975 im Sankt-Josef-Stift in Eisingen nahe Würzburg bei Nonnen sein Anerkennungsjahr als Erzieher verbrachte, berichtet: „Während der täglichen Messe wurden die behinderten Kinder, wenn sie sich nicht absolut ruhig verhielten, von den anwesenden Nonnen gnadenlos zusammengeprügelt. Entwürdigende Strafen waren an der Tagesordnung. Angehende Mediziner/innen der Uni-Würzburg haben zur Blutentnahme Probestechen bei mongoloiden Kindern vorgenommen.“

Als Chwalek gegen diese Behandlung protestierte, bekam er zur Antwort: „Gehen Sie doch raus, wenn Sie kein Blut sehen können.“

Manche Fälle liegen nicht so lange zurück. So wurden Kinder im katholischen St.-Joseph-Haus in Seligenstadt noch 1992 blutig geschlagen. Und im katholischen Stift Eisingen bei Würzburg steckten Erzieher noch im Jahr 1995 Zöglinge zur Strafe in Badewannen mit kaltem Wasser. In diesen Fällen schritt immerhin schon die Staatsanwaltschaft ein.

Die Opfer der öffentlichen Erziehung der fünfziger und sechziger Jahre, denen Staat und Kirche eigentlich aus schwierigen familiären Situationen heraushelfen sollten, haben viel zu lange stillgehalten. Das soll sich ändern. Die Rheinländerin Brigitte P. traut sich zwar selbst noch immer nicht, mit ihrem vollständigen Namen in die Öffentlichkeit zu gehen, doch sie spricht aus, worum es ihr und den anderen zuallererst geht: Es darf in unserer Gesellschaft nicht länger ein Tabu sein, sich als Heimkind zu erkennen zu geben. Brigitte P. war 15 Jahre lang in einem Heim der Vincentinerinnen und beginnt jetzt erst zu begreifen, dass sie nicht alleine dasteht: „Es war ein entsetzliches System, das sich offensichtlich durch alle Einrichtungen dieser ‚christlichen' Ordensgemeinschaft zog. Die Notwendigkeit, dieses Thema in die Öffentlichkeit zu bringen, lässt sich nur schwer in Worte fassen. Es lässt sich ebenso schwer in Worte fassen, was dieser Artikel über ‚Die unbarmherzigen Schwestern' an Wunden aufgerissen, an Gefühlen ausgelöst hat. Mit einer ‚Lüge' durchs Leben zu laufen, kostet eine Menge Kraft. Die Angst ist geblieben, den gleichen Diskriminierungen wieder ausgesetzt zu sein. Die Angst, durch irgendeinen Umstand ‚entdeckt' und wieder bestraft zu werden, zieht sich wie ein Roter Faden durch mein Leben."

Gisela Nurthen schien Recht zu haben: Was der Film „Die unbarmherzigen Schwestern" aus Irland in den deutschen Kinos zeigte, mit Verspätung übrigens dann doch noch auch in Paderborn, hat sich genauso in der Bundesrepublik abgespielt – und ist noch längst nicht überwunden. Sie schrieb mir in einer E-Mail: „Ich könnte mir vorstellen, dass unsere Sache eine enorme Arbeit für Sie bedeutet, aber bitte durchbrechen Sie die dicke Schweigemauer und lassen Sie sich nicht abwimmeln, in unserem Namen und im Namen all jener, die daran zerbrochen sind und nicht mehr leben.“

So kam es zu dem Entschluss, dieses Buch zu schreiben. Ich rief einige der Leserbriefschreiber an, um Genaueres über sie und ihre Heime zu erfahren. Doch die meisten hatten keinerlei Unterlagen mehr, geschweige denn Fotos. Bilder aus jener Zeit erwiesen sich als großes Problem. Realistische Eindrücke aus dem Heimalltag jener Zeit können nur wenige der Fotos wiedergeben, die sich am Ende einer langen Recherche einfanden. Die Betreiber der Heime ließen selten fotografieren und wenn, dann nur zu Werbezwecken. Die Erzieher knipsten bevorzugt lachende Kinder bei Ausflügen oder Festtagen. Die Auswahl für dieses Buch war nur möglich, weil Dutzende von Menschen mich ihre Fotoalben und -kisten durchkramen ließen, ehemalige Hausmeister, Heimärzte, Lehrer und Erzieher. Die Archive der ehemaligen Betreiber, soweit sie den Zugang überhaupt erlaubten, bestanden in der Regel darauf, dass die einstigen Erzieher unkenntlich gemacht werden. Auf viele Fotos musste deshalb verzichtet werden.

Erste Nachfragen bei der Deutschen Bischofskonferenz, den Ordensgemeinschaften, bei Caritas und der Diakonie offenbarten vor allem grassierende Unkenntnis über die Heimproblematik und über die Geschichte der Erziehungsanstalten. Was jahrzehntelang Angehörige der Kirchen Kindern und Jugendlichen angetan haben, schien vollkommen ausgeblendet worden oder verschwunden zu sein, ausgelöscht im kollektiven Gedächtnis der Institution.

Während in den neuen Bundesländern schon seit einigen Jahren in Fernsehfilmen, Büchern und in Internetforen die Zeit der DDR-Kinderheime und „Jugendwerkhöfe“, in denen die Staatspartei SED schwierigen ostdeutschen Nachwuchs mit ähnlichen Methoden wie im Westen zur Räson zu bringen suchte, aufgearbeitet wird, finden sich in den Datenbanken und Archiven westdeutscher Zeitungen und Zeitschriften seit Mitte der siebziger Jahre praktisch keinerlei Berichte über die Menschen, die bis dahin der westdeutschen Heimerziehung ausgeliefert waren. Auch wissenschaftliche Arbeiten, die sich mit dem Schicksal ehemaliger Heimkinder befassen, sind rar und schwierig zu beschaffen. Die wenigen Forscher, die zum Thema Heimerziehung arbeiteten, waren nicht vernetzt und wussten nichts voneinander. Die meisten Bücher nach 1969, der Zeit der Heimkampagne, befassten sich mit der Institution Heim, aber nicht mit den Menschen, die einmal darin leben mussten. In der Bibliothek des „Deutschen Zentralinstituts für soziale Fragen“ wurden mir noch dieselben Karteikästen auf den Tisch gestellt, die Ulrike Meinhof im Frühjahr 1970 durchgearbeitet hat. Viel Neues war bei den orangefarbenen Karteikarten mit Literaturhinweisen seitdem nicht hinzugekommen.

Die Recherche vor Ort, dachte ich, könnte vielleicht manches zu Tage fördern, was anderswo nicht mehr zu finden war. Doch die Besuche in den ehemaligen Heimen waren in den meisten Fällen ernüchternd. Von den einst 3000 Kinderheimen werden heute kaum mehr als 400 noch genutzt. Die Gebäude stehen zwar, sie sind renoviert und vielfach umgebaut worden, dienen nun aber als „therapeutische Jugendeinrichtung“, „Familien-Ambulanz“ oder „Sonderpädagogisches Zentrum“. Einige wurden abgerissen und durch Neubauten ersetzt. Manche der heutigen Leiter und Mitarbeiter der modernen Einrichtungen konnten sich nicht einmal an ihre unmittelbaren Vorgänger erinnern, geschweige denn an das, was sich vor drei, vier Jahrzehnten in ihrem Haus abgespielt hatte.

Meine Frage, ob es vielleicht nicht doch irgendwo im Haus noch alte Akten gebe, löste entweder heftiges Kopfschütteln oder tiefe Seufzer und Stirnrunzeln aus. Doch selbst in jenen Fällen, wo die heutigen Leiter zuerst überzeugt davon waren, dass da „mit Gewissheit nichts mehr vorhanden“ sei, gab es am Ende Überraschungen. Akten, von denen man glaubte, sie seien „routinemäßig nach 30 Jahren“ vernichtet worden, lagen doch noch in einem Keller- oder Dachbodenraum. Manch vergilbtes Papier fand sich in den hintersten Ecken der Büroschränke wieder, wenn der Wille vorhanden war, wirklich einmal nachzusehen.

In der „Kindervilla Scherfede“, nahe beim westfälischen Ort Wabern, fanden sich zunächst nur drei schmale Bändchen aus der

Vergangenheit. Dann entdeckte man im Keller mehr als 70 Akten. Im Herbst 2005 begann der heutige Leiter der Jugendhilfe-Einrichtung, Matthias Kochs, mit der genaueren Durchsicht. Er war überrascht, im eigenen Hause so viel „interessante Zeugnisse der Zeitgeschichte" gefunden zu haben, „von der wir so wenig wissen".

Die teils erstaunlich umfangreichen Akten über frühere Heimkinder, beginnend mit ein paar dürren Seiten von 1962, waren unterteilt in jeweils eine „Personalakte" mit dem offiziellen Schriftverkehr zwischen Kinderheim und Jugendämtern und eine Akte „Schriftverkehr", die Schreiben an die Eltern und Post von den Kindern enthielt.

Kochs entschloss sich, die Akten per Computer tabellarisch zu erfassen, „weil es die Sache Wert ist". So kann er in Zukunft ehemaligen Heimbewohnern besser bei der Suche nach ihrer Akte und der Aufarbeitung ihrer Geschichte helfen.

So weit ist man anderswo noch lange nicht. Zu groß ist oft die Angst, der Ruf der heutigen Einrichtungen könnte durch die öffentliche Beschäftigung mit ihrer Vorgeschichte Schaden nehmen. Selbst der hilfsbereite und an der Historie seines Hauses interessierte Heimleiter Kochs legte mir gegenüber großen Wert darauf, „in deutlicher Form darzustellen, dass der Träger des St. Johannisstiftes in Paderborn mit seinen Einrichtungen auch historisch nicht verantwortlich für die Geschehnisse ist", über die ich in diesem Buch berichte. Kochs will zwar, „dass die Historie der Heimerziehung aufgearbeitet wird und die betroffenen Menschen der damaligen Zeit Glaubwürdigkeit in der Gesellschaft für ihre erlebten Formen von Erniedrigung und Misshandlungen finden und somit noch die Chance erhalten, ihre Vergangenheit nicht zu verdrängen, sondern aufzuarbeiten".

„Gleichzeitig aber", betont der Heimleiter, der in seinem Haus 1986 die Arbeit aufnahm, „möchte ich nicht, dass der Träger, die Kindervilla und ihre derzeitigen Bewohner durch die Berichterstattung Schaden erleiden. Historie und Gegenwart müssen klar voneinander getrennt sein."

Diese Bedenken haben andernorts zur völligen Blockade geführt.

Abwehr jeglicher Kritik an der Verteidigung der Arbeit ehemaliger Erzieher konnte ich immer wieder erleben. Einige Nonnen verwiesen auf die vielen Briefe, die sie immer noch von ehemaligen Zöglingen erhielten und in denen sich ihre Verbundenheit zum Heim widerspiegele. Ehemalige Heimkinder erklärten mir, dass sie selbst zu den Erziehern, von denen sie geschlagen wurden, bis heute Kontakt hätten und hin und wieder eine Karte oder einen Brief schickten, oft mit Bildern von den eigenen Kindern oder der Familie, die beweisen sollen, das man im weiteren Leben doch endlich „brav" geworden sei. Denn die Quälgeister von einst waren trotz allem jahrelang die „Ersatzeltern" ihrer Zöglinge. „Man verbindet sich mit dem Täter, um zu überleben", so brachte eine Frau aus einem konfessionellen Heim ihr persönliches „Stockholm-Syndrom" auf den Punkt. Mit diesem Begriff erklären Psychologen ein scheinbar paradoxes Verhalten von Opfern gegenüber Tätern. Trotz ihrer Angst empfanden nach dem Überfall auf die deutsche Botschaft in Stockholm 1974 die Geiseln nach der Geiselnahme keinen Hass gegen die Geiselnehmer.

Eine der eindringlichsten Szenen in dem Film „Die unbarmherzigen Schwestern" schildert, wie eines der Mädchen zufällig entdeckt, dass das Gartentor in der Mauer, die rund um das Erziehungsheim verläuft, eines Tages nicht verschlossen ist. Es stiehlt sich hinaus, steht auf offener Straße, hat schon ein Auto angehalten – und traut sich dann doch nicht einzusteigen. Die tägliche Einschüchterung hat so tiefe Spuren hinterlassen, dass die Heimkinder am Ende selbst nicht mehr an sich glauben.

Bei vielen ging nicht nur das Selbstvertrauen kaputt, auch die Fähigkeit, einem anderen Menschen zu vertrauen, wurde lebenslänglich zerstört. Sie mussten es wieder und wieder erleben: Sobald sie sich jemandem im Heim anvertraut hatten, ging es am Ende schlecht aus für sie. Das perfide System von Macht und Ohnmacht, von Stärke und Schwäche, von Austricksen und Ausgetrickstwerden, von Konkurrenz und Überlebenskampf übertrug sich quasi automatisch auf die Kinder, auch das wurde bei den Recherchen deutlich. Die im Heim erlernten Muster können die Kommunikation Ehemaliger untereinander noch heute stören. „Wir Heimkinder können die notwendige Aufarbeitung nicht alleine bewältigen“, schrieb mir Gisela Nurthen, „wir brauchen die Unterstützung von vielen anderen: von Wissenschaftlern, Pädagogen, Juristen, Politikern, Traumaforschern, Journalisten oder Filmemachern.“

Ihre Leidensgenossin, Brigitte P. aus dem Rheinland, will endlich ohne Angst sagen können, dass sie ein Heimkind war. Und noch etwas, schrieb sie mir, sei ihr wichtig: „Entschuldigung und Wiedergutmachung, wenn das in Anbetracht der vielen, auch emotionalen Verletzungen, überhaupt jemals möglich ist, sind notwendig, um ein Stück unserer verloren gegangenen Menschenwürde zurückzubekommen.“

Diese Einsicht gibt es vereinzelt auch auf der anderen Seite. Eine der Nonnen „Zum guten Hirten“ versuchte, mir in einem – leider anonymen – Brief die psychologische Situation der kirchlichen Heimerzieherinnen nahe zu bringen. Die unbekannte Ordensschwester schrieb:

„Es erschüttert mich zutiefst, wenn ich erfahre, dass die unglaublichen Schilderungen auf so viele katholische Ordenseinrichtungen in Deutschland zutreffen und so viele Menschen dauerhafte Schäden davontragen. Mir wurde von meinen Vorgesetzten deutlich gemacht, dass ich bei meiner erzieherischen Tätigkeit den Kindern gegenüber keine Muttergefühle zulassen dürfe, das heißt im Klartext, ich sollte Kinder nicht auf den Arm oder auf den Schoß nehmen, nicht mit ihnen schmusen – eben Dinge, die eine Mutter und eigentlich auch eine Heimerzieherin selbstverständlich tun sollte, um eine Beziehung zu schaffen.

Auf keinen Fall möchte ich das perverse Verhalten einiger Mitschwestern in den Heimen entschuldigen, im Gegenteil, ich würde die betroffenen Heimkinder gern dafür um Verzeihung bitten, aber ich möchte deutlich machen, dass Ordensschwestern möglicherweise wegen des Verbotes, Gefühle zu zeigen, in ein anderes Extrem gefallen sind, das zu Züchtigung und seelischer Grausamkeit führte. Dazu kommt, dass sicherlich früher viele Schwestern oder Ordensmänner ohne Ausbildung zu erzieherischen Tätigkeiten herangezogen wurden. Anders wären für mich die unzähligen Grausamkeiten nicht zu erklären.

Vielleicht gelingt es Ihnen, das wünsche ich, im einen oder anderen Fall ein Wort der Entschuldigung oder eine Geste der Wiedergutmachung herauszulocken."

Im einen oder anderen Fall – das wird wohl zu wenig sein. In Irland, erfuhr ich, war es zunächst nicht die Kirche, sondern der Staat, der sich für die Misshandlungen in den Bildungs- und Sozialeinrichtungen offiziell entschuldigt hat.

Erst im Sommer 2004 entschuldigte sich der Orden der „Barmherzigen Schwestern" vorbehaltlos bei seinen Opfern. Die Schwestern hatten 1996 nach einer BBC-Dokumentation, in denen ehemalige Heimkinder erstmals schilderten, was sie erlebt hatten, zwar schon einmal die Bitte um Verzeihung ausgesprochen, doch die sei noch nicht weit genug gegangen, hieß es nun in einer Erklärung des Ordens.

Die irische Regierung richtete einen landesweiten Beratungsservice für ehemalige Heimkinder und eine staatliche Untersuchungskommission ein, um die Fälle körperlicher Misshandlungen und sexuellen Missbrauchs in diesen Einrichtungen im Zeitraum von vier Jahrzehnten zu untersuchen.

Auf der eigens eingerichteten Internetseite des „Residential Institutions Redress Board" (Entschädigungsausschuss für Heimbewohner) hatten sich bis zum 15. Dezember 2005, dem Ende der Meldefrist, 14768 Betroffene gemeldet und Anträge auf Entschädigung eingereicht. Die Antragsteller und der Entschädigungsausschuss für Heimbewohner erklärten, dass es in den staatlich gegründeten und meist unter Leitung der römisch-katholischen Kirche stehenden Einrichtungen wie Kinderheimen, Waisenhäusern und Kinderhospitälern oft zu körperlichen Übergriffen durch das Betreuungs- und Heimpersonal gekommen sei. Die Heimkinder hätten in den meisten Fällen nachhaltige Traumata und seelische Schäden erlitten, die die Opfer auch im späteren Leben noch deutlich beeinträchtigten. Weil in einem Abkommen zwischen Irland und der römisch-katholischen Kirche die maximal von der Kirche zu entrichtende Entschädigung auf 128 Millionen Euro festgesetzt wurde, muss der Staat Irland den Restbetrag aus der Steuerkasse des Landes zahlen.

Die misshandelten und missbrauchten ehemaligen Zöglinge sollen jetzt mit insgesamt einer Milliarde Euro vom irischen Staat entschädigt werden. Die irischen Orden sind bereit, ihren Teil zu den 128 Millionen Euro, die die katholische Kirche bezahlen muss, beizusteuern: Sie haben angeboten, dem Staat ihre Ländereien im Wert von rund 80 Millionen Euro zu überschreiben.

Dank

Der Autor dankt besonders allen ehemaligen Heimkindern, die bereit waren, ihm ihre Lebensgeschichten anzuvertrauen, insbesondere Gisela Nurthen, ohne die es dieses Buch nicht gegeben hätte.

Der Dank gilt auch allen anderen Beteiligten, die mit ihren Materialien, Hinweisen und Ratschlägen an der Entstehung beteiligt waren: Viola Broecker, Paul Brune, Agnieszka Debska, Frauke Muniz de Faria, Katarina Fehlau, Eva Geltomholt, Harry Graeber, Dieter Grünbaum, Jürgen Grunewald, Sabine Hering, Michael Hollenbach, Alexander Markus Homes, Eberhard Itzenplitz, Markus Köster, Robert Krieg, Ditmar Kuhnt, Ewa Lidsheim, Annette Lützke, Monika Nolte, Peer Peters, Jürgen Reiter, Karl Reitinger, Gunnar Richter, Michael-Peter Schiltsky, Corinna Schulz, Ulrich Schwarz, Gottfried Sedlaczek, Dorothea Sick, Rainer Staudhammer, Wolfgang Tereick, Christina Vanja, Uli Veith, Ina Wellhausen, Kaja Wesner, Gertrud Zovkic und vielen anderen mehr.

Literaturhinweise

Aab, Johanna u.a.: Zucht-Häuser der Fürsorge. Dokumentation, hrsg. im Auftrag der Heilpädagogischen Aktionsgemeinschaft Marburg, Marburg 1970.

Adorf, Mario: Himmel und Erde, München 2005.

Arbeiter-Selbsthilfe Dortmund (ASD): „ ‚Mädchenknast‘ Vincenzheim“. Beilage des Klüngelkerl-Dortmunder Volksblatts 9 (1977).

Arbeitsgruppe Heimreform: Aus der Geschichte lernen. Analyse der Heimreform in Hessen (1968-1983), hrsg. vom Eigenverlag der Internationalen Gesellschaft für erzieherische Hilfen, Frankfurt am Main 2000.

Aust, Stefan: Der Baader-Meinhof-Komplex, Hamburg 1985.

Autorenkollektiv: Rose Ahlheim, Wilfried Hülsemann, Helmut Kapczyynski, Manfred Kappeler, Manfred Liebel, Christian Marzahn, Falco Werkentin: Gefesselte Jugend. Fürsorgeerziehung im Kapitalismus, Frankfurt am Main 1971.

Bacia, Hubert und Jürgen Werth: „Aus dem Fürsorgeheim entflohen. Ein Sexpol-Protokoll“, konkret 22 (1969), S. 34–39.

Baumgartner, Alfred, Wolfgang Meinecke und Hans Moritz: Fürsorgeerziehung im Heim X. Eine Felduntersuchung. Zulassungsarbeit zur ersten Dienstprüfung für das Lehramt an Volksschulen, Weingarten 1971.

Beeking, Josef (Hrsg.): Katholische karitative Anstaltserziehung, Freiburg im Breisgau 1926.

Beeking, Josef (Hrsg.): Katholische Kinder- und Jugendfürsorge. Festschrift zum ersten Gesamtkongress der Katholischen Kinder- und Jugendfürsorge Deutschlands, München 1927.

Benad, Matthias und Kerstin Winkler (Hrsg.): Bethels Mission (2). Bethel im Spannungsfeld von Erweckungsfrömmigkeit und öffentlicher Fürsorge, Bielefeld 2001.

Berndt, Heide: „Die Folgen der Heimkampagne von 1969 auf Praxis und Theorie der Sozialarbeit“, unveröffentlichte Kongressbeilage, Berlin 2001.

Blandow, Jürgen: „ ‚Sichten und Sieben‘. Zu den Anfängen der Jugendfürsorge im Nachkriegsdeutschland“, in: Heribert Ostendorf (Hrsg.): Integration von Strafrecht und Sozialwissenschaften. Festschrift für Lieselotte Pongratz, München 1986, S. 79-101.

Brosch, Peter: Fürsorgeerziehung. Heimterror und Gegenwehr, Frankfurt am Main 1971.

Bücken, Hajo und Dieter Rex: Die wilden Fünfziger, Reichelsheim 2001.

Doerry, Martin: „Mein verwundetes Herz". Das Leben der Lilli Jahn 1900–1944, Stuttgart, München 2002.

Evangelisches Johannesstift e.V.: 150 Jahre Grünau 1849–1999. Vom „Rettungshaus" zum heilpädagogischen Kinderheim des Evangelischen Johanneswerkes, Berlin 2000.

Eyferth, Hanns: Gefährdete Jugend. Erziehungshilfe bei Fehlentwicklung (Pädagogische Bücherei, Bd. 16), Hannover 1950.

Foitzik, Doris: „‚Sittlich verwahrlost'. Disziplinierung und Diskriminierung geschlechtskranker Mädchen in der Nachkriegszeit am Beispiel Hamburg", 1999. Zeitschrift für Sozialgeschichte des 20. und 21. Jahrhunderts, 12. Jg. 1 (1997), S. 69–82.

Gehltomholt, Eva: „Wenn Mädchen aus der Rolle fallen, trifft sie der Zorn der Gesellschaft" (Blandow). Mädchen in Einrichtungen der Erziehungshilfe. Diplomarbeit, Münster 1985.

Gothe, Lothar und Rainer Kippe: Ausschuss. Protokolle und Berichte aus der Arbeit mit entflohenen Fürsorgezöglingen, Köln 1970.

Graeber, Harry: Misshandelte Zukunft. Autobiografie eines Heimkindes, München 2005.

Günter, Mirijam: Heim, München 2004.

Haarer, Johanna: Die deutsche Mutter und ihr erstes Kind, München, Berlin 1939.

Haarer, Johanna: Die Mutter und ihr erstes Kind, München 1954.

Haarer, Johanna: Unsere kleinen Kinder, München 1936.

Haarer, Johanna: Unsere kleinen Kinder. Alles über die 2- bis 6-Jährigen, München 1972.

Haibach, F.: „Gedanken eines Heimerziehers alter Schule", Jugendwohl. Katholische Zeitschrift für Kinder- und Jugendarbeit 1 (1955), S. 10–14.

Hemmann, Tino: Der unwerte Schatz. Gegen das Vergessen. Über die Kinder-Euthanasie im NS-Staat, Leipzig 2005.

Hering, Sabine: Makel, Mühsal, Privileg? Eine hundertjährige Geschichte des Alleinerziehens, Frankfurt am Main 1998.

Hering, Sabine: „‚Verwahrloste Mädchen' als Zielgruppe öffentlicher Erziehung – ein Rückblick auf die Jahre 1945–1965", in: Diana Franke, Joachim Henseler und Jürgen Reyer (Hrsg.): Sozialpädagogik. Vom

Therapeutikum zur Weltgesellschaft. Historische und systematische Beiträge, Hohengehren 2005, S. 135–150.
Herringer, Norbert: Verwahrlosung. Eine Einführung in Theorien sozialer Auffälligkeit, München, Weinheim 1987.
Herzog, Marianne: „Heimerziehung. Ein Bericht in fünf Lebensläufen", konkret 9 (1969), S. 30–37.
Hofmann, D.: „Überlegungen zur öffentlichen Erziehung 18–20jähriger Mädchen im Heim", Unsere Jugend. Zeitschrift für Studium und Praxis der Sozialpädagogik 18 (1966), S. 107–116.
Homes, Alexander Markus (Hrsg.): Heimerziehung – Lebenshilfe oder Beugehaft?, Frankfurt am Main 1984.
Homes, Alexander Markus: Ein Heimkind packt aus. Gestohlene Kindheit, Düsseldorf 1996.
Homes, Alexander Markus: Gottes Tal der Tränen, Herdecke 2002.
Hromatka, A.: „‚Ich fühlte mich sehr einsam – trotz der vielen Menschen'. 11 Jahre Heimerziehung. Bericht eines betroffenen Mädchens", Unsere Jugend. Zeitschrift für Studium und Praxis der Sozialpädagogik 31 (1979), S. 470 f.
Hüsken, Hermann: Zur Situation der „Öffentlichen Erziehung" in den Erziehungsheimen in der BRD. Diss., Münster 1977.
Jordan, Erwin und Johannes Münder (Hrsg.): 65 Jahre Reichsjugendwohlfahrtsgesetz – ein Gesetz auf dem Weg in den Ruhestand?, Münster 1987.
Keiffenheim, Martina: Edelhure Nitribitt. Die Rosemarie aus Mendig, Aachen 1998.
Kiehn, Erich: „Die Aufgaben eines Gruppenleiters im Erziehungsheim. Dargestellt aus der Erfahrung in einem Erziehungsheim für schulentlassene Jungen", Jugendwohl. Katholische Zeitschrift für Kinder- und Jugendarbeit 5 (1960), S. 121–128.
Kieper, Marianne: Lebenswelten „verwahrloster" Mädchen. Autobiographische Berichte und ihre Interpretation, München, Weinheim 1980.
Klee, Ernst: Behindert. Ein kritisches Handbuch, Frankfurt am Main 1980.
Klee, Ernst: „Die SA Jesu Christi". Die Kirche im Banne Hitlers, Frankfurt am Main 1989.
Klee, Ernst: „Euthanasie" im NS-Staat. Die „Vernichtung lebensunwerten Lebens", Frankfurt am Main 1983.
Kloster Steinfeld (Hrsg.): 75 Jahre Salvatorianer im Kloster Steinfeld. Festschrift 1998.

Kluge, K.-J., B. Hasenkamp, M. Meinrad u.a.: Heimerziehung – ohne Chance? Zur Lage der Heimerziehung in Vergangenheit und Zukunft – eine Zwischenbilanz für Praktiker, Heidelberg 1982.

Koenen, Gerd: Vesper, Ensslin, Baader, Frankfurt am Main 2005.

Koenig, Claudia und Mariele Peltser: Reform im Ghetto. Die Geschichte eines Mädchenerziehungsheims. Eine Fallstudie, Weinheim, Basel 1978.

Köster, Markus: „Holt die Kinder aus den Heimen! – Veränderungen im öffentlichen Umgang mit Jugendlichen in den 1960er Jahren am Beispiel Heimerziehung", in: Matthias Frese, Julia Paulus und Karl Teppe (Hrsg.): Demokratisierung und gesellschaftlicher Aufbruch. Die sechziger Jahre als Wendezeit der Bundesrepublik (Forschungen zur Regionalgeschichte, Bd. 44), Paderborn 2003, S. 667–681.

Köster, Markus: Jugend, Wohlfahrtsstaat und Gesellschaft im Wandel. Westfalen zwischen Kaiserreich und Bundesrepublik (Forschungen zur Regionalgeschichte, Bd. 30), Münster 1999.

Krüger, Heinz-Hermann (Hrsg.): „Die Elvis-Tolle, die hatte ich mir unauffällig wachsen lassen". Lebensgeschichte und jugendliche Alltagskultur in den fünfziger Jahren (Studien zu Jugendforschung, Bd. 3), Opladen 1985.

Lambers, Helmut: Bestandsaufnahme zur Heimerziehungsforschung (Wissenschaftliche Informationsschriften der Arbeitsgemeinschaft für Erziehungshilfe, H. 13), Hannover 1995.

Landschaftsverband Rheinland: Spezielle Probleme der Erziehung von Mädchen, Königswinter 1984.

Landschaftsverband Westfalen-Lippe (Hrsg.): St.-Johannes-Stift Niedermarsberg 1881–1956. Münster 1956.

Lähnemann, Karlheinz: „Erziehungsarbeit in Freistatt", in: Älter werden und doch jung bleiben. Arbeitsbericht der Bodelschwinghschen Anstalten Bethel, Bielefeld 1956, S. 20–23.

Lebensunwert. Paul Brune. NS-Psychiatrie und ihre Folgen. Begleitheft zur DVD, hrsg. im Auftrag des Landschaftsverbandes Westfalen-Lippe von Markus Köster, Münster 2005.

Lögers, Ludger (Hrsg.): Jugendheim Marienhausen. Salesianer Don Boscos. Festschrift, Marienhausen 1989.

Mehr, Mariella: Das Kind, Zürich 1999.

Mehringer, Andreas: Heimkinder. Gesammelte Aufsätze zur Geschichte und zur Gegenwart der Heimerziehung, 2. Aufl. München 1977.

Meinhof, Ulrike Marie: Guxhagen – Mädchen in Fürsorgeerziehung. Ein Heim in Hessen. Rundfunksendung im Hessischen Rundfunk, gesendet am 7.11. 1969.

Meinhof, Ulrike Marie: Jugendkollektive 1969, undatiertes Manuskript.

Meinhof, Ulrike Marie: „Jürgen Bartsch und die Gesellschaft", konkret 1 (1968), S. 2f.

Miller, Alice: Am Anfang war Erziehung, Frankfurt am Main 1980.

Mitscherlich, Alexander: „Aktuelles zum Problem der Verwahrlosung", Zeitschrift für Psychoanalyse und ihre Anwendungen 1 (1947), S. 103–118.

Moor, Paul: Jürgen Bartsch. Selbstbildnis eines Kindermörders, Reinbek 2003.

Motzkau-Valeton, Wolfgang (Hrsg.): Freistatt. Menschen – Land – Arbeiten. Ein historisches Bilderbuch, Bielefeld 1999.

Moltzkau-Valeton, Wolfgang: Streiflichter aus der Geschichte der Diakonie Freistatt, Diepholz 1999.

Multhaupt, Hermann (Hrsg.): 150 Jahre Paderborner Vincentinerinnen 1841–1991, Paderborn 1991.

Müller, C. Wolfgang: Jugendamt. Geschichte und Aufgabe einer reformpädagogischen Einrichtung, Weinheim, Basel 1994.

Opitz, Erich: Verwahrlosung im Kindesalter, Göttingen 1959.

Pankofer, Sabine: Freiheit hinter Mauern. Mädchen in geschlossenen Heimen, München, Weinheim 1997.

Patzschke, Wilhelm: „Sonderprobleme der Mädchenerziehung", Mitglieder-Rundbrief des Allgemeinen Fürsorgeerziehungstages e.V. 6/7 (1967).

Peters, Butz: Tödlicher Irrtum. Die Geschichte der RAF, Berlin 2004.

Piecha, Walter: Die Lebensbewährung der als „unerziehbar" entlassenen Fürsorgezöglinge (Göttinger Rechtswissenschaftliche Studien, Bd. 27), Göttingen 1959.

Pongratz, Lieselotte und Hans-Odo Hübner: Lebensbewährung nach öffentlicher Erziehung. Eine Hamburger Untersuchung über das Schicksal aus der Fürsorge-Erziehung und der Freiwilligen Erziehungshilfe entlassener Jugendlicher, Berlin 1959.

Post, Wolfgang: Erziehung im Heim. Perspektiven der Heimerziehung im System der Jugendhilfe, München, Weinheim 2002.

Richter, Gunnar (Hrsg.): Breitenau. Zur Geschichte eines nationalsozialistischen Konzentrations- und Arbeitserziehungslagers, Kassel 1993.

Röper, Friedrich Franz: Das verwaiste Kind in Anstalt und Heim. Ein Beitrag zur historischen Entwicklung der Fremderziehung, Göttingen 1976.
Roth, Jürgen: „Zum Beispiel Kinderheime. Kindersexualität. Jagdszenen aus Westdeutschland", betrifft: erziehung, 4 (1973), S. 31–36.
Roth, Jürgen: Heimkinder – Ein Untersuchungsbericht über Säuglings- und Kinderheime in der Bundesrepublik, Köln 1975.
Rutschky, Katharina (Hrsg.): Schwarze Pädagogik. Quellen zur Naturgeschichte der bürgerlichen Erziehung, Berlin 1997.
Scheller, E. J.: Der Lebenserfolg der Erziehung im Guten Hirten, o. O. o. J.
Scherer, Klaus: „Asozial" im Dritten Reich. Die vergessenen Verfolgten, Münster 1990.
Scherpner, Martin und Christian Schrapper (Hrsg.): 75 Jahre AFET. Erziehungshilfen und Gesellschaft. Quellen und Materialien, Hannover 1981.
Schmidle, Paul (Hrsg.): Katholische Heimerziehung in unserer Zeit. Bericht über die 7. Tagung Heim- und Heilerziehung 1959 in Stuttgart (Sozialpädagogische Beiträge der Zeitschrift Jugendwohl, Bd. 2), Freiburg im Breisgau 1960.
Schmidt, Heike: Gefährliche und gefährdete Mädchen. Weibliche Devianz und die Anfänge der Zwangs- und Fürsorgeerziehung, Opladen 2002.
Schoof, Heine: Erklärung, Frankfurt am Main 1971.
Schrapper, Christian und Dieter Sengling: Die Idee der Bildbarkeit. 100 Jahre sozialpädagogische Praxis in der Heilerziehungsanstalt Kalmenhof. Beiträge zur Geschichte der Sozialpädagogik, Weinheim, München 1988.
Schrapper, Christian und Dieter Sengling: Waisenhäuser und Erziehungsanstalten in Westfalen. Werkstattberichte zur Wanderausstellung „Geschichte der Kinder- und Jugendfürsorge", Münster 1985.
Schubert, Jürgen: Mundtot. Nachkriegsbiographie eines nicht gewollten Besatzerkindes, Frankfurt am Main 1999.
Schwarzmann, Julia: „Die Verwahrlosung – eine Fehlentwicklung im Werden der Frau", Unsere Jugend. Zeitschrift für Studium und Praxis der Sozialpädagogik 7 (1969), S. 386–401.
Schwörer, Hans: „Probleme der Heimerziehung aus der Sicht der Fürsorgerin", Jugendwohl. Katholische Zeitschrift für Kinder- und Jugendarbeit 11 (1961), S. 115–119.
Seifert, Claudia: Wenn du lächelst, bist Du schöner! Kindheit in den 50er und 60er Jahren, München 2004.

Sick, Dorothea: „Euthanasie" im Nationalsozialismus am Beispiel des Kalmenhofs in Idstein im Taunus (Materialien zur Sozialarbeit und Sozialpolitik, Bd. 9), Frankfurt am Main 1983.
Sozialistisches Büro Offenbach (Hrsg.): Heimerziehung. Der Fall Gertrud Zovkic, Offenbach 1970.
Specht, Friedrich: Sozialpsychiatrische Gegenwartsprobleme der Jugendverwahrlosung, Stuttgart 1967.
„Statistik über die Durchführung der Fürsorgeerziehung und Freiwilligen Erziehungshilfe in der Bundesrepublik im Jahre 1961", Mitglieder-Rundbrief des Allgemeinen Fürsorgeerziehungstages e.V. 1 (1963).
Steinvorth, Günter: Diagnose Verwahrlosung. Ein psychologische Analyse anhand von Jugendamtakten, München 1973.
Stiftung Abendroth-Haus (Hrsg.): „Gefährdete Mädchen". 175 Jahre soziale Arbeit mit Mädchen und jungen Frauen im Abendroth-Haus, Münster 1997.
Sturm, Vilma: Asphalt. Ein unordentlicher Lebenslauf, Köln 1981.
Trost, Friedrich und Hans Scherpner: Handbuch der Heimerziehung, Braunschweig 1957.
Ueberall, Jörg: Swing kids, hrsg. vom Archiv der Jugendkulturen e. V., Berlin 2004.
Verein Arbeits- und Erziehungshilfe e.V.: Bericht über die Entwicklung und Perspektiven der Frankfurter Wohngruppe, Frankfurt am Main 1970.
Verzeichnis der Erziehungsheime und Sondereinrichtungen für Minderjährige in der Bundesrepublik Deutschland und Berlin, bearb. von Gertraude Schulz, Hannover 1954.
Vincenzheim Ausbildungsstätte e. V. (Hrsg.): Leben ist Bewegung – Bewegung ist Leben. Festschrift zum 100-jährigen Bestehen, Dortmund 2003.
Völler, Alfred und Alois Hügle (Hrsg.): 75 Jahre Jugendheim Johannesburg, Surwold 1988.
„Was soll aus der öffentlichen Erziehung werden? Welche Lebenshilfen kann die Heimerziehung den 18- bis 21-Jährigen geben? Bericht über die Tagung des Allgemeinen Fürsorgeerziehungstages in Konstanz vom 8. bis 10. Mai 1962", Neue Schriftenreihe des Allgemeinen Fürsorgeerziehungstages 16 (1962).
Wasmer, Rudolf: „Zur Praxis der Geschlechtserziehung im Heim", Jugendwohl. Katholische Zeitschrift für Kinder- und Jugendarbeit 7/8 (1955), S. 320–334.

Wenzel, Hermann: Fürsorgeheime in pädagogischer Kritik. Eine Untersuchung in Heimen für männliche Jugendliche und Heranwachsende, Stuttgart 1970.

„Wie kann die Heimerziehung den heutigen Jugendlichen gerecht werden? Die Mitwirkung des Richters bei der öffentlichen Erziehung. Bericht über die Tagung des Allgemeinen Fürsorgeerziehungstages in Berlin vom 10. bis 13. Mai 1960“, Neue Schriftenreihe des Allgemeinen Fürsorgeerziehungstages 14 (1960).

Wildt, Michael: „Die 50er Jahre. Modernisierung unterm Nierentisch“, in: Detlev J. K. Peukert (Hrsg.): Improvisierter Neubeginn. Hamburg 1943–1953, Hamburg 1989, S. 198–207.

Wildt, Michael: „Das Ende der Bescheidenheit. Wirtschaftsrechnungen von Arbeitnehmerhaushalten in der Bundesrepublik Deutschland 1950–1963“, in: Klaus Tenfelde (Hrsg.): Arbeiter im 20. Jahrhundert (Industrielle Welt, Bd. 51), Stuttgart 1991, S. 573–610.

Wildt, Michael: „Konsum und Modernisierung in den fünfziger Jahren“, in: Frank Bajohr, Werner Johe, Uwe Lohalm (Hrsg.): Barbarei und Zivilisation. Die widersprüchlichen Potentiale der Moderne. Detlev Peukert zum Gedenken, Hamburg 1991, S. 322–340.

Wildt, Michael: Vom kleinen Wohlstand. Eine Konsumgeschichte der fünfziger Jahre, Frankfurt am Main 1996.

Wildt, Michael: „Privater Konsum in Westdeutschland in den 50er Jahren“, in: Axel Schildt, Arnold Sywottek (Hrsg.): Modernisierung im Wiederaufbau. Die westdeutsche Gesellschaft der 50er Jahre, Bonn 1993, S. 275–289.

Willing, Matthias: Das Bewahrungsgesetz (1918–1967). Eine rechtshistorische Studie zur Geschichte der deutschen Fürsorge (Beiträge zur Rechtsgeschichte des 20. Jahrhunderts, Bd. 42), Tübingen 2003.

Zillken, Anna und Gertrud Weingarten: „Gibt es unerziehbare Minderjährige? Untersuchung über Lebensschicksale schulentlassener Mädchen“, Neue Schriftenreihe des Allgemeinen Fürsorgeerziehungstages 5 (1953), S. 16–31.

„Zur pädagogischen Situation des Erziehungsheimes“, Jugendwohl. Katholische Zeitschrift für Kinder- und Jugendarbeit 7/8 (1961), S. 121–128.